W0066598

Manny Twofeathers
Mein Weg zum Sonnentanz

Manny Twofeathers
Mein Weg zum Sonnentanz
Ein Leben in indianischer Spiritualität

Aus dem Amerikanischen
von Gisela Merz-Busch

Wolfgang Krüger Verlag

Die amerikanische Originalausgabe erschien 1996
unter dem Titel ›My Road to the Sundance‹
im Verlag Hyperion, New York
© 1994, 1996 Manny Twofeathers
Deutsche Ausgabe:
© 1997 Wolfgang Krüger Verlag, Frankfurt am Main
Lektorat: Stephan Schuhmacher
Satz: Wagner GmbH, Nördlingen
Druck und Einband: Clausen & Bosse, Leck
Printed in Germany 1997
ISBN 3-8105-2012-8

Dieses Buch ist allen Sonnentänzern gewidmet,
wo immer sie auch tanzen mögen,
allen Männern, Frauen und Kindern,
die zum Heiligen Baum gegangen sind,
um zu beten.

Ich habe dieses Buch geschrieben,
um sie zu ehren,
und in tiefem Respekt vor dem Sonnentanz.

In Hochachtung für meine Mutter
Helen T. Rendon,
und im Andenken an meinen Vater,
Manuel M. Rendon
(dem mein Sonnentanz von 1994 gewidmet war).

Inhalt

Die sieben heiligen Richtungen

Die sieben Richtungen sind ein Geschenk des Großen Geistes. Sie bilden zusammen ein vollkommenes Gleichgewicht, das uns ermöglicht, uns als Menschen wohl zu fühlen. Fehlte auch nur eine dieser Richtungen, wäre unser Geist nicht mehr als ein ziellos im grenzenlosen Raum des Universums treibender Energiefetzen.

Der Osten: Hier erhebt sich die Sonne jeden Morgen und bringt der ganzen Welt neues Leben und unsere täglichen Segnungen.

Der Süden: Aus dieser Richtung kommen die warmen Winde, die der Kälte des Winters ein Ende machen und allem neues Leben bringen.

Der Westen: Von hier aus verleiht die Sonne unseren Tagen das Gleichgewicht. Ihr Untergang erlaubt uns, zu schlafen und unseren Geist und unsere Körper wieder zu erfrischen.

Der Norden: Aus dieser Richtung blasen die kalten Winde. Sie befreien uns vom heißen Sommer und gleichen die Wärme aus.

Das Oben: Dort oben ist der Schöpfer zu Hause, und hier fliegt der Adler. Von oben kommt unsere geistige Energie, und von dort werden unsere Gebete beantwortet.

Das Unten: Es ist unsere Mutter Erde. Es ist der himmlische Körper, der unser Heim ist, derjenige, der unsere Liebe, unsere Achtung und unseren Schutz braucht. Ohne sie gibt es kein Leben, denn sie gibt uns alles, das wir zum Leben brauchen.

Das Innen: Unsere spirituelle Energie lebt und entwickelt sich hier. Auch unser Körper sollte unsere Liebe und Achtung genießen, denn er ist ein Geschenk und ein Heim für unseren Geist, wenn er lernt, demütig zu sein und Leid zu ertragen.

Einleitung

Der Sonnentanz bietet einen Weg, sich zu opfern, um eine direkte Verbindung zum Schöpfer zu gewinnen. Er gehört zu den sieben bedeutenden Zeremonien, die White Buffalo Calf Woman (die Weiße Büffelkalb-Frau) den Stämmen der Great Plains gebracht hat, um ihnen einen Weg zu geben, wie sie ihren Dank und ihre Dankbarkeit ausdrücken können. Er ist ein Weg, seine Demut zu zeigen, um die Heilung anderer zu beten und für jedermann um ein besseres Leben zu bitten.

Für manche stellt er ein spirituelles Erwachen dar, für andere wiederum eine spirituelle Verpflichtung. Mehrere Jahre lang habe ich den einen oder anderen Sonnentanz besucht, aber nur als Zuschauer, nie als Teilnehmer. Immer wenn ich hörte, daß ein Sonnentanz abgehalten wurde, drängte es mich unwiderstehlich dorthin, zu dieser Energiequelle, so wie es eine Motte zum Licht zieht. Ich konnte mir nicht erklären, was mich daran so anzog. Ich stand stundenlang an einer Stelle, wo ich die Tänzer sehen konnte, und fragte mich dabei: »Warum tun sie das?« Wenn ich wieder abfuhr, fühlte ich mich traurig und leer, obwohl ich nie verstand, warum.

Der erste Sonnentanz, dem ich je zuschaute, wurde

11

in Fort Duchesne in Utah abgehalten. Ich hatte um eine Genehmigung gebeten, dort meine kunsthandwerklichen Arbeiten verkaufen zu dürfen, und diese auch erhalten, aber schon nach dem ersten Tag wurde mir klar, daß meine Gedanken nicht beim Verkaufen waren. In der Ferne konnte ich die Sänger hören, die Trommel und die Adlerpfeifen, und sie schienen mich zur Sonnentanzlaube zu rufen.

In Utah werden sogenannte »Durst«-Sonnentänze abgehalten. Dabei wird vier volle Tage intensiv getanzt und gebetet, ohne daß die ganze Zeit auch nur irgend etwas gegessen oder getrunken wird. Es ist äußerst schwierig, die Zeremonie bis zum Ende durchzustehen. Die Tänzer blasen fortwährend auf einer Adlerknochenpfeife, was sie sehr schnell austrocknen läßt und die vier Tage fast unerträglich macht. Doch die Sonnentänzer fahren mit ihrem Ritual fort, weil sie glauben, daß der Schöpfer dem Menschen die Adlerpfeife gab, um den Adlergeist herbeizurufen. (Ein Adler fliegt von allen Vögeln am höchsten, deshalb ist es sein Geist, der die Gebete zum Schöpfer trägt.)

Die Adlerpfeife wird aus einem der Flügelknochen gefertigt. An ihre Spitze ist eine Adlerfeder gebunden, die aus den Unterfedern stammt, ähnlich den Daunen an der Brust des Adlers. Wir nehmen diese Feder, weil sie von einer Stelle kommt, die dem Herzen des Adlers sehr nahe ist. Sie besitzt große Kraft, weil sie die Macht des Adlerherzens in sich trägt. Wenn wir auf einer Adlerpfeife blasen, bewegt unser Atem die Feder auf und ab, und dies wird zu einem Teil unseres Gebetes. Falls du für Spirituelles empfänglich bist, wird der Ton der Adlerknochenpfeife einen unauslöschlichen Eindruck in deinem Herzen und deiner Seele hinterlassen. Dieser unvergeßliche Ruf wird immer bei dir sein, wohin immer du gehst oder was immer du machst.

Der Arbor, also die Rundlaube und der freie Platz, den sie umschließt, ist der Ort, an dem das Tanzen stattfindet. Er stellt den Kreis des Lebens dar und wird in vier Sektionen aufgeteilt, die die vier Phasen des Lebens symbolisieren: Kindheit, Jugend, Erwachsensein und Alter. Der Arbor hat auch vier verschiedene Tore, um die vier Hauptrichtungen zu ehren. Er dient hauptsächlich als Haus für unsere Gebete, und dort werden viele verschiedene, aber sehr wichtige Zeremonien abgehalten. Von allen Zeremonien ist der Sonnentanz die wichtigste und die Abschlußzeremonie des Jahres, abgesehen von der Schwitzhütten-Zeremonie, die das ganze Jahr hindurch abgehalten wird – allerdings nicht im Arbor.

Der Heilige Baum ist ein wesentlicher Bestandteil der Sonnentanz-Zeremonie. Er repräsentiert den Schöpfer, aber erst nachdem er gefällt und in der Mitte des Arbors aufgestellt wurde. An diesen Baum binden wir unsere Gebetstücher (kleine Tuchfetzen, in die Tabak und Gebete eingebunden sind), und er wird zur physischen Verkörperung unseres Gottes während des Sonnentanzes.

Man nimmt keinen im Boden verwurzelten Baum, da die Völker der Plains immer unterwegs waren und die Zeremonien deshalb jedes Jahr an einem anderen Ort abgehalten wurden. Heute sucht der Häuptling des Sonnentanzes ein Jahr im voraus einen Baum aus, immer ein Cottonwood – eine Pappelart –, und segnet ihn im Laufe des Jahres viermal.

Bei diesem ersten Sonnentanz in Utah stand ich zwei Tage lang einfach nur da, beobachtete die Tänzer und betete und dachte, wie großartig es war, einfach nur dabeizusein. Mein Geist fühlte sich ganz leicht, ich hätte fliegen mögen. Dann kam ich in die Realität zurück: Ich mußte meinen Lebensunterhalt verdienen. Also ging ich.

Ein paar Wochen später fand ich mich wieder in Fort Duchesne, der Sonnentanz war lange vorbei. Als ich so durch die Stadt fuhr, hatte ich das dringende Bedürfnis, den Arbor, die Sonnentanzlaube, aufzusuchen, und folgte diesem Impuls. Mit einem Kribbeln im Magen bog ich von der Hauptstraße ab. Ich wußte nicht, warum ich dahin fuhr, denn mir war klar, daß dort niemand sein würde. Vielleicht wollten die Geistwesen, daß ich dort hinging, um die Sonnentanzenergie zu fühlen, sie allein zu erfahren. Je näher ich der Rundlaube kam, um so nervöser wurde ich. Ich fragte mich immer wieder zweifelnd, was ich hier wollte.

Als ich die Straße erreichte, die zum Sonnentanzgelände führte, stieg in mir freudige Erregung auf, als ich sah, daß der Baum immer noch da stand. Alle Gabenfähnchen flatterten fröhlich im Wind, und der Baum stand stolz da. Ich weiß nicht, warum, aber ich hatte den deutlichen Eindruck, daß der Baum sich freute, mich zu sehen; daß er einsam war und meine Gesellschaft brauchte.

Aus Achtung vor seinem heiligen Ort parkte ich meinen Wagen weit entfernt vom Baum, stieg aus

14

und ging auf ihn zu. Es war ein gutes Gefühl, mit ihm allein zu sein und diesen Augenblick inniger Nähe mit ihm zu haben. Je näher ich an ihn herankam, um so stärker wurde die Energie des Baumes. Ich begann den Kummer, die Tränen und die Schmerzen der Sonnentänzer zu fühlen, die hier gebetet hatten. Ich mußte ihn berühren.

Als ich die Hand zum Baum ausstreckte, schaute ich auf und sah all die Gebetsfähnchen und Opfergaben, die sanft hin und her wehten, als winkten sie mir zu. Als ich ihn dann berührte, war ich überwältigt. All die Gefühle und Energien der früheren Sonnentänzer, verstärkt durch die heilende Energie des Baumes, überkamen mich. Ich begann zu weinen. Tränen strömten mir aus den Augen. Es war, als bräuchte der Baum meine Gefühle. Ich gab dem Baum, was er wollte, und ich gab es ihm gern und ohne Scham, als ich betete.

Bis heute weiß ich nicht, wie lange ich mich dort aufgehalten habe, aber als es vorbei war, fühlte ich eine ungeheure Erleichterung. Ich hatte nicht bemerkt, daß ich mich hingekniet hatte, und als ich aufstand, wurde mir klar, daß ich unter großer Anspannung gestanden hatte aufgrund meiner vielen Verpflichtungen. Der Heilige Baum hatte mich dafür belohnt, daß ich ihn besucht hatte. Er befreite mich von all dem Druck und der Angst, die auf mir lasteten. Als ich mich zurückzog, fühlte ich mich demütig.

Zurück bei meinem Wagen, sah ich ein anderes Auto. Es war ein Stammespolizist. Er fragte mich, was ich hier täte, und ich erklärte ihm, daß ich nur zum Baum gekommen sei, um zu beten. Ich bin sicher, daß er die Spuren dieser Gefühle in meinem Gesicht noch lesen konnte. Verständnisvoll versicherte er mir, daß das in Ordnung sei, und fragte, ob ich Sonnentänzer sei. Ich verneinte. Er erzählte mir, daß er mein Bedürfnis, dort zu beten, sehr wohl verstünde, da er Sonnentänzer sei und die Macht des Baumes kenne. Wir unterhielten uns noch eine Weile. Er wünschte mir alles Gute, und dann fuhr ich weg.

Als ich weiterfuhr, war ich von Glücksgefühlen überwältigt. Am liebsten hätte ich mein Erlebnis laut herausgerufen und der Welt meine Freude mitgeteilt.

Der Osten – die Farbe Gelb
»Neuanfänge«

Die aufgehende Sonne

1985: Sacramento, Kalifornien

Alles begann ungefähr um 6.30 Uhr an einem Sonntagmorgen. Es war angenehm kühl, und ich fühlte
mich großartig. Zwei Tage lang hatte ich meinen
Türkis- und Silberschmuck auf einer Tagung der indianischen Völker in Sacramento ausgestellt, und
am Ende dieses Tages würde ich nach Hause fahren.
Ein paar gute Freunde in Sacramento hatten mich
eingeladen, bei ihnen zu wohnen (eine Gastfreundschaft, die bei den Indianern selbstverständlich ist),
und dies hatte mir die Möglichkeit gegeben, mich
nicht nur gemütlich mit ihnen zu unterhalten, sondern auch Geld zu sparen.
An diesem Sonntagmorgen wachte ich früh auf,
duschte, zog mich an und verließ in aller Ruhe das
Haus. Ich wollte mir in einem nahegelegenen Restaurant ein ausgiebiges Frühstück gönnen. Danach
würde ich meinen Schmuck zurechtlegen und den
Stand früh öffnen.

Ich war bereits seit mehreren Tagen unterwegs, und ich vermißte meine Kinder. Eigentlich bin ich so früh am Morgen nie besonders guter Laune, vor allem wenn ich noch keinen Kaffee getrunken habe, aber an diesem besonderen Morgen fühlte ich mich ungewöhnlich glücklich. Mir war etwas seltsam, fast als ob ich schwebte. Ich machte mehrere Ansätze, meine Gefühle zu analysieren, aber ich fühlte mich einfach zu gut, um mir darüber Gedanken zu machen. Tief in meinem Inneren hatte ich das merkwürdige Gefühl, als würde dieser Tag auf irgendeine Weise zu etwas ganz Besonderem werden. Ich hatte eine starke Vorahnung, ohne zu wissen, was mir bevorstand.

Wie Sie sich vorstellen können, war an einem frühen Sonntagmorgen nirgends viel Verkehr. Ich fuhr die Schnellstraße mit zügiger Geschwindigkeit entlang. Als meine Ausfahrt kam, bremste ich schnell ab und lenkte meinen alten Van von der Schnellstraße herunter. Als ich an die erste Kreuzung kam, war die Ampel gerade auf Rot gesprungen. Also hielt ich an und wartete auf Grün.

Ich wartete und wartete und habe wohl drei- oder viermal auf meine Uhr geschaut in ebenso vielen Sekunden. Als ich so dasaß, stieg ein schwacher Ölgeruch vom Motor in meine Nase, und ich dachte: »Ich sollte vorsichtiger sein und diesen alten Wagen nicht so schnell fahren, sonst muß ich noch zu Fuß gehen.«

Als ich keinen Ölgeruch mehr wahrnehmen konnte, schwanden auch meine Bedenken über den Zustand meines alten Autos. Meine Gedanken schweiften ab.

Ich überlegte, ob der Verkauf heute besser laufen würde als am Vortag. Wiederum stellte ich fest, daß sich der Motor gut anhörte. Er lief gleichmäßig und leicht im Leerlauf.

Meine Gedanken kehrten in die Gegenwart zurück. Langsam wurde ich unruhig. »Wann wird diese verdammte Ampel nur endlich grün?« Ich schaute mich um und blickte dann in meinen Rückspiegel: »Wenn ich keine Polizei sehe, fahre ich einfach los.« Dann dachte ich: »Die Ampel muß wohl kaputt sein.« Ich begann ernsthaft darüber nachzudenken, sie einfach zu überfahren, und überlegte mir Ausreden, die ich der Polizei erzählen konnte, wenn man mich erwischen würde. Tausend Gedanken rasten mir durch den Kopf, als ich so dasaß und immer nervöser wurde wegen dieser dummen Ampel, die einfach nicht umsprang.

Ich hatte Hunger. Ich hatte noch keinen Schluck Kaffee getrunken, und meine Zigaretten schmeckten deshalb scheußlich. Weder Ampeln noch sonst etwas sollten einen Mann von den kleinen Dingen des Lebens abhalten, die so wichtig sind! Sie haben vielleicht die Geschichte von dem alten Bär gehört, der aus dem Winterschlaf erwacht? Nun, genau so begann ich mich langsam zu fühlen.

Wir alle neigen dazu, recht kindisch zu handeln, wenn alles nicht so läuft, wie wir uns das vorstellen. Ich näherte mich diesem Stadium und wollte mir nicht von irgend etwas meine gute Laune verderben lassen – schon gar nicht von einer Verkehrsampel.

Dann dachte ich: »Ha, sicher ist da irgendwo ein Polizist, der die Ampel per Knopfdruck regelt und nur darauf wartet, daß ich Mist baue, um mich dann zu schnappen. Nein, mein Herr, so leicht kriegen Sie mich nicht. Ich warte so lange, bis es Ihnen zu dumm wird.«

Ungefähr zu diesem Zeitpunkt, trotz meines nervösen und gereizten Zustandes, begann ich etwas zu hören. Anfangs war es ganz leise, fast wie ein Flüstern in meinem Hinterkopf. Obwohl ich keine Ahnung hatte, was das war, kam es mir bekannt vor, und es lief mir kalt den Rücken herunter. Es ist sehr schwierig, ein Geräusch zu beschreiben, aber ich versuche es. Es begann ganz leise, ein schrilles Flüstern – »Sherii – Sherii – Sherii – Sherii.« Je länger es anhielt, desto lauter wurde es.

Ich wußte, ich hatte diesen Klang schon einmal gehört, und versuchte mich zu erinnern, wo und wann das war. Obwohl er mir so vertraut war, fiel mir sein Ursprung nicht ein. Ich empfand den Versuch fast als quälend, sich einen so wunderschönen und unvergeßlichen Ton ins Gedächtnis zu rufen.

Da mein Van schon älter war, kam mir der Gedanke, er entwickele vielleicht neue Macken. Und ich betete zu Gott, daß es das nicht war. Der alte Wagen hatte mich bereits 30 000 Dollar gekostet zusammen mit den Reparaturen!

Dieses Geräusch des »Sherii – Sherii – Sherii – Sherii« wurde lauter und lauter und nahm kein Ende.

Ich reckte den Kopf, drehte ihn langsam herum und versuchte herauszufinden, wo das Geräusch herkam. Vom Motor kam es nicht. Vielleicht war es ja das Radio, also griff ich hinüber und versuchte, es abzustellen. Aber es war gar nicht an. Vielleicht verursachte irgend etwas im Fond dieses Geräusch, ausgelöst durch die Vibrationen des Motors?

Ich drehte mich im Sitz ganz herum. Sorgfältig musterte ich alles im Fond. Da war nichts. Als ich mich zurückdrehte und wieder richtig in den Sitz setzte, war die Ampel immer noch rot, und ich saß einfach da, etwas mitgenommen, und lauschte diesem melodiösen, gespenstischen Geräusch.

Während ich so lauschte, bekam ich am ganzen Körper eine Gänsehaut. Ich fühlte mich überströmt von einer warmen, ruhigen Mischung von Klang und friedlicher Energie, und mein lange angehaltener Atem löste sich in einem großen Seufzer. Jetzt wußte ich ohne jeden Zweifel, was ich hörte. Es war nicht nur eine, es waren mehrere Adlerknochenpfeifen. Genau wie die, die ich bei den Sonnentänzen gehört hatte.

Mir brach der Schweiß aus, als ich das volle Ausmaß dessen begriff, was mit mir vorging.

Im Geist wurde ich geschwind zu jenem weit entfernten heiligen Sonnentanzbaum gebracht – zu jenem einsamen Baum in Fort Duchesne, an dem ich gebetet hatte und von Gefühlen überwältigt worden war. Und wieder kniete ich zu seinem Fuße, die Hände auf seiner rauhen Rinde. Ich hörte, wie er zu mir sprach.

Ich hörte die Worte, die an mich gerichtet waren, ganz deutlich: »Du hast lange genug gesucht. Es ist an der Zeit, daß du auf uns schaust, um deine Zukunft und deine Bestimmung zu sehen. Es gibt viel zu tun.« Ich dachte nicht darüber nach, wo ich war oder was ich tat. Alles, was ich denken konnte, war, wie sanft diese Stimme war, und ich fragte mich, was dies wohl bedeutete. Es fiel mir schwer zu begreifen, was mit mir geschah.

Als ich mich wieder in meinem Wagen an der Ampel fand, war mein Geist voller Fragen. Ich saß eine Minute lang so da, verwirrt und etwas ängstlich. Wenn ich auf meine Hände schaute, konnte ich nichts Ungewöhnliches sehen, und dennoch, ich schwöre es, konnte ich noch immer die rauhe Rinde des Baumes spüren. Die Adlerpfeife und die Erinnerung an den Sonnentanz waren meinem Gedächtnis wieder frisch eingebrannt. Die sanfte Stimme, die zu mir gesprochen hatte, hatte mich zutiefst erschüttert. Einen Moment lang war ich körperlich beim Sonnentanzbaum gewesen.

Als ich aus diesem Erlebnis erwachte wie aus einem Traum, schüttelte ich den Kopf. Ohne daß ich es bemerkte, hatte ein anderes Auto hinter mir gehalten und kurz gehupt. Ich schaute auf. Die Ampel hatte auf Grün gewechselt. Ich legte den Gang ein, überquerte langsam die Straße und fuhr zu dem Restaurant.

Die widerstreitenden Gefühle, die mich in diesem Augenblick bewegten, sind nur schwer zu beschreiben, aber für Indianer sehr real. Obwohl viele von uns sich von den alten Glaubensvorstellungen gelöst haben, so verlieren sie diese doch nicht wirklich. Sie sind tief in unseren Genen verankert. Und obwohl viele von uns verstädtert sind und ihr Leben ganz vom alltäglich-materiellen Lebenskampf bestimmt wird, kommt irgendwann der Zeitpunkt, an dem wir feststellen, daß die Spiritualität, die uns von dieser Gesellschaft mitgegeben wurde, nicht zu uns gehört.

Was uns *wirklich* gehört, ist die tiefe Spiritualität, die uns von den Geistwesen gegeben wurde. Wenn wir das einmal begriffen haben, dann kehren die meisten von uns zur Schwitzhütte und den anderen Zeremonien zurück. Wir kehren zurück, um etwas zu lernen und wieder zu etwas zu gehören, das so ursprünglich unser ist. Inzwischen ist mir klargeworden, daß dieses Erlebnis meine erste Vision war, und ich hatte sie, weil ich an einem Punkt meines Lebens angelangt war, wo ich sie brauchte. Die Geistwesen wollten mir sagen, daß es an der Zeit war, zu meiner indianischen Spiritualität zurückzukehren. Sie zeigten mir den Weg, und es lag in meiner Hand, ob ich ihnen folgte oder nicht.

Nachdem die Veranstaltung an diesem Sonntagabend geendet hatte, fuhr ich nach Hause zurück zur Mi-wok Rancheria in der Nähe von Tuolumne in Kalifornien. Die Fahrt durch Oakland verging wie im Traum. Ich denke, ich habe mindestens eine rote Ampel überfahren und war schon über die Kreuzung hinweg, bevor ich es überhaupt bemerkte. Ich fuhr Richtung Osten auf die Ausläufer der Sierra zu. Es war schon spät, als ich das Städtchen Sonora erreichte.

Bei der Fahrt durch die Vorberge hatte es ein bißchen geregnet. Die Straße war immer noch naß, und die Reifen schienen zu singen, als ich so dahin fuhr. Als ich Sonora hinter mir ließ, wurde mir klar, daß ich schon fast zu Hause war. Wie schnell war doch die Zeit vergangen. Meine Gedanken schweiften ab und beschäftigten sich mit meiner Vision. Ich merkte kaum, daß ich fuhr. Mein Geist war immer noch erfüllt von den Klängen der Adlerpfeifen.

Zu Hause angekommen, wartete meine Frau Vivian mit heißem Kaffee auf mich. Sie schenkte mir eine Tasse ein und fragte, wie das Wochenende verlaufen sei. Daß ich ein erfolgreiches Wochenende gehabt hatte, war schnell erzählt, aber ich wollte ihr von meinem Erlebnis berichten. Ich versuchte ihr zu erklären, was geschehen war. Sie hat die Wörter wohl verstanden, aber ich konnte ihr ansehen, daß sie die volle Bedeutung dieses Vorfalls nicht begriff. Sie schien es nicht für wichtig zu halten.

Ich versuchte ihr zu erklären, welche Gefühle mich bei diesem Besuch der Geistwesen überwältigt hatten, und ihr die Verwirrung, die Angst, das Begreifen und die Freude zu vermitteln, die ich empfunden hatte. Irgendwie konnte ich mich nicht verständlich machen.

Nach diesem Erlebnis war ich von großer Wißbegierde erfüllt. Ich wollte alles über den Sonnentanz erfahren, denn bis zu diesem Zeitpunkt wußte ich absolut nichts darüber. In meiner leidenschaftlichen Suche nach Informationen habe ich die Menschen wohl ungeschickt angesprochen. Auf jeden Fall bekam ich von niemandem eine richtige Antwort.

Auch wenn es schwer zu glauben ist, aber manche Indianer sind durch und durch Christen. Wie nach einer Gehirnwäsche glauben sie, der Sonnentanz sei ein Werk des Teufels. Wie sehr sie sich doch irren.

Und da war ich: ein Indianer, der gerade zu etwas Neuem erwachte, das ein so gutes Gefühl vermittelte. Es war dumm von mir zu meinen, daß alle Indianer daran glaubten. Und als ich die falschen Menschen fragte, zogen sie sich von mir zurück, als wäre ich aussätzig!

Ich war schon bei mehreren Sonnentänzen gewesen, aber merkwürdigerweise hatte ich mich mit keinem der Anwesenden jemals näher angefreundet. Vielleicht lag das daran, daß ich die Verbindung zu meiner eigenen Spiritualität so völlig verloren hatte. Ich hatte mich verirrt und Religion und spirituelles Leben abgeschrieben.

Von Geburt an wurde ich als Katholik aufgezogen. Es war weder meine freie Wahl noch die Schuld meiner Eltern. Sie lehrten mich das, was sie für mich für das Beste hielten. Zu der Zeit, als sie geboren wurden, wurde die indianische Spiritualität schon seit vierhundert Jahren vom Katholizismus unterdrückt und war fast vergessen. Selbst heute noch sind alle meine Verwandten praktizierende Katholiken. Ich habe als erster dieses Gefängnis des Geistes verlassen.

Wenn wir in die Kirche gingen, hatte ich immer ein bißchen Angst. Nie durfte ich laut sprechen. Wir hatten das Gefühl, wir müßten flüstern. Die Lehrer, die uns unterrichteten, gaben uns das Gefühl, daß wir wichtig seien. Als wir älter wurden, bereiteten sie uns darauf vor, die Gebote der Kirche zu befolgen. Während der Woche arbeiteten sie als Lehrer, und an den Wochenenden feierten sie Parties und tranken.

Meine Eltern hatten in Ajo (Arizona) viele Jahre lang ein Restaurant. All die Leute, die nach dem Schließen der Bars noch weiterziehen wollten, kamen zum Essen dorthin. Ich sah viele dieser Leute – meine Lehrer und andere Säulen der Gemeinde – betrunken, in Prügeleien verwickelt, schwankend und fallend.

Als ich zehn Jahre alt war, wollte ich dem Priester bei der Messe helfen und wurde Ministrant. Ich machte das ein paar Monate lang. Ich stand frühmorgens auf, fuhr mit dem Fahrrad zur etwa drei Meilen entfernten Stadt und verkaufte den Leuten, die auf dem Weg zur Arbeit waren, Zeitungen. Ich bekam zwei Cents von jeder Zeitung, die ich für zehn Cents verkaufte!

Wenn ich mit dieser Arbeit fertig war, ging ich in die Kirche und schlüpfte in mein schwarz-weißes Meßdienergewand. Dann zündete ich die Kerzen an und verrichtete alle meine anderen Aufgaben, um alles für die Messe um 7.30 Uhr vorzubereiten.

In der Kirche war alles so feierlich. Es war so ruhig und friedlich dort und dennoch angsteinflößend. Ich mochte nie den Geruch der Kerzen. Er erinnerte mich an Beerdigungen. Ich war immer neugierig, was der Pfarrer dort hinter dem mächtigen Altar machte. Dort machten wir uns vor der Messe fertig.

Ich schaute dem Priester zu, wie er sein tägliches Ritual durchführte. Damals schien es eine richtige Zeremonie zu sein, wenn er sein Meßgewand anlegte. Mit großen Augen stand ich dann wie festgewurzelt und beobachtete ihn unverwandt.

Nach der Messe fuhr ich zur Schule.

Die Meßdiener trafen sich einmal die Woche. Bei einem dieser Treffen bekamen wir einen neuen, jungen Priester. Ich war jedoch krank und konnte zu diesem Treffen nicht kommen, auch nicht am nächsten Sonntag in die Kirche.

Beim Treffen der nächsten Woche war ich wieder dabei, allerdings fehlte diesmal der Priester, so daß ich ihn immer noch nicht kennengelernt hatte, als der nächste Sonntagmorgen kam. Nachdem ich meine Zeitungen verkauft hatte, ging ich pflichtbewußt zur Kirche.

Als ich dort ankam, stand der Priester vor der Kirche. Er schien besorgt, so wie er die Straße auf und ab blickte und versuchte, seinen Ärger zu beherrschen.

Ich ging zu ihm hin und wünschte ihm einen guten Morgen. Er antwortete ziemlich mürrisch. Ich fragte ihn, ob etwas nicht in Ordnung sei. Er erwiderte, daß die Meßdiener nicht aufgetaucht wären, er aber umgehend mit der Messe beginnen müsse. Wir Meßdiener wechselten uns ab, und an diesem Sonntag hatte ich zwar keinen Dienst, aber natürlich bot ich an, ihm zu helfen. Er drehte sich ärgerlich zu mir um und knurrte mich zwischen zusammengebissenen Zähnen an: »Was zum Teufel weißt du denn schon davon, was ein Meßdiener machen muß?«

Er wartete nicht einmal eine Antwort von mir ab, drehte sich einfach um und ging zurück in die Kirche. Sprachlos stand ich da. Nur ein Gedanke beherrschte mich: Dies sollte der Mann sein, der über jeden Zweifel erhaben war? Der Mann, dem ich eigentlich Respekt entgegenbringen und dem ich folgen sollte? Alles, was ich von Kindesbeinen an gelernt hatte, verflüchtigte sich in jenen wenigen Sekunden an jenem Morgen vor der Kirche.

Wie angewurzelt stand ich einen Augenblick lang

da, zerrissen zwischen der Wahrheit, die sich mir gerade enthüllt hatte, und der Angst vor der Strafe, die mich ereilen würde, wenn ich nicht in die Kirche ginge. Die Wahrheit war stärker. Dieser einzelne Vorfall ließ mich zweifeln, wieviel von dieser Religion wohl echt war und wieviel nicht. Ich betete zu den Göttern, oder wer immer dafür zuständig war, es mir nicht anzukreiden, und kehrte der katholischen Kirche den Rücken, und nur einmal kam ich noch zurück zum Begräbnis meines Vaters.

Als ich vor kurzem meinen Vater verlor, wurde der Trauergottesdienst in derselben Kirche abgehalten, in die ich in meiner Kindheit gegangen war. Die Messe begann angemessen mit einer Erörterung der guten Seiten meines Vaters – die übliche Litanei darüber, wie sehr man ihn vermissen werde. Dann aber machte der Priester aus der Trauerfeier für meinen Vater einen Werbefeldzug. Er sprach sein »Bedauern« darüber aus, daß wir unter diesen Umständen nun leider wieder in die Kirche hätten gehen müssen. Aber immerhin hätten wir ja jetzt die Kirche wiedergefunden, und wir sollten auch in Zukunft unbedingt zur Messe gehen. In dieser anwerbenden Manier machte er minutenlang weiter. Er mißbrauchte die Totenmesse für meinen Vater, die meiner Familie und mir Gelegenheit geben sollte, ihn zu betrauern und an ihn zu denken, als Anlaß, uns durch das Erwecken von Schuldgefühlen wieder in die Kirche zurückzuholen! Das Ganze machte mich wütend und ich fühlte mich abgestoßen.

Nachdem ich mich vom Katholizismus abgewandt hatte, beschäftigte ich mich als Teenager mit dem baptistischen Christentum. Aber eigentlich ging ich dort nur hin, um Mädchen zu treffen. Einige Monate lang machte es mir Spaß, bis mir klar wurde, daß ich auch hier spirituell nicht ausgefüllt war. Enttäuscht vom Christentum, suchte ich nur noch nach Abenteuern und wollte einfach nur noch Spaß haben. Ich freundete mich mit ein paar Typen an, und schließlich landeten wir in Seattle im Bundesstaat Washington.

Ein paar Monate nachdem ich dorthin gezogen war, hielten mich auf dem Heimweg von der Arbeit zwei Leute an. Es waren Japaner, ein älterer Mann und eine Frau mittleren Alters. Sie lächelten sehr höflich, verbeugten sich und grüßten mich.

Ich reagierte etwas abweisend, denn wenn dich in einer Großstadt jemand anlächelt, will er meistens etwas von dir. Also erwiderte ich ihren Gruß erst nach leichtem Zögern. Sie drückten mir eine Broschüre in die Hand und fragten, ob ich je einer buddhistischen Versammlung beigewohnt hätte.

Meine Antwort war: »Nein, ich weiß nicht einmal, was Sie damit meinen.«

Es machte mir Mühe zu verstehen, was sie mir zu sagen versuchten, aber ich war reif für einen solchen Anwerbeversuch. Enttäuscht vom Christentum, war ich offen für alles, was es ersetzen konnte.

Das japanische Paar bemerkte, daß ich interessiert war, also bearbeiteten sie mich weiter, und ich ging zu einigen ihrer Versammlungen. Den Buddhismus fand ich sehr interessant und fremdartig, und ich versuchte, diesem neuen Glauben ernsthaft und aufrichtig zu folgen.

Mit Hilfe der Meditation, so hieß es, kann man alles bekommen, was man sich wünscht, indem man sich darauf konzentriert und einen sehr alten Vers rezitiert: »Namu Myoohoo Renge Kyoo.« Das Aufsagen dieses Satzes soll eine gewisse Schwingung erzeugen. Und diese Schwingung befähigt dich, mit dem Universum Verbindung aufzunehmen und alles zu bekommen, was du wolltest. Ich dachte dabei immer an Frauen, Alkohol und Parties.

Junge, das wirkte vielleicht! Noch lange Zeit, nachdem ich Seattle wieder verlassen hatte, hatte ich die Nase voll von Alkohol und Parties. Von den Frauen hatte ich allerdings nie genug. Doch ich hatte genug vom Buddhismus. Mir war klargeworden, daß ich ihn auf sehr eigensüchtige Weise benutzte, vielleicht, weil ich ihn nicht richtig verstanden hatte. Obwohl ich weiterhin die buddhistische Religion respektierte, beschloß ich doch, einen Glauben nicht auf diese Weise einzusetzen, und hörte auf, zu ihren Versammlungen zu gehen.

Als ich an jenem Sonntagmorgen in Sacramento die Adlerpfeifen hörte, lebte ich mit meiner Frau und unseren vier Kindern – Rockie, Stormy (Elena) und den Zwillingen Mary und Becky – auf der Tuolumne Mi-wok Rancheria, einer kleinen Reservation in der Nähe des kalifornischen Städtchens Sonora. Kurz danach lief der Mietvertrag für unser Haus aus, und wir beschlossen wegzuziehen.

Wir landeten schließlich in Blackfoot, Idaho. Es gibt viele Indianer, die Perlenarbeiten herstellen, und ein Großteil der besten Perlenstickereien des Landes kommt immer noch aus diesem Gebiet. Zwar hatte ich schon seit einigen Jahren indianische Handarbeiten gefertigt, aber nicht sehr ernsthaft, zumindest hatte ich nicht versucht, davon zu leben. Nachdem ich Vivian geheiratet hatte, beschäftigten wir uns immer intensiver mit Lederarbeiten. Sie hatte weißes und Blackfoot-Blut, und es machte ihr Freude, sich auf diese Weise ihren Lebensunterhalt zu verdienen.

Unser Leben in Blackfoot unterschied sich nicht sehr von dem, das wir irgendwo anders geführt hatten. Wir fertigten Handarbeiten, schliffen Perlen, und ich setzte mich an die Straße, um sie zu verkaufen. Einige Jahre zuvor war mir aufgefallen, daß niemand handgeschliffene facettierte Perlen herstellte, und so beschloß ich herauszufinden, wie das ging. Nach vielen Versuchen und immer weiterer Verfeinerung gelang es mir schließlich. Wir waren damals die einzigen im Land, die auf diese Weise Perlen schleifen konnten, und so hatten wir lebhafte Nachfrage.

Meine kleine Tochter Dorina wurde in jenem Juni in Pacatello in Idaho geboren. Sie kam genau zu der Zeit zur Welt, als ich zu meiner Reise in den Sonnentanz aufbrach. Dieses Zusammentreffen zeigte mir, daß ich auf dem richtigen Weg war.

In jenem Monat fuhr ich zu einem Sonnentanz nach Fort Washakie in Wyoming, der in der Wind River Reservation stattfand und bei dem der Verkauf von Handarbeiten erlaubt war. Allerdings lag der Ort, an dem wir verkaufen durften, etwas von der Sonnentanzlaube, dem Arbor, entfernt. Nachdem ich den Entschluß gefaßt hatte, nach Fort Washakie zu gehen, spürte ich zunehmend ein merkwürdiges Kribbeln in meiner Magengrube. Ich hatte keine Ahnung, was mit mir los war, aber diese ängstliche Anspannung hätte mich beinahe davon abgehalten, dorthin zu fahren. Es war, als spürte ich, daß dort meine spirituelle Suche Klarheit gewinnen würde – ein neuer Weg auf mich wartete. Vielleicht hatte ich Angst vor dem, was ich dabei herausfinden würde, und fühlte mich noch nicht bereit, das zu tun, was von mir gefordert wurde.

Ich verließ Blackfoot früh am Morgen und hielt in Idaho Falls, um Lebensmittel für die paar Tage in Fort Washakie zu kaufen. Zu Mittag aß ich in Jackson Hole in Wyoming, dann durchquerte ich das Grand-Teton-Gebirge und passierte die Südspitze des Yellowstone Parks. Von dort bis nach Dubois in Wyoming findet man eines der landschaftlich schönsten Gebiete der Welt. Offensichtlich war der Schöpfer entweder sehr guter Laune gewesen, als Er dieses Gebiet schuf, oder Er hatte viel Zeit und setzte Seine ganze Kreativität ein. Er hat phantastische Arbeit geleistet.

Als ich nachmittags beim Arapaho-Sonnentanz ankam, war die Luft heiß und stickig. Ich stoppte das Auto, und die Hitze schien aus unzähligen winzigen Hämmern zu bestehen, die mich niederzuschlagen versuchten.

Ich stieg aus dem Auto, streckte mich und fühlte die ganze Gewalt der Sonne. Ich mußte an all die Männer und Frauen denken, die am Sonnentanz teilnehmen würden. Wie heiß würde ihnen wohl werden? Sie taten mir leid.

Ich ging hinüber, um mich über die Rahmenbedingungen zu informieren. Der zuständige Typ war nicht gerade freundlich, und sie wollten eine ziemlich hohe Gebühr für einen Standplatz. Deshalb entschloß ich mich, mir statt dessen eine Stammeserlaubnis für zwanzig Dollar zu holen, die ein Jahr gültig war. Damit konnte ich meinen Stand überall in der Reservation aufstellen.

Also baute ich meine Sachen an einer Kreuzung auf, die relativ weit weg lag vom Sonnentanzgelände. Dort traf ich Allen Enos. Allen war ein junger Mann Mitte dreißig, schlank, ungefähr 1,85 Meter groß, von heller Haut, sanfter Stimme und mit einem breiten Lächeln. Er wurde mein »Großvater«, derjenige, der mich in den Sonnentanz einführte. (Die Bezeichnung »Großvater« wird von den meisten traditionsgebundenen Menschen als Ausdruck der Hochachtung verwandt. Mit diesem Namen bezieht man sich auf »Gott« oder auf jemanden, den wir hochachten, oder auf eine Person, die für eine andere die Schirmherrschaft beim Sonnentanz übernimmt oder sie in diesen einführt. Einige benutzen die entsprechenden Wörter ihrer Stammessprache dafür, und andere nehmen die Bezeichnung »Onkel« als Ausdruck der Hochachtung. Deshalb spreche ich von vielen jungen Menschen, die zum Sonnentanz kamen, als meinen »Neffen«.)

Ich hatte meine geschliffenen Perlen ausgelegt. Es gab immer nur zwei Orte, wo man geschliffene Perlen bekommen konnte, in der Tschechoslowakei und in Japan. Als meine Frau und ich mit dem Schleifen von Perlen begannen, konnten einige Leute es einfach nicht glauben, daß wir uns auf diese Kunst verstanden. Wir machten es noch nicht sehr lange, und so waren wir sehr stolz darauf. Als Allen herankam, war er sehr überrascht, wie groß unsere Auswahl war.

Er bemerkte: »Meine Güte, die Japaner schleifen wirklich eine Menge Perlen, und in allen Größen.«

Die in Japan geschliffenen werden als weniger wertvoll angesehen als die tschechoslowakischen. Sein Tonfall war geradezu sarkastisch, und ich fühlte mich von dieser abschätzigen Bemerkung tief beleidigt.

»Verzeihung«, erwiderte ich aufgebracht, »aber *wir* haben diese Perlen geschliffen.«

Allen wirkte etwas überrascht von meiner aggressiven Antwort, aber er hatte die Geistesgegenwart, ruhig zu bleiben. Er setzte zu einer weiteren Bemerkung an, hielt dann aber inne. Das kostete ihn eine ganze Menge Selbstbeherrschung, denn er hat ein ziemlich heftiges Wesen. Ich war froh, daß er sich zusammennahm, denn ich erkenne einen Krieger, wenn ich einen sehe, und ein solcher stand direkt vor mir. In meinen Augen ist ein Krieger (eine Kriegerin) nicht nur jemand, der (die) für seine (ihre) Rechte einsteht mit allem, was nötig ist, sondern auch ein treusorgender Vater (treusorgende Mutter), der (die) gerne anderen hilft, Mitgefühl hat und sehr spirituell ist. Und ich wollte nicht in einen Kampf mit diesem Krieger verwickelt werden.

Er sagte: »Tut mir leid, ich wollte dich nicht beleidigen!«

Das nahm mir den Wind aus den Segeln, und ich

entschuldigte mich für meinen Ausbruch. Ich erklärte, wie oft ich diese Bemerkung schon gehört
hatte, und daß es mich immer ziemlich aufbrachte,
wenn man unseren Schliff mit dem japanischen ver-
glich.

Obwohl unsere Bekanntschaft auf dem falschen Fuß
begonnen hatte, fand ich bald heraus, daß Allen
kein schlechter Kerl war. Ich erzählte ihm von meiner Familie, er mir von seiner, und dann ging er.

Am folgenden Nachmittag kam Allen mich wieder
besuchen, und ich fragte ihn, ob er wisse, wo man
Adlerfedern bekommen könne. Damals wußte ich
eigentlich gar nicht, warum ich danach fragte. Ich
wollte einfach welche besitzen, weil ich noch nie
welche gehabt hatte.

Er erzählte mir, daß er Adlerfedern dabeihabe, und
holte aus seinem Auto eine große Papiertüte. Es war
ein schönes Gefühl, diese Federn entgegenzunehmen, und ich fragte ihn, was ich ihm dafür geben
könne oder was ich ihm dafür schulde.

»Gar nichts. Ich verkaufe keine Adlerfedern«, erwiderte er.

In dieser Phase meines Lebens hatte ich noch keine
Ahnung von den Überlieferungen, und so begriff ich
nicht, welche bedeutende Rolle die Adlerfedern bei
unserem Volk spielen. Ich war so unbedarft, daß ich
ihm für etwas Heiliges Bezahlung angeboten hatte.
Für die traditionell denkenden Indianer bedeutet der
Besitz einer Adlerfeder, daß der Betreffende sie sich
verdient hat. Aber viele andere Leute haben sie einfach deshalb, weil sie etwas Indianisches ist – ohne
sie sich verdient zu haben. Erst jetzt wurde mir klar,

daß die Federn des Adlers heilig sind und man sie nicht als Dekoration an den Rückspiegel des Autos hängen oder an einen Cowboyhut stecken sollte. Man darf sie eigentlich nur bei Zeremonien einsetzen.

Nun war es an mir, mich bei ihm zu entschuldigen.

»Schon in Ordnung«, sagte er. »Du wußtest das eben nicht, sie sind ein Geschenk von mir.«

»Kann ich dir denn auch etwas schenken, wenn ich möchte?« fragte ich. Ich war nun etwas vorsichtiger beim Formulieren meiner Sätze.

»Ich habe es nicht deshalb getan, um etwas dafür zu bekommen«, erwiderte er.

»Nun, ich möchte, daß du das deiner Frau mitbringst«, sagte ich und gab ihm eine geschliffene Perle von jeder Farbe, die ich hatte, und das waren einige. Dieser Austausch von Geschenken begründete eine Freundschaft, die Jahre anhalten sollte.

Bevor Allen ging, fragte ich ihn, warum er sich entschlossen hatte, mir diese Federn zu schenken. Er erwiderte, er wisse es nicht. Er habe nur einfach das Gefühl gehabt, ich würde sie bald brauchen können. Dann erinnerte ich mich an mein Bestreben oder mein Verlangen, alles über den Sonnentanz zu erfahren, und so fragte ich ihn, ob er Sonnentänzer kenne oder jemanden, der eine Verbindung zum Sonnentanz habe.

»Warum fragst du?«

»Man hat mir gesagt, daß ich am Sonnentanz teilnehmen soll«, antwortete ich.

»Aber wer? Wer hat gesagt, du sollst am Sonnentanz teilnehmen?«

»Mann, ich weiß es wirklich nicht«, sagte ich und erzählte ihm von meiner Vision in Kalifornien.

»Du hast recht, es klingt wirklich so, als hätte man dich angewiesen, an einem Sonnentanz teilzunehmen«, erwiderte er nach längerem Nachdenken. »Was wirst du also tun?«

»Nun, ich möchte bei einem Sonnentanz mitmachen, aber jeder, den ich danach frage, weigert sich, mit mir darüber zu sprechen.«

»Wie ernst ist es dir mit dem Tanzen?« fragte mich Allen.

»Nun, ich weiß nicht genau. Die Geistwesen haben mir gesagt, ich muß es tun. Ich denke, wenn ich jemanden finde, der mir dabei hilft oder es mich lehrt, dann werde ich es auch tun.«

Er sagte: »Ich bin Sonnentänzer, und wenn es dir damit ernst ist, dann sei am letzten Sonntag im Juli hier.«

»Und was soll ich mitbringen?«

»Nichts, nur dich selbst. Ich werde dich eine Woche zuvor anrufen, ob du deine Meinung geändert hast oder immer noch mitmachen willst.«

Es wurde spät, und ich begann meine Sachen zusammenzupacken. Allen half mir. Wir verabschiedeten uns, und ich verließ Fort Washakie.

Ich war sehr aufgeregt, denn endlich hatte ich jemanden gefunden, der mir helfen wollte. Unser Zusammentreffen erinnerte mich an das alte Sprichwort: »Wenn der Schüler bereit ist, wird ein Lehrer zur Stelle sein.« Ich hatte nun einen Sonnentanz und einen Sonnentänzer gefunden.

Ich kehrte nach Blackfoot zurück und fuhr mit meiner Arbeit fort. Es gab nicht einen Tag, an dem ich nicht an die bevorstehende Zeremonie dachte. Oft bekam ich auf dem Hin- oder Rückweg von Pow- wows oder einem Markt solche Angst, daß ich zu be- ten anfing. Ich konnte immer noch nicht abschät- zen, auf was ich mich da eingelassen hatte, ich wußte nur, daß ich eine bedeutende Verpflichtung eingegangen war und daß ich große Angst hatte zu versagen. Vor etwas anderem hatte ich keine Angst, dazu war ich zu unwissend.

Ich bin froh, daß ich damals nichts über den Durst wußte.

Ich bin froh, daß ich nicht den Hunger kannte und die langen heißen Stunden, die man unter der sen- genden Sonne verbringt.

Ich bin auch froh, daß ich nicht wußte, daß man sich für vier Jahre verpflichtet, wenn man einmal tanzt! Wenn ich all das gewußt hätte, hätte ich vielleicht nicht den Mut und die Willenskraft und die Stärke aufgebracht, das alles durchzustehen.

Damals wollte ich am Sonnentanz teilnehmen, alles andere war mir egal.

Wie er es versprochen hatte, rief Allen eine Woche vor dem Sonnentanz an. Ich teilte ihm mit, daß wir noch heute nach Fort Washakie fahren würden.

Spät am Abend desselben Tages traf ich mit meiner Familie dort ein, und wir blieben auf dem Camping- platz Rocky Acres zwischen Fort Washakie und Lan- ders (Wyoming). Am nächsten Tag kam Allen zu uns und führte uns zum Sonnentanzgelände. Wir brauchten zwei Tage, um diesen Platz herzurichten.

Wir mußten lange Strecken gehen, um eine bestimmte Art von Büschen zu finden, die man für Wände und Dach der Sonnentanzlaube braucht. Dies ist eine Tradition sowohl der Schoschonen wie der Arapahos, jener beiden Stämme, die in der Fort Washakie Reservation leben.

Nachdem wir den Platz vorbereitet hatten, sammelten wir Holz für die Schwitzhütten-Zeremonie. Obwohl die Leute zum Schwitzen dort hineingehen, ist der Hauptzweck der Schwitzhütte die Reinigung.

Die Säuberung in der Schwitzhütte stellt eine vollkommene Reinigung von Körper, Geist und Seele dar als Vorbereitung für unsere heiligen Zeremonien, besonders für den Sonnentanz. Sobald die Zeremonie beginnt, müssen die Teilnehmer enthaltsam leben. Sie dürfen keinen Menschen berühren, der nicht die Schwitzhütten-Zeremonie durchlaufen hat. Die meisten Schwitzbäder haben mehrere Gänge, wobei jede Runde etwa zwanzig bis dreißig Minuten dauert.

Zu Beginn jeder Runde werden weitere rotglühende Steine in die Hütte gebracht, damit das Ganze gut, heiß und spannend bleibt. Die ersten drei Tage der Reinigung werden mit Gebeten verbracht: Wir gehen in die Hütte und konzentrieren uns auf unsere Beweggründe, beim Sonnentanz mitzumachen. Wir bereiten uns mental und körperlich auf die Erschwernisse vor, die uns in der Zeremonie begegnen werden. Dabei wird wenigstens einmal am Tag ein über vier Runden gehendes Schwitzen durchlaufen – gute, heiße Schwitzbäder.

Die Schoschonen führen die Schwitzhütten-Zeremonie anders durch als andere Stämme. Erst nach vier Tagen der Reinigung und des Betens beginnt das Tanzen.

Die Schwitzhütte lag direkt neben einem kalten, klaren, schnell fließenden Fluß. Das war sehr praktisch, denn bei der Schwitzhütten-Zeremonie der Schoschonen verlassen die Leute zwischen den Runden die Hütte und gehen in den Fluß. Oder sie stehen einfach herum, rauchen und unterhalten sich.

Während des Tanzes kann es passieren, daß manche Menschen an den Rand des Wahnsinns getrieben werden. Manche können Hunger und Durst nicht ertragen, selbst wenn dies ein Teil des Opfers ist, damit unsere Gebete erhört werden. Manche leiden so stark unter dem Durst und dem Hunger, daß ihre Verpflichtung ihnen nichts mehr bedeutet. Sie werden alles tun, nur um ihre Bedürfnisse zu erfüllen, wenn man es ihnen erlaubt.

Die Menschen fragen mich: »Warum machst du beim Sonnentanz mit?« Darauf antworte ich immer: »Damit meine Gebete erhört werden!« Manchen mag es übertrieben erscheinen, eine so schwierige und mühsame Zeremonie durchzuführen, nur um zu beten. Jeder kann sich hinknien und ein kurzes Gebet sagen. Es gehört schon ein besonderer Mensch dazu, aus freiem Willen durch diese Art des Opfers zu gehen. Sein Ich und seine persönliche Bequemlichkeit für ein paar Tage beiseite zu schieben, erfordert schon einen starken Geist. Doch es steckt viel mehr dahinter. Den Sonnentanz zu tanzen hat für jeden eine völlig andere Bedeutung.

Die meisten Menschen beten nur dann, wenn sie es

nötig haben, und erst, wenn sie in Schwierigkeiten sind. Ich habe mich dessen genauso schuldig gemacht wie die anderen. Beim Sonnentanz lernt man, was es heißt, selbstlos zu sein. Er lehrt dich Demut. Die erste Verpflichtung, oder Regel, wenn du willst, lautet, nie für dich selbst zu beten. Du läßt die anderen für dich beten.

Beim Tanzen beten wir nicht einfach für den Augenblick oder für den gegenwärtigen Tag, sondern für das ganze Jahr und die ganze Welt. Wir beten für die ganze Menschheit. Wir beten auch für die anderen Familienmitglieder, für einen kranken Verwandten oder geliebten Menschen. Wir beten für unsere Brüder in den Regenwäldern, die ihr Land verlieren, so wie wir einst unseres verloren haben. Wir beten auch für die hungernden Menschen der Welt und für die mißhandelten Männer, Frauen und Kinder.

Auf diese Weise ergeben wir uns dem Schöpfer. Wir flehen ihn an, sich für uns einzusetzen und uns Stärke zu verleihen, damit wir unser Leben besser bewältigen. Und wir danken für all das Gute, das Großvater (Gott) uns bisher gegeben hat.

Wir sind bereit, uns selbst zu opfern, damit sich alles zum Guten wendet auf unserer Mutter Erde. War nicht auch Jesus Christus ein Sonnentänzer? Er war dazu bereit, sich selbst zu opfern, damit aus der Welt ein besserer Ort werden konnte durch Spiritualität und das Aufzeigen des richtigen Weges. Nicht daß ich mich selbst und die anderen Sonnentänzer mit Jesus Christus vergleichen möchte, aber sein Opfer für die anderen half wirklich, die Welt zu verändern. Zu seiner Zeit war er ein Mann mit einem Anliegen

41

und einer Botschaft – so wie wir. Vielleicht kann auch unser Opfer helfen, etwas zu verändern.

Vier Tage lang entspannten wir uns, kümmerten uns um unsere Adlerpfeifen – stellten sicher, daß sie zuverlässig funktionierten und ihnen die Töne mühelos zu entlocken waren. Und jetzt war der Zeitpunkt gekommen, an dem ich die Adlerfedern brauchte, die mir Allen schon vor Monaten geschenkt hatte. Als wir so zusammensaßen und an unseren Kultgewändern und dem Zubehör arbeiteten, lächelte mich Allen an: »Siehst du, Manny, ich habe dir doch gesagt, daß du diese Federn schon bald brauchen wirst.«

Das Kultgewand für jeden Krieger-Tänzer besteht aus einem Schal, den die Frauen über die Schultern legen. Die Männer schlingen ihn sich um die Hüften wie einen Rock, ein Hemd haben sie nicht an. Um den Hals tragen wir unser traditionelles Hermelinhalsband und unsere Adlerpfeife.

In der Tüte, die mir Allen gegeben hatte, fand ich einige sehr schöne lange und weiche Daunenfedern, die genau richtig waren für meine Adlerpfeife. Ich nahm mir alles, was ich brauchen konnte. Als andere Männer vorbeikamen, gab ich ihnen von den restlichen Federn, was sie brauchten.

Alle tranken ungeheure Mengen Wasser, andere sogar spezielle Getränke für Sportler. Schließlich wurde meine Neugier so groß, daß ich fragte, warum alle so viel tranken. Sie wandten sich um, blickten mich überrascht an und begriffen schließlich, daß nicht jedem der Anwesenden diese Regeln bekannt waren. Einer antwortete: »Du solltest lieber auch so viel trinken wie nur möglich. Es wird lange dauern, bis du wieder etwas bekommst.«

An diesem Nachmittag kamen nicht viele Unterhaltungen zustande. Ich spürte, wie von allen eine unruhige oder nervöse Energie ausging. Dies war ein sehr ernstes Ereignis, und sie alle wußten, wie beschwerlich es werden würde. Die letzten Tage waren wirklich sehr heiß gewesen. Am Nachmittag war der Platz so aufgeheizt, daß man sich die Fußsohlen verbrannte. Damals dachte ich, dort der einzige zu sein, der völlig unwissend war. Später fand ich heraus, daß es eine ganze Reihe von Leuten gab, die zum ersten Mal mitmachten. Allerdings war ich der älteste von ihnen – in den Vierzigern – und nicht in der besten Verfassung.

Später an diesem Nachmittag aßen wir noch Kanincheneintopf. Allens Frau Zedora hatte einen großen Topf davon zubereitet, und er war köstlich. Der Eintopf enthielt eine Menge Gemüse, aber kein Körnchen Salz. Es hieß, wer Salz esse, würde noch schneller Wasser verlieren.

Endlich kam der erste Tag des Sonnentanzes. Dieser Tag sollte mein Leben verändern, obwohl ich das damals nicht ahnte. Es war der Tag, auf den ich voller Aufregung gewartet hatte, aber auch voller Furcht.

Als am Abend zuvor die Sonne endlich untergegangen war, hatte eine rührige und doch ruhige Betriebsamkeit begonnen. Jeder legte gemessen letzte Hand an bei sich und seiner Sonnentanz-Ausstattung. Der Staubgeruch in der Luft wurde plötzlich vorherrschend. Staub, aufgewirbelt von nackten oder in Mokassins steckenden Füßen, wurde zu einem Teil der Energie und einem Teil dieses besonderen Augenblicks.

Auch der Geruch von Holzfeuer drang in meine Nase und wurde zu einem Element dieser Erinnerungen, so wie es der Geruch des brodelnden Kanincheneintopfes war, der sich mit den Gerüchen von Holzfeuer, Staub und Salbei vermischte. Überall waren die Menschen dabei, sich mit dem Rauch unseres heiligen Salbei einzuräuchern. Der Geruch der Menschen durchdrang alles. Schweiß, Nervosität, erwartungsvolle Spannung und sogar Freude haben einen ganz eigenen Geruch. Und all das war zu spüren. Alles trug bei zu der wunderschönen Erinnerung an meinen ersten Sonnentanz.

Jeder konzentrierte sich auf sich selbst und betete zu Großvater auf seine eigene Weise. Die Energie wurde aufgeladen. Die Luft um uns war wie elektrisiert, die Aufregung war ansteckend. Jeder konnte diese ungeheure Energie fühlen. Es war ein wunderbares Gefühl, und ich kann es immer noch fühlen, wenn ich mich still hinsetze und mir diesen Abend in Erinnerung rufe.

Als es ganz dunkel war, kam Allen zu mir und fragte: »Hallo, Manny, nun ist es soweit. Wie fühlst du dich?«

Kopfschüttelnd antwortete ich: »Mensch, ich kann es dir nicht beschreiben, aber ich habe das Gefühl, als würde ich schweben!«

»Was du fühlst, lieber Freund«, lächelte er, »ist die Energie des Sonnentanzes.«

Plötzlich hörten wir von ferne, aus der Richtung, in der die Sonnentanzlaube lag, die Trommel. Ein wundervoller Klang, durch die Entfernung abgemildert. Dann rief einer der Helfer: »Kommt, ihr Sonnentänzer! Es ist Zeit für die Aufstellung!«

Wir gingen von unserem Lager zum Arbor, der Sonnentanzlaube – eine Schar gesichtsloser Gestalten, gehüllt in farbenprächtige Pendleton-Decken. Manche von uns gingen barfuß, andere hatten Mokassins an den Füßen.

Der Sonnentanzplatz, zu dem wir in dieser Nacht gingen, war neu. Jahrelang war der Sonnentanz direkt in der Mitte von Fort Washakie abgehalten worden. Doch dann hatte die Regierung begonnen, ziemlich nahe an diesem Platz Häuser zu bauen. Wie einmal der Sonnentanzhäuptling sagte: »Eines ist besonders wichtig beim Sonnentanz: Jeden Morgen müssen wir die Sonne begrüßen, wenn sie aufgeht. Und durch die vielen Häuser kann man ihren Aufgang nicht mehr beobachten.« Wenn dies auch der hauptsächliche Grund für den Wechsel des Sonnentanzplatzes war, gab es noch einen anderen. Inmitten von Fort Washakie lungerten auch Betrunkene herum, die die Sonnentänzer verhöhnten und ihnen Obszönitäten zuriefen. Sie nannten uns Teufel oder Idioten, weil wir uns auf diese Weise opferten. Sie selbst bezeichneten sich als »gute Christen«.

Mir war dieser Wechsel recht, denn ich war neu, und es war mein erster Sonnentanz. Dies war ein neuer Platz, und es war der erste Sonnentanz an diesem Ort.

Als wir zum Arbor gingen, setzte ich meine Füße

sehr vorsichtig auf den Boden, auf dem nicht nur kleine, spitze Steine lagen, sondern auch Kaktusdornen, die sich schmerzhaft in meine nackten Fußsohlen bohrten.

Wir versammelten uns hinter dem Arbor auf der Westseite und stellten uns in zwei Reihen auf. Ich hielt mich so dicht wie möglich an Allen.

Später merkte ich, daß Allen sich bei der Aufstellung immer einen Platz aussuchte, der ihn dann zur Nordseite des Arbors brachte. Das ist für den größten Teil des Tages der heißeste und beschwerlichste Platz in der Sonnentanzarena. Die meisten Sonnentänzer scheuen diese Stelle, denn wer dort landet, muß am meisten leiden. Allen und ich verbrachten drei volle Tage an diesem Platz.

Durch den Sonnentanz lernst du wirklich einen Schluck lauwarmes Wasser zu schätzen. Du begreifst, wie wohltuend ein kleines Schattenfleckchen oder eine leichte Brise an einem heißen Sommertag sein kann. Wenn es nur noch um die grundlegendsten Bedürfnisse geht, ist es schon erstaunlich, wie wenig es wirklich braucht, um dich glücklich oder zumindest zufrieden zu machen.

Wir begannen auszuschreiten, jede Reihe ging in anderer Richtung um den Arbor. Die eine Reihe wurde vom Sonnentanzhäuptling angeführt, die andere von einem seiner Helfer. Als wir den Arbor umrundeten, begegneten wir der anderen Reihe, die sich in entgegengesetzter Richtung bewegte. Wir gingen immer weiter herum und bliesen dabei unsere Adlerpfeifen. Es war so dunkel, daß man niemanden erkennen konnte.

Es war schon ein seltsames Gefühl, an etwas beteiligt zu sein, das mir so fremd war. Ich fühlte mich hundert Jahre in der Zeit zurückversetzt. Ich sah viele Menschen, die uns ruhig zuschauten, wie wir uns darauf vorbereiteten, den Arbor zu betreten.

Der Geruch nach Staub und Salbei war sehr intensiv und dennoch tröstlich. Er war wie ein Freund, etwas Vertrautes. Wir setzten unseren Gang fort, bis wir den Platz viermal umrundet hatten. Dann führte uns der Sonnentanzhäuptling in den Arbor – und wir verließen ihn nicht mehr von diesem Freitagabend nach Einbruch der Dunkelheit bis Montag nachmittag. Wenn man so zurückblickt, scheint es keine sehr lange Zeit zu sein. Wenn du aber dort drinnen bist, kommt dir jede Stunde wie eine Ewigkeit vor.

Der Arbor, der Ruheplatz für die Tänzer, dient nicht nur dazu, sich physisch auszuruhen. Er ist auch ein Ort, an dem man meditiert, sich konzentriert und um Dinge bittet, die man braucht, und über die Gebete nachdenkt, die man erhört sehen möchte. Neulinge beim Sonnentanz denken, der Arbor sei der Platz, an dem sich die Sonnentänzer entspannen und eine Zigarette rauchen. Das ist falsch – es gibt dort nichts zu trinken, nichts zu essen, und bei vielen Sonnentänzen bitten sie dich sogar, auf Zigaretten zu verzichten.

Endlich fand ich einen Ausweg aus dem Leiden. Es dauerte ein paar Tage, und als ich diesen Weg schließlich entdeckte, war es, als habe der Baum, der Heilige Baum, zu mir gesprochen. Er lehrte mich zu beten, immer weiter und intensiver zu beten. Dann würden meine Gebete erhört werden und ich könnte ertragen, was ich durchmachte. Meine Gebete waren mein Ausweg.

Kannst du dir das vorstellen? Ich hatte gefunden, wonach ich gesucht hatte, und fühlte eine solche Freude und einen solchen Frieden mit allem und jedem, daß ich keine Zeit hatte, an mein Leiden zu denken. Ich fand heraus, daß dich die Dinge nur beeinträchtigen, wenn du sie beachtest. Wenn du also das Leiden ignorierst und dich auf das Schöne, was du dir wünschst, konzentrierst, ändert sich alles.

Drei Tage lang ging ich durch so manches hindurch, und ich weiß nicht, als was ich diese Erfahrungen bezeichnen soll. Soll ich sie Wandel zum Besseren nennen? Soll ich sie als Leiden oder als spirituelles Erwachen ansehen? Nur eines weiß ich ganz genau: Der Sonnentanz hat mein Leben auf eine Weise verändert, wie es nichts anderes hätte tun können. Ich weiß mit absoluter Gewißheit, daß ich ein viel besserer Mensch geworden bin. Wenigstens habe ich das Gefühl, und meine Familie auch.

Es war eine große Ehre für mich, daß die Schoschonen mir erlaubt haben, an ihrer heiligsten Zeremonie teilzunehmen. Ich kann ihre Achtung und die Ehre, die sie mir erwiesen haben, nur dadurch erwidern, daß ich nicht darüber schreibe, was während dieser Sonnentanz-Zeremonie geschah. Wenn dies je erzählt werden sollte, dann möchte ich es einem Ältesten der Schoschonen überlassen, das zu tun.

Und so tanzten wir und tanzten.

Und beteten und beteten.

Am ersten Tag fand ich es nicht sehr schwierig. Aber jeder Mensch ist anders, und ich konnte sehen, daß andere Tänzer bereits litten. Mit dem Fortschreiten der Zeit wurde das immer deutlicher. An diesem ersten Abend tanzten wir sehr lange.

Am folgenden Morgen waren wir schon sehr früh auf. Wir begrüßten die Sonne und hatten dann etwas Zeit, uns auf den Tag vorzubereiten. Irgendwann in der Mitte des Vormittags begannen wir dann wieder zu tanzen. Schon sehr früh brannte die Sonne auf uns herab, und von Stunde zu Stunde wurde es heißer, als wir zum Heiligen Baum hin- und wieder zurücktanzten.

Wenn wir zu unserem Platz zurücktanzten, brannten unsere Fußsohlen. Es ist eine Sache, wunde Füße von der Hitze oder dem heißen Boden zu bekommen. Aber die Verletzungen von den scharfen Steinen und den Kaktusdornen, die sich in deine Füße bohren, verstärken das Leiden beträchtlich. Und das Ganze kannst du dann multiplizieren mit der Anzahl von Malen, die wir hin- und wieder zurücktanzten.

Nun wußte ich, warum Allen mich so nachdrücklich gefragt hatte, wie ernst es mir mit dem Sonnentanz sei. Später erzählte er mir, daß es viele Leute gibt, die verkünden, sie wollten beim Sonnentanz mitmachen, aber, wenn es dann soweit sei, fänden sie alle möglichen Entschuldigungen, warum sie »dieses Mal« einfach nicht teilnehmen könnten. Es ist wirklich ungeheuer hart. Wer sich einem Sonnentanz unterzieht, muß wirklich einen sehr wichtigen Grund dafür haben.

Ich persönlich bringe allen Sonnentänzern große Hochachtung entgegen. Sonnentänzer sind eine ganz besondere Sorte Mensch. Jeder von ihnen hat sich freiwillig dazu bereit erklärt, zu leiden und zu beten. Ich glaube, daß alle Sonnentänze aus den richtigen Gründen unternommen werden, ganz egal, wo dieser Sonnentanz stattfindet oder wer ihn anführt. Alle Sonnentänze sind etwas ganz Besonderes. Es gibt keinen einfachen Sonnentanz. Du gehst dorthin, um zu beten und zu leiden, und das solltest du auch. Du solltest dich opfern, damit deine Gebete erhört und beantwortet werden.

Wie ein Sonnentanzhäuptling einmal zu mir sagte: »Wenn du lieber ein Picknick machen willst, nimm deine Familie und fahre zum Fluß. Aber das hier ist *dein* Sonnentanz. Er dauert nur drei Tage. Mache das Beste daraus. Bete und tanze mit all deiner Kraft.« Der Anlaß für diese Worte war, daß einige Sonnentänzer spät am Nachmittag, als es am heißesten war, ein paar Gesänge lang sitzen blieben. Es gibt keine feste Regel, daß ein Sonnentänzer zu jedem Lied tanzen muß. Es bleibt dem einzelnen überlassen.

Als es Sonntagnachmittag wurde, waren alle ziemlich ausgetrocknet. Ich versuchte zu spucken, aber mein Speichel war so zäh wie Gummi. Manchen von uns bereitete es schon große Mühe zu sprechen. Es war ungeheuer heiß. Das ständige Blasen auf unseren Adlerpfeifen ließ uns noch schneller austrocknen. Es war absolut unmöglich zu schlucken; ganz abgesehen davon, daß es sowieso nichts mehr zu schlucken gab.

Wir hielten immer Ausschau, ob ein Tänzer kurz vor dem Kollaps zu sein schien vor Hitze, Hunger und Austrocknung. Wir glauben, daß dies der Moment ist, an dem ein Sonnentänzer wahrhaftig dem Schöpfer nahe und spirituell sehr mächtig ist. Er zieht dann die »Sonnenmacht« auf sich und den ganzen Sonnentanz herab. Es ist das Höchste an Macht und Energie, das ein Mensch während des Sonnentanzes erhalten kann, selbst wenn es nur ein paar Sekunden andauert. Wir glauben ganz fest daran, daß der Geist immer stärker wird, je mehr der Körper geschwächt ist.

Das ist der Augenblick, nach dem jeder Sonnentänzer strebt.

Das ist der Augenblick, in dem er seine Vision erhält.

Das ist der Augenblick, in dem wir Führung vom Schöpfer erhalten.

Je mehr Menschen dies bei einem Sonnentanz geschieht, desto mehr Macht erhalten wir alle, um unsere Wünsche und Gebete erfüllt zu bekommen. Es ist eine große Ehre für einen Menschen, wenn ihm dies widerfährt. Wenn ein Tänzer Zeichen der Erschöpfung zeigt, ermuntert man ihn, weiterzutanzen. Die Trommler beschleunigen den Rhythmus und singen und trommeln weiter. Wenn dieser besondere Tänzer dann zu seinem Ruheplatz zurücktanzt, schieben ihn die anderen Tänzer wieder hinaus.

Es ist ein wundervolles Gefühl und doch ein bedauernswerter Anblick. Demjenigen, dem dies geschieht, erweisen alle anderen ihre Hochachtung. Wenn der Tänzer niederfällt, eilen viele Tänzer, die in der Nähe sind, herbei, um seine Energie und Macht zu teilen. Um unseren Respekt vor dem zu zeigen, was er gerade durchgemacht hat, heben wir ihn sanft auf und tragen ihn zu seinem Ruheplatz zurück. Wenn er dort ein bißchen Schatten hat, legen wir ihn nieder, so daß er sich ausruhen kann. Und der Sonnentanz geht weiter.

Manchmal haben wir zwei oder drei verschiedene Gruppen, die für uns trommeln und singen, so daß wir ohne Pause weitermachen können. Stunden um Stunden brennt die Sonne auf uns nieder.

Nach zwei Tagen fast unerträglicher Hitze erreichte die Sonne am Sonntag das Ende ihrer langen, heißen Reise über den Himmel Wyomings. Endlich gestattete sie uns etwas Ruhe vor ihrer glühenden, gleißenden Kraft. Obwohl wir ausgetrocknet, hungrig und müde waren, hoben sich unsere Lebensgeister vor Freude wieder. Wir spürten die allgegenwärtige Abendbrise und die Kühle, die von den abendlichen langen Schatten ausging.

Spät in der Nacht unterbrachen immer mehr Tänzer ihren Tanz und legten sich müde auf ihre Schlafsäcke. Auch die Trommler zeigten Anzeichen von Müdigkeit. Die Lieder wurden immer langsamer, und die Abstände zwischen ihnen wurden größer und größer. Und als schließlich nur noch ein paar Tänzer übrig waren, beendeten die Sänger ihr letztes Lied. Sie standen auf, streckten sich und verließen einzeln oder zu zweit den Arbor.

Der Tanz war für diesen Tag zu Ende. Hier und da sah ich Tänzer, die sich in Tücher wickelten und sich in Richtung der Toiletten begaben. Als ich mich niederlegte, an meine Kinder, meine Eltern und alle Menschen dachte und für sie betete, betrachtete ich die prächtigen Sterne, die am Himmel leuchteten.

Ich dachte: »Ich danke dir, Gott, für all die Wohltaten, die du mir im Laufe meines Lebens erwiesen hast. Für meine hinreißenden Kinder, meinen Bruder und meine Schwestern und für meine wundervollen Eltern, die immer für mich da waren. Doch am meisten danke ich dir dafür, daß du mich zu diesem Sonnentanz gebracht hast. Endlich habe ich einen Weg gefunden, um dir für all das zu danken, was du mir gegeben hast.« Und während ich so dalag und mich für alles bedankte, schlief ich allmählich ein.

Still kam der Morgen. Ein Husten weckte mich. Von meinem Platz aus konnte ich durch die Blätterwand des Arbors sehen. Die Sternbilder hatten sich zwar geändert, aber die Sterne leuchteten immer noch hell. Sie strahlten kühle, königliche Zurückhaltung aus. Sie wirkten fremd auf mich. Diese Sternengruppe sah ich sonst nie, und ich wachte sonst auch nicht um diese Zeit am Morgen auf.

Ich empfand das dringende Bedürfnis aufzustehen und dem Ruf von Mutter Natur zu folgen. Dieser Ruf erging die ersten beiden Tage des Sonnentanzes, aber ich hielt das für normal. Als ich meine warmen Decken verließ und von der kalten Luft getroffen wurde, mußte ich mich schleunigst bewegen.

Schnell stand ich auf und ging zu den Toiletten. Es überraschte mich, wieviel Flüssigkeit ich immer noch von mir gab, denn seit drei Tagen hatte ich nichts mehr zu trinken gehabt. Nun, wie einer der Tänzer sagte: »Nur weil du nichts mehr trinkst, bedeutet das nicht, daß deine Nieren mit der Arbeit aufhören!«

Als ich zurückkehrte, waren alle in gehobener Stimmung und legten ihre schönsten Kultgewänder an. Auch ich nahm meinen besten Schal heraus. Er war leuchtend rot, und auf die Vorderseite war ein Adler genäht. Ich war darauf sehr stolz, denn Allen und seine Frau Zedora hatten ihn mir geschenkt. Wir wickelten die Schals um unsere Hüften wie einen Rock.

Das Gerücht kam auf, daß wir bis spät am Abend tanzen müßten. Du kannst dir nicht vorstellen, wie erschreckend es ist, so etwas nach drei Tagen ohne Essen oder Wasser zu hören. Allen nahm mich auf die Seite und erzählte mir, daß dieses Gerücht immer verbreitet wurde, um die Sonnentänzer zu beunruhigen, die zum ersten Mal dabei waren. Zwar tanzten sie manchmal wirklich bis spät in den Abend hinein, aber das passiere nicht allzu oft.

Wir mußten auf den Fahnenmast achten, der vor dem Lager des Sonnentanzhäuptlings stand, etwas entfernt vom Arbor. Wenn die Fahne an der Spitze des Mastes hing, dann würden wir bis spät am Abend bleiben. Wenn sie nur auf halbmast hing, würden wir gegen zwölf oder ein Uhr mittags herauskommen.

Es war der letzte Tag.

Als wir tanzten und mit unseren Adlerpfeifen bliesen, konnte ich hören, wie manche Tänzer würgten, weil ihre Mundhöhle so ausgetrocknet war. Auch ich fühlte mich inzwischen ziemlich elend. Einmal mußte ich brechen und konnte gar nicht mehr aufhören. Als es schließlich stoppte, fühlte ich mich sehr schwach und zittrig, aber ich tanzte weiter.

Daß wir ohne Essen oder Wasser bleiben und auf unseren Adlerpfeifen blasen, soll uns helfen, uns zu fokussieren und unser Herz und unseren Geist zu öffnen und aufnahmebereit zu machen. Dadurch sind wir zu Einsichten fähig, und es hilft uns, empfängnisbereit für unsere Visionen zu werden. Daß solche drastischen Maßnahmen dazu notwendig sind, sagt viel aus über die Art und Weise, wie wir heute leben.

Viele Zuschauer kamen in den Arbor, um sich segnen zu lassen. Einige Tänzer brachten ihre Familie und auch Freunde herein, damit sie gesegnet würden. Was ich nicht ganz verstehen konnte, war, daß sogar christliche Geistliche in den Arbor des Sonnentanzes traten und den Sonnentanzhäuptling um seinen Segen baten. Anschließend fragten sie, ob sie andere Mitglieder ihrer Gemeinde im Sonnentanz-Arbor segnen dürften. Es war einfach wunderbar, diese Vermischung der Glaubenssysteme zu beobachten, wie sie hier vor sich ging. Zumindest bin ich sehr froh, daß diese Leute erkannt haben, daß der Arbor eine heilige Stätte ist, ebenso heilig wie jede beliebige Kirche.

Der Morgen verging langsam und schien bis zum nächsten Wochenende zu dauern. Die Sonne hatte beschlossen, es uns armen Sonnentänzern nicht zu schwer zu machen. Vielleicht war sie ja der Meinung, wir hätten genug gelitten. Der Morgen hätte nicht besser sein können. Er war in der ganzen Zeit der angenehmste. Er milderte unser Leiden etwas ab.

Plötzlich packte Allen meinen Arm. Als ich mich zu ihm wandte, deutete er mit seinem Kinn auf die Fahne, die jetzt auf halbmast wehte.

»Danke, Großvater«, sprach ich zu mir.

Plötzlich kamen keine Leute mehr in den Arbor. Die Segnungen waren zu Ende. Die Energie innerhalb des Kreises war aufgeladen und aufregend. Selbst die Zuschauer konnten das spüren. Die Menschen begannen zu lächeln und zu lachen. Manche schüttelten die Fäuste in Richtung auf die Tänzer – ein Siegeszeichen, als wollten sie sagen: »Gut, Leute, wir sind stolz auf euch.«

Dann hängte der Sonnentanzhäuptling sein Tuch auf.

Jeder begann seinem Beispiel zu folgen. Die Tücher, mit denen wir uns während des Sonnentanzes manchmal bedeckt hatten, verbargen uns nun vor den Augen der Zuschauer. Erst verstand ich den Grund nicht. Doch dann erklärte man mir es. Wir sollten jetzt unseren ersten Schluck Wasser seit drei Tagen bekommen. Und zwar heiliges Wasser, das man mit Demut und Respekt empfing. Dies war eine sehr persönliche Sache, bei der man außer den Sonnentanzbrüdern und Gott keinen zuschauen lassen wollte.

Man brachte zwei große, alte Blechmilchkannen, die mit frischem Quellwasser gefüllt waren. Nachdem die Helfer das Wasser hereingebracht hatten, stellten sie es vor den Sonnentanzhäuptling. Er betete über dem Wasser, sprach seinen Dank dafür aus und goß es dann unter Segenssprüchen in die Eimer. Seine Helfer brachten sie uns.

Dann ließen sie jeden Tänzer sein Maß trinken, einen nach dem anderen. Es war eine ruhige Zeit, erfüllt von Ehrerbietung. Es war wie eine ganz besondere, ganz persönliche Zeremonie jedes einzelnen

Sonnentänzers, als jeder seinen ersten Schluck nahm.

Als die Helfer vor mir stehenblieben, holte einer von ihnen eine große Schöpfkelle voll kaltem, süßem Quellwasser aus dem Eimer. Er hob sie hoch über den Rand des Eimers. Wasser spritzte und tropfte an den Seiten herunter. Es sah ungeheuer köstlich aus. Der Helfer bewegte sich nicht schnell genug. Der ganze Prozeß schien in Zeitlupe abzulaufen.

Ich saß auf dem Boden und beobachtete das ganze Geschehen. Meine Kehle schien wie zugeschnürt, als ich den Kopf in den Nacken legte. Ich versuchte zu schlucken, als ich auf dieses wunderbare Wasser schaute, aber ich konnte nur krächzen. Das Gefühl war so intensiv, daß ich zu keinem Wort fähig gewesen wäre, selbst wenn ich gewollt hätte. Langsam senkte sich die Kelle zu mir herunter. Inzwischen verlangte mich so sehr nach dem Wasser, daß ich aufstehen und danach greifen wollte, dennoch zwang ich mich, auf dem Boden zu verharren und darauf zu warten, daß das Wasser zu mir kam. Ich hatte das Gefühl, mir das Anrecht verdient zu haben, daß das Wasser dorthin kam, wo ich saß.

Endlich hielt ich die Schöpfkelle in Händen. Ich hatte das Bedürfnis, das Wasser einfach herunter-zukippen und nach mehr zu verlangen, aber ich bremste mich und dachte an die vergangenen drei Tage. Dann dachte ich an die Flagge. Und wenn sie noch an der Spitze des Mastes hängen würde? Dann dürfte ich immer noch nichts trinken. Ich dachte an die Geistwesen, die mir so sehr geholfen hatten.

Ich hob die Schöpfkelle voll Dankbarkeit und Ehrer-

bietung und zu Ehren von Großvater und den Geistwesen. Langsam kippte ich die Kelle und ließ ein
bißchen Wasser herauslaufen auf Mutter Erde, um sie
zu ehren. Jetzt war ich an der Reihe. Mit zitternden
Händen hob ich die Schöpfkelle zum Mund. Der erste
Schluck war mit nichts zu vergleichen, was ich je
erfahren hatte. Es war der Himmel. Ich konnte das
wunderbare, nasse Rinnsal spüren, wie es langsam
meine trockene Kehle hinunterrann. Es war, als
würde man Wasser auf einen Schwamm tröpfeln. Ich
nahm einen kleinen Schluck nach dem anderen.
Der erste Schluck hatte noch nicht viel bewirkt, aber
jetzt begann sich endlich etwas Speichel in meinem
Mund zu bilden. Bei jedem Schluck zitterten meine
Lippen, so daß mir ein paar Tropfen aus dem Mund
rannen. Sie liefen mein Kinn hinunter, tropften von
dort in meinen Schoß. Und nach langer Zeit konnte
ich mich endlich wieder wie ein Mensch fühlen. Zögernd gab ich den Schöpflöffel zurück. Er wurde
immer weiter gereicht, von Sonnentänzer zu Sonnentänzer, bis die Helfer das Ende der Reihe erreicht
hatten. Jeder hatte Wasser gehabt, und wir begannen die Tücher wieder herunterzunehmen.
Am frühen Morgen hatten wir unsere Schlafsäcke
und alles andere, was wir jetzt nicht brauchten,
schon unseren Verwandten gegeben, und so hatten
wir beim Hinausgehen nicht mehr viel zu tragen.
Schließlich reihten wir uns auf, und der Sonnentanzhäuptling hob seine Hand, damit wir ihm folgten.
Endlich war alles vorbei.
Als wir einer hinter dem anderen aus dem Arbor traten, stellten sich die Zuschauer auf beiden Seiten des

Eingangs auf. Und als wir zwischen ihnen durchgingen, berührten sie uns mit den Händen. Sie dankten uns für unsere Gebete. Jeder freute sich, lachte und schüttelte uns die Hand. Es war ein wundervolles Gefühl. Ich wurde ganz gerührt und vergoß einige Tränen des Dankes und der Dankbarkeit.

Jene Menschen, die gebetet hatten und uns beigestanden haben bis zum letzten Trommelschlag, hatten fast soviel gelitten wie wir. Später erfuhr ich, daß viele Leute mit uns gefastet hatten. Auch sie hatten drei Tage lang auf Wasser verzichtet, und für sie war es noch härter als für uns, denn sie hatten Wasser, Essen und andere kalte Getränke direkt vor ihrer Nase, und dennoch hatten sie nichts getrunken. Es fällt viel schwerer, auf etwas zu verzichten, wenn das, was du haben möchtest, direkt vor dir steht. Kein anderer als du selbst kann dich dann zurückhalten.

Viele Menschen wollten etwas von unserer Sonnenenergie, jener Energie, die wir drei Tage lang auf uns herabgezogen hatten. Diese Energie ist mächtig, sie ist rein, sie bringt Heilung und Wohlbefinden.

Als ich so ging, fühlte ich mich erfrischt, ich fühlte mich so gut, daß ich meinte, auf Daunen zu gehen. Nun fühlte ich die kleinen, scharfen Steine nicht mehr, die mein Leben in den letzten Tagen so aufregend gemacht hatten. Die kleinen Kakteendornen, die meine Füße bei jeder Gelegenheit gequält hatten, beunruhigten mich nicht mehr.

Jetzt, wo ich wußte, daß ich schon bald etwas essen konnte, fühlte ich keinen Hunger mehr. Ich ging am Ende der Schlange, und vor mir konnte ich eine riesige Menschenmenge sehen. In weiße Tücher gewickelte Sonnentänzer zerstreuten sich in unterschiedliche Richtungen zu ihren jeweiligen Lagern. Ich sah, daß sie alle etwas mit den Armen umklammert hielten.

Plötzlich war ich an der Reihe. Ein Helfer des Sonnentanzhäuptlings stand direkt hinter einem kleinen offenen Lastwagen. Er überreichte jedem Sonnentänzer eine unerwartete Gabe: eine große, gestreifte Wassermelone. Ich hatte geglaubt, in meinem Körper keine Flüssigkeiten mehr zur Verfügung zu haben, aber der Anblick dieser großen, wunderschönen Wassermelone ließ Speichel langsam das Innere meines Mundes befeuchten.

Und wieder war mir eine Überraschung zuteil geworden. Es ist erstaunlich, wie so kleine Dinge eine so große Bedeutung bekommen können. Wenn ein Mensch gelitten hat und ohne die grundlegenden Dinge im Leben auskommen mußte, dann bekommen die kleinen Dinge große Bedeutung. Ein Stuhl, auf dem man sitzen kann, ein Schluck Wasser, eine bescheidene Mahlzeit werden zum einzig Wichtigen im Leben. Wenn du in diesem Stadium bist, wird selbst ein kleines Stück Brot das Ziel deiner Träume.

Meine Frau und meine Familie warteten vollzählig auf mich. Meine Kinder sahen aus, als hätten sie selbst beim Sonnentanz mitgemacht – müde und erschöpft –, besonders die Zwillinge. Ich glaube, daß sie in ihrer Unschuld und aus Liebe zu mir versucht hatten, den Schmerz, den Hunger und den Durst von mir zu nehmen. Seit damals habe ich festgestellt, daß sie sehr starke Persönlichkeiten sind, besonders

Becky, die in der Familie immer nur »die Kleine« gewesen war. Ihre Energie ist so stark, daß nur mein Einfluß als ihr Vater sie auf der richtigen Spur halten kann. Mir ist klar, daß ich sie eines Tages loslassen werde, damit sie die Dinge tun kann, die sie für den Schöpfer tun muß. Sie hat starke Führungsqualitäten und hatte diese Energie von Kindheit an.

Als ich sie so sah und ihre Angst um mich, wurde ich von meinen Gefühlen überwältigt. Es war, als ob sich mein Herz zusammenkrampfte. »Mein Gott«, dachte ich, »diese Kinder haben genauso viel für mich gelitten, wie ich es getan habe.«

Die ungeheure Gefühlsaufwallung in meiner Brust stieg mir die Kehle hinauf und trieb mir die Tränen in die Augen. In diesem Augenblick fühlte ich so viel Liebe für sie und die ganze Welt, daß mir bewußt wurde, das war der Grund, warum ich den Sonnentanz tanzte.

Wir gingen zum Lager zurück. Es war ein ruhiger und langsamer Gang. Ich gab den langsamen Schritt vor, und alle blieben in meiner Nähe. Die Kinder kamen und wollten mich berühren und umarmen, während wir gingen, und dadurch kamen wir noch langsamer voran. Trotz meiner innigen Freude, meine Kinder bei mir zu haben, empfand ich ein unerklärliches Gefühl eines Verlustes. Ich fühlte in mir eine Leere, als wenn ich einen Teil meines Selbst zurückgelassen hätte.

Als Vergleich, mit dem ich dieses Gefühl beschreiben könnte, kommt mir nur eine Frau in den Sinn, die ein Kind zur Welt bringt. Nach der Geburt erfährt sie ein Gefühl des Verlustes und der Leere. Der Sonnentanz ist eine Herausforderung und Prüfung für deinen Geist. Es ist belebend und dennoch unglaublich schwierig, so wie eine Geburt. Obwohl ich selbst nie eine Geburt erfahren kann, habe ich doch die Geburt meiner jüngsten Tochter miterlebt, und meine Frau hat mir von ihren Gefühlen erzählt.

Was ich bei diesem ersten Sonnentanz gesehen und erfahren habe, gleicht dem Prozeß, auf die andere Seite des Lebens zu gehen, ohne diesen Übergang auf Dauer zu machen. Während dieser Erfahrung gewann ich Stärke, Wertschätzung für die grundlegenden Dinge des Lebens und Achtung gegenüber der ganzen Menschheit.

Ich lernte, mit Schmerz, Hunger und allen anderen Dingen umzugehen, die das Leben unangenehm machen. Ich lernte, daß man die Interessen der anderen erwägen muß, bevor man handelt. Wenn wir andere verletzen, selbst wenn es nicht mit Absicht geschieht, verletzen wir uns selber.

Wir Indianer haben nicht immer eigene Wörter für alles. Aber wir glauben, wenn wir jemand anderem Unrecht zufügen, dann wird dies auf uns zurückfallen. Manche Menschen nennen dies Karma.

Unsere Verbindung zur Natur, unserer Mutter Erde, und zu den Himmeln ermöglicht uns, Dinge zu wissen und zu spüren, die anderen entgehen. Der einzige Grund dafür ist, daß wir eine ausgeprägte Sinneswahrnehmung gegenüber der Erde entwickelt haben. Die Verbindung zwischen den Elementen und den Menschen war nie unterbrochen worden.

Ich glaube fest daran, daß jedes Lebewesen auf dieser Erde mit dieser besonderen Sinneswahrnehmung geboren wird, daß wir aber – ohne unsere Schuld – lernen, viele Gesetze der Natur zu übersehen. Um unserer Bequemlichkeit und unseres Fortschritts willen muß unsere Umwelt leiden. Aber sei dir sicher, wenn die Natur beschließt, die Dinge wieder dorthin zurückzubringen, wo sie sie haben möchte, wird sie es tun. Wir werden die Natur nicht verändern können. Wir müssen die Natur achten und versuchen, mit ihr zu leben, etwas, das wir leicht vergessen. Wir Indianer haben gelernt, wenn man versucht, der Natur – Großmutter (Erde), wie wir sie nennen – Zwang anzutun, um sie nach unseren Vorstellungen zu formen, dann fordert man das Verderben heraus.

Was ich damit sagen will, ist, statt uns immer so um Logik zu bemühen, sollten wir lieber etwas von dem gesunden Menschenverstand benutzen, den Gott uns gegeben hat. Sind wir so kopflastig geworden, daß wir den Glauben an die einfachen Dinge verloren haben? Es ist fast so, als folgten wir einer Straße, die ins Verderben führt, und das nur, weil wir gelernt haben, allein das zu glauben, was wir sehen können ... und dabei nur das zu sehen, was wir sehen wollen.

Als der Schöpfer die Erde formte, richtete Er alles auf uns aus und erschuf alles vollkommen und miteinander im Gleichgewicht. Als alles reibungslos funktionierte, erschuf Er die Menschen und setzte die Nahrungskette für die Pflanzen- und Tierwelt in Gang. *Warum also hat Er uns erschaffen?*

Schon bevor Er die Tiere erschuf, die die Erde bewohnen sollten, wußte Er, daß Er Menschen erschaffen wollte und Spiritualität notwendig würde. Also mußte Er ihnen Mittel an die Hand geben, mit denen sie sich spirituell schützen konnten, während sie lernten.

Das Beste, was Er uns schenkte, war »Mutter Pflanze«. Diese erste Pflanze, die Er erschaffen hat, wurde »Salbei« genannt oder »Pejuta Wakan«, wie die Lakota sie nennen. Sie ist allen indianischen Völkern heilig. Wir glauben, daß der Schöpfer sie den Indianern gab, damit sie diese auf jede Weise nutzen konnten, in der sie es notwendig hatten. Und nicht, um sie in jedem Geschäft an jedermann zu verkaufen. Viele Leute verstehen nicht, daß dieser Medizin-Salbei nicht dieselbe Pflanze ist, die in Europa wächst, und es ist auch nicht das Küchengewürz. Es ist eine besondere Salbei-Art, die immer schon auf dieser Seite der Weltkugel gewachsen ist und immer von spirituellen Menschen für spirituelle Zwecke benutzt wurde. Dem Land den Salbei zu stehlen, um damit Gewinne zu machen, ist für unsere Völker genauso schlimm, wie deine Mutter oder deine Schwester auf den Strich zu schicken.

Der Schöpfer wußte, daß wir den Rauch dieses Salbeis brauchen würden, um unseren Körper und unseren Geist zu reinigen. Deshalb schuf Er verschiedene Salbei-Pflanzen, damit Salbei auf unterschiedlichen Höhen und in verschiedenen Gebieten gedeihen konnte. Er wollte, daß Seine Kinder überall Salbei zur Verfügung hätten.

Nachdem Großvater sichergestellt hatte, daß wir alles hatten, was wir für unsere Spiritualität brauchten, schuf Er die Menschen. Jeden von uns erschuf

Er anders. Er wußte, daß wir anders sein müßten, denn Er gab uns Eigenschaften, die uns von den anderen Tieren unterscheiden.

Wir haben einen freien Willen, Kreativität, Intelligenz, Mut, Rechtschaffenheit, Intelligenz, Stolz und – als Bestes – die Fähigkeit zu lieben. Allerdings gab uns der Schöpfer auch die Fähigkeit, unseren eigenen Wert in Form des Ego zu überschätzen. Wir alle müssen lernen, Achtung zu haben vor den anderen und vor allen anderen Lebewesen auf dieser Erde. Wir müssen auch lernen, nicht über andere zu urteilen. Was wir auch immer empfinden mögen, wir alle haben Anteil an dieser Mutter Erde. Ob es uns gefällt oder nicht, wir sind alle Brüder und Schwestern.

Wenn wir diese einfachen Dinge gelernt haben, dann haben wir den ersten Schritt getan, um ein nützlicher Bewohner dieser Erde zu werden statt ein Schädling.

Als wir schließlich im Lager ankamen, hatten die Frauen auf einem langen Tisch ein Festmahl aufgestellt. Ich war erst der dritte Sonnentänzer, der zurück war. Die anderen standen einfach so herum und warteten. Meine Zurückhaltung und Kontrolle begann zusammenzubrechen, als ich all das wunderbare Essen sah! Sie hatten Steaks zubereitet, Eintopf, geröstetes Brot, kalten Chokecherry-Saft, Chokecherry-Pudding, Kühlbehälter mit kalter Limonade, gekühlte Wassermelonen und kochendheißen Kaffee. Es gab so viele wundervolle Sachen zu essen. Ich schaute mich um und bemerkte, daß alle ebenso hungrig waren wie ich.

Wir warteten, bis einer der Sonnentänzer einen Segen gesprochen und für den guten Sonnentanz gedankt hatte. Als dies getan war, begann jeder, ordentlich zuzulangen. Ich wußte nicht, was ich zuerst essen sollte, also nahm ich mir ein kleines Stück Fleisch, das in eine Tortilla gewickelt war, ähnlich wie ein Burrito. Als nächstes aß ich ein Stück Wassermelone. Dann bat ich um eine Tasse Kaffee. Noch nie war mir so bewußt geworden, wie gut Essen schmecken konnte. Das Essen, vermischt mit dem Geruch des brennenden Holzes, machte mir klar, wie viele Dinge es doch in unserem kurzen Leben gibt, über die wir uns freuen können.

Später stellte ich fest, daß ich in diesen drei Tagen 23 Pfund verloren hatte. Leider hatte ich sie bald wieder zurück. Den Gewichtsverlust verursacht der Flüssigkeitsentzug, und sobald du die Flüssigkeit deinem Körper wieder zuführst, kehrst du zu deinem Ausgangsgewicht zurück.

Nachdem sich jeder erholt hatte und satt war und die Sonne langsam unterging, begann ein Sonnentänzer nach dem anderen von seinen Erlebnissen zu erzählen – was er gefühlt, gesehen oder erfahren hatte. Es war phantastisch, einfach so dazusitzen und zuzuhören und sich dabei zu wundern, woher all diese Energie nur gekommen war, und den Geschichten zu lauschen und dem Knistern des brennenden Holzes im Lagerfeuer. Die kleinen Kinder verschwanden ins Bett, und die älteren Leute fuhren fort, sich zu unterhalten und zu schwatzen. Es war ein gutes Gefühl, nicht mehr auf diesen kleinen scharfen Steinen tanzen zu müssen. Ich war glücklich, daß ich eine Zigarette rauchen konnte, eine Tasse Kaffee vor mir hatte und einfach ausspannen durfte.

Wenn du jemals an einem Lagerfeuer gesessen hast zu der Zeit, wo die Erde langsam zur Ruhe geht nach einem langen Tag, dann weißt du, daß es ein einzigartiges Erlebnis ist zu spüren, wie sich Mutter Erde entspannt, nachdem sie den lieben langen Tag über ihre Kinder gewacht hat.

Als es immer später wurde, begannen die Erwachsenen nach und nach zu ihren Nachtquartieren aufzubrechen. Nicht alle schliefen in unserem Lager. Beim Gehen verabschiedeten sie sich von uns, denn manche wollten schon früh aufbrechen. Viele Tänzer und Helfer mußten am nächsten Tag wieder arbeiten. Manche waren von weit her gekommen, und es war ein großer Aufwand für sie gewesen, am Sonnentanz teilzunehmen oder dabei zu helfen.

Wie schon erwähnt, keinem wird befohlen, zum Sonnentanz zu kommen oder daran teilzunehmen. Tänzer, Helfer und alle anderen kommen nur, weil sie wirklich dabeisein wollen – was mich tief beeindruckte. Der Abschiedssatz von allen war gleichermaßen: »Bis zum nächsten Jahr!« Und obwohl du dich noch halb im Schockzustand befindest, beginnst du bereits, dich auf das nächste Mal zu freuen.

Ich lag so im Frieden mit mir und meiner neu entdeckten Welt, daß ich das Gefühl hatte, die Augen keinen Augenblick geschlossen zu haben. Und ehe ich mich's versah, ging die Sonne schon wieder auf.

In der Ferne hörte ich ein paar Autos den Motor anlassen und ruhig davonfahren. Die Fahrer schienen nur zögernd abzufahren und den friedvollen Zauber dieser heiligen Stätte zu brechen. Die Abfahrt jener ersten beiden Autos war wie ein Signal. Ich konnte hören, wie auf allen Seiten des Sonnentanzgeländes die Leute sich zu unterhalten begannen. Autotüren wurden zugeschlagen, Babys weinten, und weitere Autos verließen das Lager. In unserem Lager legte jemand dürres Holz auf die Glutreste des Feuers vom vergangenen Abend.

Nachdem alle aufgestanden waren und gefrühstückt hatten, brachen wir das Lager ab. Wir brauchten dazu mehrere Stunden, aber danach waren unsere Fuß- und Reifenabdrücke die einzigen Spuren, die übrigblieben. Selbst die Löcher, in denen die Stützen unseres Schattendaches gesteckt hatten, waren aufgefüllt worden. Es gab nicht ein einziges Stückchen Abfall, Papier oder anderen Müll auf dem ganzen Platz. Jeder ließ seinen Lagerplatz in sauberem Zustand zurück.

Nicht lange nach diesem ersten Sonnentanz fuhr ich nach Oklahoma auf eine Verkaufsreise. Die Indianer dieses Bundesstaates sind die prachtvollsten, die du nur treffen kannst. Sie gaben mir das Gefühl, willkommen zu sein, und ich verliebte mich in die Gegend um Tulsa. Ich baute meinen Stand auf einer großen Ausstellung von indianischem Kunsthandwerk in Tahlequah auf und traf viele wundervolle Cherokee. Tahlequah wird als Hauptstadt des Volkes der Cherokee angesehen. Dorthin kommen alle Leute, die nach ihren Cherokee-Wurzeln suchen, um etwas über ihr Erbe herauszufinden.

Ich war von den Menschen und der Gegend so be-

68

eindruckt, daß ich Vivian nach meiner Rückkehr nach Idaho überredete, dorthin zu ziehen.

Das Jahr verging so schnell, und bevor ich es mich versah, war es schon Zeit, zum nächsten Sonnentanz nach Wyoming zurückzukehren.

Der Süden – die Farbe Weiß
»Warme Winde«

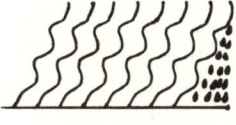

Regen

Wir verließen Oklahoma ungefähr zwei Wochen, bevor der Sonnentanz beginnen sollte, denn ich wollte so rechtzeitig in Fort Washakie sein, daß ich noch genug Zeit hatte, bei der Errichtung des Lagers und des Arbors helfen zu können.

Wir waren schon bald mit der Vorbereitung des Lagers fertig, aber beim Aufstellen des Arbors durfte ich nicht helfen. Er wird niemals von den Tänzern aufgestellt, sondern allein von den Helfern. Und so kommt es, daß ich noch nie bei seinem Aufbau dabeisein konnte, da ich immer zu den Tänzern gehörte.

Das Aufstellen des Arbors kann sehr schwierig und heikel sein. Man braucht dafür eine beträchtliche Anzahl von Männern, und selbst die brauchen dafür noch ziemlich lange; manchmal hat man den Eindruck, daß sie nicht mehr rechtzeitig zum Tanz fertig werden können.

Bei einem Sonnentanz machte ich mir ernsthaft Sorgen, denn es war schon später Nachmittag, und der Arbor war menschenleer. Ich erzählte das Allen. Er zuckte nur mit den Schultern und meinte, ich solle mir keine Sorgen machen. Als es mir später wieder einfiel, schaute ich erneut hin. Wie von Zauberhand war der Arbor vollendet.

Auch an diesem Tag sah ich keinen Menschen auf dem Platz, aber ich machte mir keine Sorgen mehr deswegen. Für diese Arbeit waren andere verantwortlich. Unsere Aufgabe war es, zu beten und zu tanzen.

Wir hatten mehr als genug Zeit, Zweige für unser Lager zu schneiden und die Löcher für die Stützen des Rahmens zu graben. Der Rahmen kann aus beliebigem Material gefertigt werden, was gerade verfügbar ist, meist Tipi-Stangen mit einem Querschnitt von fünf mal zehn oder zehn mal zehn Zentimetern oder was eben zur Hand ist. Da es keine Dauerkonstruktion ist, halten wir es nicht für so wichtig, welches Material wir dafür nehmen – Hauptsache, es eignet sich für diesen Zweck.

Jeden Tag kamen weitere Sonnentänzer an. Manche besuchten uns in unserem Lager. Wir freuten uns, die alten Bekanntschaften vom vorigen Jahr wieder zu erneuern. Einer der Sonnentänzer, Benny, grinste, als er mich sah, und fragte: »Hey, Manny, kommst du zu einer zweiten Runde?« Daß ich zum zweiten Mal dabei war, machte mich schon zum alten Hasen. Ich fühlte mich willkommen und war von Stolz erfüllt.

Manche Leute kommen nur einmal zum Sonnentanz und dann nie wieder wegen der Schmerzen, die sie durchlitten haben. Andere würden alles dafür tun, wieder mitzumachen.

Wir hörten von einem Jungen, der auf dem Motorrad von West-Montana zum Sonnentanz fahren wollte. Da er glaubte, er würde zu spät kommen, fuhr er schneller als erlaubt und wurde von der Polizei angehalten. Zum Glück war der Polizeibeamte auf dem Revier, zu dem man ihn brachte, Indianer, und als der Sonnentänzer erklärte, warum er so schnell gefahren war, hatte der Polizeibeamte Verständnis für ihn und setzte sich für ihn ein. Sie ließen ihn laufen, und so konnte er zum Sonnentanz kommen. Er hatte Glück gehabt, daß er auf jemanden getroffen war, der den Sonnentanz und damit auch die Menschen, die daran teilnahmen, respektierte.

Obwohl es eigentlich nichts mit Machotum zu tun hat, vermute ich, daß die Leute immer noch eine bestimmte Vorstellung haben, wie sich ein Mann unter extremen Bedingungen verhält. Für das Volk der Schoschonen, und ich vermute für alle indianischen Völker, hat Tapferkeit einen hohen Stellenwert. Tapferkeit war immer und ist bis heute ein großer und sehr wichtiger Teil unserer Krieger-Kulturen und Lebensweise.

Beim Sonnentanz der Schoschonen dürfen Frauen den Arbor nicht betreten. Wollen sie dennoch am Sonnentanz teilnehmen, dann muß ein männliches Mitglied ihrer Familie innerhalb des Arbors sein, und selbst dann müssen sie außerhalb der Arbor-Abgrenzung aus Buschwerk bleiben, in der Nähe dieses Verwandten. Es ist ihnen überlassen, ob sie während des Sonnentanzes essen oder trinken; keiner überwacht oder erzwingt das.

In der alten Zeit wurdest du danach beurteilt, wie gut du Beschwernisse ertragen konntest. Die Menschen wollten wissen, ob du dich in schwierigen Zeiten behaupten wolltest und konntest. Konnte man sich auf dich verlassen und dir vertrauen? Viele Menschen glauben, daß der Sonnentanz ein Test für diese Charaktereigenschaften ist, und so grüßten mich einige Sonnentänzer dieses Mal etwas freundlicher als im ersten Jahr.

Da ich nun über das Geschehen Bescheid wußte, war alles etwas leichter für mich. Dennoch gab es einige Dinge, die sie mir nicht gesagt hatten: beispielsweise, daß du, wenn du einmal tanzt, dich damit automatisch verpflichtest, vier Jahre lang zu tanzen, und wenn du einmal im Arbor bist, diesen unter *keinen* Umständen vorzeitig verlassen darfst.

Daß man den Arbor nicht verlassen darf, hat seinen Grund: Wenn alle Sonnentänzer zusammengekommen sind, werden wir zu einer Einheit. Wir werden eine zusammengeschweißte Macht, und als diese Einheit ist unsere Kraft gewaltig. All unsere Gebete werden erhört werden. Wenn auch nur eine Person den Kreis eines Sonnentanzes verläßt, kann das zur Schwächung von allen anderen führen. Es schwächt uns nicht nur als Individuen, sondern es schadet unserer Fähigkeit, als eine Einheit zu wirken. Es ist, als verlöre ein Mensch einen Arm, ein Bein oder einen anderen Teil seines Körpers. Der Körper lebt zwar noch, aber seine Möglichkeiten und Fähigkeiten sind eingeschränkt. Aus diesem Grund solltest du von vornherein wissen – bevor du mit dem Sonnentanzen anfängst –, worauf du dich einläßt, denn wenn du einmal damit begonnen hast, gibt es kein Zurück. Falls notwendig, würde man dich sogar mit Gewalt am Gehen hindern, um den Heiligen Kreis nicht zu unterbrechen.

Mein zweiter Sonnentanz verlief ähnlich wie der erste. Ich fühlte mich sehr zuversichtlich. Mein erster Sonnentanz schien mir ziemlich einfach gewesen zu sein. In einem Jahr vergißt du viele Dinge: die Qual und den Schmerz, den Durst und den Hunger.

Ein Ältester, dem ich von meinen Gefühlen erzählte, schaute mich lange an. Dann sagte er: »Du solltest nicht so großspurig sein und mehr Respekt zeigen. Die Geistwesen sind dort, um dir zu helfen, aber wenn du es auf die leichte Schulter nimmst, dann wissen sie Wege, dich zu demütigen und dir Respekt beizubringen. Sie können dir den Sonnentanz sehr schwer machen.«

Wie recht er doch hatte.

Wie beim letzten Mal gingen wir an einem Freitag hinein, und die erste Nacht verging schnell. Die Trommel erklang früh am nächsten Morgen, und sie begannen zu singen. Die Lieder waren wunderschön, und die Energie war gut. Jeder war glücklich und aufgeregt und tanzte intensiv und mit aller Kraft.

Wir tanzten zügig zum Baum, und nachdem wir ihn berührt hatten, um Kraft und Energie von ihm zu bekommen, wieder auf unsere Plätze zurück. Die ganze Zeit bliesen wir wild auf unseren Adlerpfeifen. Ich tanzte, ohne Rücksicht auf meine Körperkräfte zu nehmen. Ich tanzte, ohne an die nächsten drei Tage zu denken. Die meisten Tänzer hielten sich zurück, damit sie den ganzen Tanz durchhalten konnten. Sie rieten mir, dasselbe zu tun, aber ich wollte nicht. Meine Energie war so stark, daß ich einfach nicht anders konnte.

Ich wollte tanzen. Ich wollte die Sonnenmacht auf mich herunterziehen, die umfassende Herrlichkeit des Sonnentanzes erfahren. Ich hatte begonnen, den Sonnentanz und die dahinterstehenden Überzeugungen zu lieben. Ich wußte, daß ich für mich das Allerbeste gefunden hatte. Ich verstand nicht alles, und ich wußte, daß ich es nie ganz verstehen würde. Einige Sonnentänzer tanzen ihr ganzes Leben lang und lernen bei jedem Tanz etwas dazu. Es ist wie eine immer wieder fortgesetzte Lektion des Lebens.

Ich hörte, daß manche Leute, aus welchen Gründen auch immer, die Sonnenmacht auf andere Tänzer herabrufen. Dadurch sollen die Macht und Energie jener Tänzer so gesteigert werden, daß ihr Tanzen einen Energiestrom hervorruft, der bei ihnen während des Sonnentanzes Visionen auslöst. Ich habe aber auch gehört, daß es Sonnentänzer gibt, deren Herz dabei voller Bosheit ist – sie rufen die Sonnenmacht auf einen Tänzer herab, damit der tanzt, bis er vor Erschöpfung zusammenbricht. Wenn ein Tänzer einmal dieses Stadium der Austrocknung erreicht hat, leidet er unendlich während der restlichen Zeit des Sonnentanzes. Obwohl es eine sehr qualvolle Erfahrung ist, ist es doch das eigentliche Ziel eines Sonnentänzers: eine Vision zu erfahren und die Verbindung zum Schöpfer aufzunehmen.

Ich weiß nicht, ob mir das widerfahren ist, aber schon am Samstagabend war ich schlimm ausgetrocknet. Es war erst der erste Tag, und ich begann gegen Ende des Tages Halluzinationen zu entwickeln. Der Abend rettete mich.

Ich glaube nicht, daß irgend jemand wußte, was ich durchmachte. Nur Allen hätte vielleicht merken können, wie ich mich fühlte, und er machte nur beiläufig eine flüchtige Bemerkung, daß ich müde aussah.

Nachdem wir am Sonntagmorgen die Sonne begrüßt hatten, machte sich jeder bereit, um mit dem Tanzen zu beginnen. Obwohl immer nur genug Raum für eine Trommel war, nahm, sobald eine Gruppe von Sängern ermüdete, eine andere Gruppe ihren Platz ein. Es muß wohl fünf oder sechs Sängergruppen gegeben haben, und sie sangen mit Begeisterung. Sie sangen all diese wundervollen Sonnentanzlieder, eines nach dem anderen. Es waren herrliche Lieder, eines wie das andere. (Sie bleiben dir im Gedächtnis, und lange nach dem Sonnentanz ertappst du dich dabei, wie du sie immer wieder in Gedanken singst, monatelang.) Sie gaben uns nicht viel Zeit zum Ausruhen.

Dieser neue Tag unterschied sich in nichts vom vorhergehenden Morgen, es wurde schon sehr früh ausgesprochen heiß. Kein Hauch eines Luftzugs war zu spüren, und ich war unglaublich durstig.

Am Nachmittag begann ich mich zu übergeben, weil mein Mund von dem Feuchtigkeitsverlust so trocken war. Ich hatte keinen Speichel mehr im Mund, statt dessen eine gummiartige Substanz, von der mir übel wurde. Ich begann die Auswirkungen des vorigen Tages zu spüren. Nach einer weiteren Nacht ohne Wasser fiel es mir immer schwerer zu beten, weil mein Durst meine ganze Konzentration beanspruchte.

Die nächsten Stunden litt ich, wie ich noch nie in meinem Leben gelitten hatte. Ich hatte vorher schon lange Phasen ohne Wasser ausgehalten, aber noch nie so wie jetzt. Ich weiß nicht, wie ich ausgesehen habe, aber ich weiß, wie ich mich fühlte.

Der Hunger war inzwischen ohne große Bedeutung für mich. Der Durst und das allumfassende Gefühl des Ausgetrocknetseins beherrschten jetzt mein ganzes Denken. Es begann hinter meinen Augen, dehnte sich auf meinen Mund aus, ging die Kehle hinunter und umschloß meinen gesamten Körper. Obwohl sich der Durst auf meinen Mund und meine Kehle konzentrierte, fühlten sich meine Arme und Beine vom Rest des Körpers wie getrennt. Ich hatte das Gefühl, als schwebte mein Kopf hoch über mir.

Dieses Gefühl war unbeschreiblich. Größtenteils war es ein wundervolles, herrliches Gefühl, denn ich wußte, warum mir dies alles geschah. Doch ein kleiner Teil meines Verstandes stellte meine Vernunft in Frage: Warum tust du dir das an? Ist es das wirklich wert?

Gedanken an meine Kinder überfielen mich und an meine Freunde, die Fürbitten nötig hatten, und alle erinnerten mich daran, warum ich diese Verpflichtung eingegangen war. Und mir wurde klar, daß trotz der Erschöpfung und der Benommenheit es all das wert war, was ich durchmachte.

Wir alle bringen uns immer wieder selbst in Situationen, in denen wir unsere Handlungen und die

Schwerpunkte, die wir uns setzen, in Frage stellen. Und wir haben darüber hinaus einen Hang dazu, selbstsüchtig zu sein. Wir fragen uns: »Was habe ich für einen Vorteil daraus?« Aber warum müssen wir immer an uns selbst zuerst denken? Beim Sonnentanz geht es darum, erst an die anderen zu denken, bevor man an sich selbst denkt. Wenn du dich opferst, zeigst du Gott und der ganzen Welt, daß du bereit bist, etwas von dir zu geben, damit die anderen besser leben können.

Das Trommeln und Singen ging immer weiter. Die glühende Sonne brannte auf uns nieder, als ob sie uns so viel von ihrer Hitze und Kraft geben wollte, wie wir nur ertragen konnten.

Zu diesem Zeitpunkt litten die meisten von uns wirklich Qualen, und einige Tänzer taumelten, was die Trommler veranlaßte, schneller und kräftiger zu singen. Außerdem verlängerten sie die Lieder, um herauszufinden, ob sich einer von uns am Rande des Zusammenbruchs befand. Wenn es so ist, dann singen sie immer weiter, bis einer von uns zu Boden fällt. Es ist eine große Ehre, während des Tanzes vor Erschöpfung zusammenzubrechen. Es bringt dem Sonnentanz große Ehre sowie dem Häuptling und allen Tänzern. Je mehr Tänzer in dieses Stadium kommen, um so größer die Ehre.

Als ich wieder auf den Baum zu tanzte, betete ich intensiv für meinen Vater und meine Mutter. Jedesmal wenn ich vom Baum wieder zurücktanzte, blies ich kräftig auf meiner Adlerpfeife. Ich bat Gott darum, er möge meine Gebete erhören. Es gab so viele Leute, für die ich beten mußte, jedesmal wenn ich vor- und zurücktanzte, konzentrierte ich mich auf jemand anderen.

Als ich mich das erste Mal zum Sonnentanz verpflichtete, hatte ich Angst, mich auf das Unbekannte einzulassen, weil ich wenig darüber wußte. In einem meiner Gebete vor dem Sonnentanz bat ich den Schöpfer, mir zu helfen. Ich bat Ihn, mir den Mut zu geben, den Sonnentanz durchzustehen, und die Stärke, ihn zu Ende zu bringen. Wenn Er das täte, würde ich Ihm zu Ehren mein Haar wachsen lassen. Ich versprach Ihm auch, daß ich es so lange wachsen lassen würde, bis meine Verpflichtung erfüllt sei. Langes Haar war immer der Stolz des indianischen Kriegers gewesen wie auch eine Herausforderung für seinen Feind. Von der Tradition her soll dein langes Haar deinen Feind herausfordern, ob er Manns genug ist, es dir zu nehmen.

Nachdem ich meinen ersten Sonnentanz durchlaufen hatte, begann ich mir also das Haar wachsen zu lassen und erzählte meinen Eltern von meiner Entscheidung. »Nun«, sagte mein viktorianisch erzogener Vater, »kein Mann mit langem Haar kommt mir in mein Haus.« Ich fühlte mich zurückgewiesen und verletzt durch die Reaktion meines Vaters auf die Lebensweise, die ich gewählt hatte, aber ich war ihm deswegen nicht böse. Meine Eltern hatten uns dazu erzogen, bescheiden zu sein, einer festen Arbeit nachzugehen und unser Haar kurz zu tragen. So verlangte es die christliche Gesellschaft, deshalb verstand ich ihn in gewisser Weise. Mein Vater kannte einfach keine andere Lebensweise. Ich versuchte ihm zu erklären, warum ich es wachsen las-

80

sen mußte, aber er hörte nicht auf meine Argumente. So erklärte ich meiner Mutter alles über den Sonnentanz und die Bedeutung, die es hatte, daß ich mein Haar wachsen ließ. Aber obwohl sie das verstand, hielt sie zu meinem Vater, ganz gleich, ob er im Recht war oder nicht. Fünf lange Jahre sollte ich meine Eltern nicht mehr sehen wegen meiner Verpflichtung.

Obwohl ich mich von ihrer Zurückweisung verletzt fühlte, verstand ich auch, warum meine Eltern nie ihr indianisches Erbe beansprucht hatten. In den vierziger Jahren wucherten die Vorurteile gegen »die Roten«. Es war besser, Mexikaner zu sein als Indianer. Im Sommer gab es in Ajo ein Gemeinde-Schwimmbad, und die Schwimmzeiten waren nach Rassen getrennt. Freitag bis Sonntag war allein für die weißen Kinder reserviert. Montag und Dienstag kamen die mexikanischen Kinder an die Reihe, schwimmen zu gehen. Am Mittwoch durften dann die Kinder der Schwarzen und der Indianer oder Indios in das Schwimmbecken. Und am Donnerstag wurde das Becken desinfiziert und mit frischem Wasser aufgefüllt.

Ich wuchs als Mexikaner auf, obwohl alle meine Vorfahren auch indianisches Blut hatten, und so verstand ich diese Diskriminierung nicht. Die Ironie dabei ist, daß viele junge Mexikaner heute auf ihr »indianisches Erbe« pochen und spirituell nach ihren Wurzeln suchen – so wie ich. Heute existiert ein neues Gefühl des Stolzes, ein eingeborener Amerikaner zu sein, und die Lage ist nicht mehr so schlecht wie in meiner Jugend.

Die nächsten Jahre betete ich bei jedem Sonnentanz darum, daß mein Vater mich so annehmen würde, wie ich war. Dieses Mal betete ich so intensiv für ihn, als ich vom Baum zurücktanzte, daß ich stolperte und hinschlug. Es verschlug mir den Atem. In meinem Kopf drehte sich alles, und ich geriet in einen beinahe hypnotischen Zustand. Ich konnte alles sehen, was um mich herum vor sich ging, und ich konnte diese wundervollen Sonnentanzlieder hören, aber ich hatte keine Kontrolle mehr über meine Arme und Beine. Meine Beine zuckten, als würde ich einen Krampf bekommen. Ich wollte aufstehen und weitertanzen, aber ich konnte meine Beine nicht dazu bringen, sich zu bewegen. Es war ein beängstigendes Gefühl. Mein Bettzeug war an meinem Platz direkt hinter mir zusammengerollt. Als ich versuchte aufzustehen, streckten sich meine Beine einfach vor mir aus.

Allen war gerade wieder zum Heiligen Baum getanzt, und beim Zurücktanzen sah ich ihn taumeln. Als er wieder ganz zurück war, blieb er stehen und sah mich fragend an. Gesagt hat er nichts. Er schaute mich nur an und wußte, daß ich jetzt eine sehr persönliche Erfahrung durchlebte.

Ohne daß ich es damals wußte, durchlebte ich eine richtiggehende Vision. Der Hunger, der Durst und die Hitze vereinten ihre Kräfte, um mich mit dem Großen Geist in Verbindung zu bringen. Nun wußte ich, daß Er mir seine ungeteilte Aufmerksamkeit zuteil werden ließ. Das bedeutete, Er ließ mich wissen, daß dieser Augenblick mir gehörte. Er hatte meine Gebete erhört. Da ich bereit war zu opfern, war Er

82

nun bereit, meine Gebete zu erhören, und Er ließ mich auch etwas über meine Zukunft wissen durch eine Vision, die mir später von einem Ältesten erklärt wurde. Dies war der Augenblick, in dem ich den Weg meines zukünftigen Lebens gewiesen bekam.

Meine Welt, meine Sehkraft, alles, was ich kannte, war weg. Genauso plötzlich stand mir alles wieder vor Augen, aber schien so unwirklich. Ich sah die grünen Blätter im Buschwerk des Arbors – so leuchtend grün, daß sie beinahe glühten. Der Himmel war von tiefem Blau. Alles, was ich anschaute, stand mir lebenssprühend und klar gezeichnet in jedem Detail vor Augen.

Die Sonne leuchtete ungewöhnlich hell, aber ich empfand sie nicht länger als heiß. Sie störte mich überhaupt nicht mehr. Ich empfand alles als so angenehm, daß ich nur noch schlafen wollte. Ich war der einzige im Arbor. Alle anderen Tänzer schienen verschwunden zu sein. Kein Trommeln und Singen war zu hören. Es war vollkommen still. Ich lag auf der Nordseite des Heiligen Baums, meine Füße zeigten auf ihn. Meine Augen waren geschlossen, und dennoch konnte ich all diese Dinge sehen.

Plötzlich hörte ich ein lautes, flappendes Geräusch. Ich öffnete die Augen, und dort zwischen den Stangen im Dach des Arbors sah ich einen riesigen gefleckten Adler, der in den Arbor herabsegelte. Er war so groß, daß mir klar war, daß er zwischen den Querstreben gar nicht durchfliegen konnte. Aber sie waren für den Adler unsichtbar. Er flog einfach durch sie hindurch, als ob sie gar nicht existierten, segelte zu der Stelle, an der ich lag, und landete sanft auf meiner Brust.

Ich konnte mich nicht bewegen. Mein Körper war vor Schreck erstarrt. Ich fühlte den Druck seines Gewichtes auf meiner Brust. Ich konnte den Geruch seiner Federn wahrnehmen, die von der Sonne durchwärmt waren. Ich konnte die Wärme seines Körpers spüren.

Als der Adler so auf meiner Brust stand, schaute er mir wie in Zeitlupe in die Augen. Ich konnte die goldenen Tupfen in seiner Iris sehen. Ich versuchte, darin eine Botschaft zu lesen oder herauszubekommen, was er von mir wollte. Es gelang mir nicht, aber ich empfand ganz deutlich, daß ich keine Angst haben mußte.

Ich fühlte, wie ich mich entspannte, und währenddessen packten seine Krallen meine Brust. Langsam, eine nach der anderen, durchstachen seine Krallen meine Haut und bohrten sich in mein Fleisch. In Erwartung des Schmerzes zuckte ich zurück, aber erstaunlicherweise spürte ich nur ein ploppendes Gefühl, als jede seiner Krallen durch meine Haut stieß. Wie ich so dalag, schaute mir der Adler weiterhin unverwandt in die Augen.

Sein Blick sagte: »Ich habe es dir doch gesagt, wenn du deine Furcht überwindest, wirst du keinen Schmerz spüren.«

So lag ich also da, hielt den Atem an und wartete darauf, was wohl geschehen würde.

Der Adler spreizte langsam seine prächtigen Flügel, und ebenso allmählich begann er mit ihnen zu schlagen. Ich konnte den Staub riechen und schmecken, den er mit seinen Flügeln aufwirbelte. Mit zwei oder drei mächtigen Flügelschlägen erhob er sich vom Boden des Arbors. Als wir abhoben, schien der Adler durch mein Gewicht langsamer zu werden.

Ungefähr zu diesem Zeitpunkt fühlte ich, wie sich meine Seele von der Vision trennte. Es war, als ob ich meine Vision verließ und zum Beobachter wurde. Der Adler hatte mir erzählt, daß er mich nach oben mitnähme, um mir zu zeigen, wo ich anderen helfen könnte.

Der Adlergeist und ich schwebten hoch über dem Erdboden, so hoch, daß ich die Wölbung von Mutter Erde sehen konnte. Er zeigte mir, daß ich Menschen in allen Himmelsrichtungen helfen würde und daß ich dazu bereit sein würde, wenn die Zeit gekommen sei. Ein Medizinmann würde mir Bescheid sagen und mir zeigen, wie ich den Menschen helfen könnte.

Ich konnte meine Vision unter mir sehen – den Adler mit meinem Körper, der zwischen dem Erdboden und den Querstreben des Arbors flog. Ich bemerkte, daß ich mich in drei getrennte Einheiten aufgespalten hatte: meinen physischen Körper auf dem Boden, meinen Geist, der von den Adlerkrallen gehalten wurde, und meine Seele, die die ganze Szene von oben beobachtete.

Als wir höher aufstiegen, fühlte ich Furcht, aber nur, weil ich mich an nichts festhalten konnte. Mein Geist schien neben dem Adlergeist zu schweben, als er in Gedanken zu mir sprach. Plötzlich war ich wieder zurück in meiner Vision. Wieder konnte ich den

Luftzug spüren, den die Adlerflügel aufwirbelten. Wir flogen an den Querstreben vorbei, und die Erkenntnis traf mich: Ich wurde vom Sonnentanz weggebracht! Meine Gedanken schrien: »Ich will diesen Arbor nicht verlassen. Ich bin mit meinem Sonnentanz noch nicht fertig!«

Beherzt versuchte ich die Querstreben zu packen und schrie dem Adler zu, er solle mich wieder runterlassen, ich wolle den Kreis nicht brechen. Ich griff mit beiden Armen zu. Als ich eine Querstrebe zu fassen bekam, fühlte ich den Schmerz in meiner Brust, wo die Krallen des Adlers mein Fleisch durchbohrt hatten. Der gefleckte Adler schlug weiter kräftig mit den Flügeln, dann noch stärker und mächtiger. Es war, als versuche er, meine Hände von der Querstrebe loszureißen. Verzweifelt klammerte ich mich fest. Seine riesigen Flügel waren so kraftvoll, daß ich für einen Moment das Gefühl hatte, loslassen zu müssen. Dann fühlte ich die Macht unseres Sonnentanzes und wie wichtig es war, den Heiligen Kreis nicht zu durchbrechen, und klammerte mich weiter fest.

Plötzlich riß eine seiner Krallen aus meiner Brust, dann die nächste.

Ich fühlte den Schmerz deutlich. Aber es war ein guter Schmerz, denn ich wußte, daß ich den Sonnentanz nicht verlassen würde. Ich würde den Heiligen Kreis nicht brechen.

Als die letzte Kralle aus meinem Fleisch riß, löste sich mein Griff von der Querstrebe. Sanft landete ich auf dem Boden des Arbors.

Ich erwachte von meiner Vision und fand mich immer noch in der Nähe meines Bettzeugs liegend. Ich öffnete die Augen und blickte mich um. Nichts hatte sich verändert. Die Trommler sangen immer noch; die Sonnentänzer tanzten weiterhin auf den Heiligen Baum zu.

War es nur ein Traum gewesen?

Waren es nur Gedankenbilder, die durch meinen Kopf gezogen waren? Oder Halluzinationen?

Ich war mir nicht ganz sicher, was geschehen war. Ich wußte nur, daß alles sehr real gewirkt hatte, ausgesprochen real. So real, daß ich immer noch auf beiden Seiten des Brustkorbs oberhalb der Brust Schmerzen fühlte. Es fühlte sich an, als hätten die Adlerkrallen mir wirklich Fleisch herausgerissen. Das Ganze wirkte so real, daß ich hinabschaute und meine Brust berührte, um zu prüfen, ob ich blutete.

Ich taumelte. Ich mußte mich erst hinknien, um aufstehen zu können. Ich stand schwankend da und hatte das Gefühl, ich könnte gleich wieder hinfallen. Ich fühlte mich sehr verwirrt, als ich so dastand und um mich blickte. Alles war wie immer. Niemand schien etwas von dem gemerkt zu haben, das mir geschehen war.

Für mich war es so real gewesen, daß ich überzeugt war, alle anderen müßten dasselbe gesehen und gefühlt haben wie ich. Einige Minuten lang stand ich einfach da und versuchte wieder einen klaren Kopf zu bekommen und in die Wirklichkeit zurückzukehren.

Wie ich so kopfschüttelnd dastand, schaute ich auf den Baum. Ich spürte eine intensive Kraft von ihm auf mich übergehen. Es war fast wie Magie. Der

Baum half mir und gab mir die Stärke, weiterzumachen.

Es gab auch zwei kleine Bäume, die frisch geschlagen waren und deren Äste man zwischen die einzelnen Tänzer gestellt hatte. Ich stand auf und fühlte Kühle von diesen Bäumen ausstrahlen, deren Rinde entfernt worden war. Sie waren mit Feuchtigkeit beschlagen.

Inzwischen waren wir alle völlig ausgetrocknet, deshalb nahmen wir dankbar das Gefühl der Feuchtigkeit von diesen wunderbaren Bäumen entgegen. Es war so herrlich, diese Feuchtigkeit auf unserer ausgedörrten Haut zu fühlen.

Die Sänger trommelten und sangen immer noch.

Ich führte meine Adlerpfeife zum Mund und eilte zum Baum. Ich umarmte ihn und bat Großvater, mir Stärke und Führung zu geben. Ich dankte Ihm für alles, was Er mir gegeben hatte, und alles, was Er mich hatte sehen lassen. Ich hatte immer noch nicht begriffen, daß es eine Vision gewesen war.

Ich tanzte zu meinem Platz zurück und blies dabei heftig auf meiner Adlerpfeife. Ich konnte es nicht glauben, aber ich hatte das Gefühl, als tropfte von der Adlerpfeife Feuchtigkeit in meinen Mund. Erst befeuchtete sie die Innenseite meines Mundes, dann fühlte ich, wie meine Kehle wieder feucht wurde. Ich bekam Hilfe vom Schöpfer und die Stärke und den Mut, den ich brauchte, um diesen so mühevollen Sonnentanz zu überstehen.

Die Ältesten hatten mich zur Vorsicht gewarnt, daß einige Sonnentänze schwieriger waren als andere, und das schien auf diesen Sonnentanz zuzutreffen.

Es war überwältigend, fast mehr, als ich ertragen konnte, aber ich glaube, daß es auch eine Prüfung des Schöpfers war. Als ob er mir sagen wollte: »Du hattest beim ersten Mal einen leichten Sonnentanz, nun versuche mal einen härteren.«

Plötzlich fühlte ich mich phantastisch – nur wegen diesem bißchen Feuchtigkeit in meinem Mund und meiner Kehle. Ein Glücksgefühl durchströmte mich. Ich begann mich nach meinen Sonnentanzbrüdern umzusehen, und durch den Kopf ging mir der Gedanke: »Ich werde es schaffen, das weiß ich. Ich habe das Zeichen bekommen, das mir sagt, ich werde den Sonnentanz bis zum Ende durchhalten.«

Ich beobachtete die anderen und konnte sehen, daß sie Schwierigkeiten hatten. Sie waren ausgetrocknet und litten sichtlich. Ich begann für sie zu beten: »Großvater, hilf meinen Brüdern«, und die Antwort auf meine Gebete schien alle zu elektrisieren. Der ganze Sonnentanz schien sich zu beschleunigen und lebendiger zu werden. Selbst die Sänger und die Trommler legten zu. Die Energie hatte sich verändert. Es war so wunderbar, daß sich alle glücklich fühlten. Die Tänzer sahen wieder besser aus, und da es auf den Abend zuging, wurde es kühler.

Der Tanz ging weiter, aber ich hatte nun keine Probleme mehr. Es wurde spät an diesem Abend, bevor alle aufhörten und die Trommler wieder ins Lager zurückgingen.

Müde von diesem langen und heißen Tag legten sich die Sonnentänzer nieder und ruhten sich aus. Es war Sonntagabend. Wir wußten, wir hatten den härtesten und längsten Teil des Sonnentanzes hinter uns.

Der nächste Tag würde der letzte sein. Alles war in Ordnung.

Auch ich hatte mich hingelegt und hing meinen Gedanken nach, dankte dem Schöpfer, daß er mir in diesem einen, besonderen Augenblick geholfen hatte. Ich stand auf von meiner Schlafmatte und ging zum Sonnentanzhäuptling, der auf der Westseite des Arbors saß. Wie es Brauch ist, wenn man einen Rat sucht, brachte ich ihm Tabak mit.

Ich gab ihm die Hand, setzte mich nieder und sagte: »Ich möchte dir etwas erzählen, denn ich brauche deinen Rat.«

Er fragte mich: »Was kann ich für dich tun?«

Er wußte nicht einmal meinen Namen, denn jedes Jahr kommen und gehen so viele Sonnentänzer, daß er nicht alle kennen kann.

Ich erzählte ihm, was mir an diesem Tag geschehen war, wie ich gelitten hatte. Und daß ich in gewisser Weise gewünscht hätte, es wäre in der Mitte des Arbors passiert, damit jeder davon erfahren hätte.

Er antwortete: »Es ist schon in Ordnung, es sollte nur dir widerfahren. Es war deine Vision. Ich deute sie als Hinweis auf andere Sonnentänze. Die Lakota durchbohren sich beim Sonnentanz die Brust. Ich denke, daß dir die Geistwesen mitteilen wollten, daß du dies eines Tages mitmachen solltest. Ebenso wollten sie dir sagen, daß du dabei helfen sollst, andere zu heilen, egal wer diese anderen sind. Aber jetzt noch nicht, erst wenn du dazu bereit bist.«

Ich fragte ihn: »Warum haben sie mir diese Vision ausgerechnet hier gegeben?«

Dies erklärte er mir so: »Weil dies ein Zeitpunkt war,

zu dem deine Seele, dein Körper und dein Geist bereit und offen für diese Botschaft waren. Und so wurde sie dir an einem sehr heiligen Ort übermittelt. Auf diese Weise würde dir klar sein, daß die Vision real war und nicht nur Einbildung. Es war nicht nur ein Traum oder nur ein Gedanke. Es ist dir tatsächlich widerfahren. Dies ist die Art und Weise, in der wir unsere Visionen bekommen.«

Er beantwortete meine Fragen und erschreckte mich dabei zu Tode. Allein der Gedanke an das Durchbohren ließ mich im ganzen Körper Schmerz fühlen. Ich dachte: »Mein Gott, das kann ich einfach nicht.« Doch er hatte mir seine Antwort gegeben.

Ich stellte ihm eine letzte Frage: »Wann muß ich das tun?«

Er antwortete: »Wenn du zum ersten Mal bei einem Sonnentanz mitmachst, dann verpflichtest du dich für vier Jahre. Die Geistwesen verlangen das, damit sie sehen können, ob du es ernst damit meinst, der Spiritualität und den Traditionen des Sonnentanzes zu folgen. Du mußt zum Sonnentanz der Lakota gehen und dich durchbohren lassen, wie es dir deine Vision gezeigt hat, aber zuerst mußt du deine vier Jahre bei den Schoschonen vollenden.«

Nachdem ich diese Deutung meiner Vision erhalten hatte, kehrte ich zu meiner Schlafmatte zurück und legte mich nieder. Jeder begann sich in seine Decke zu rollen, denn die Luft wurde etwas frisch.

Ich lag eine Weile still da und lauschte nur auf die Geräusche. In der Mitte des Arbors hatten die Wächter ihr Feuer entfacht, das sie die ganze Nacht unterhielten. Als ich allmählich in den Schlaf driftete, war mein Geist voller Staunen darüber, was alles geschehen war. Ich konnte es kaum fassen, daß mein Mund wieder Speichel bildete. Nun war er nicht mehr so ausgetrocknet wie die letzten beiden Tage. Das Letzte, an das ich mich erinnern kann, war, daß ich durch das Blattwerk des Arbors blickte und die Sterne sah.

Ungefähr um ein oder zwei Uhr morgens wachte ich auf. Es war kalt, und der Wind blies heftig. In dieser Nacht traf uns ein heftiges Gewitter. Es war fast wie eine Antwort auf all unsere Gebete. Wir durften kein Wasser berühren, und es durfte auch kein Wasser unsere Lippen benetzen oder in unseren Mund eindringen, aber wir konnten die Feuchtigkeit in der Luft spüren. Wenn du so ausgedorrt bist, wie wir es waren, dann kannst du sogar durch die Haut Feuchtigkeit aufnehmen.

Viele Leute sagen, daß du dich beim Sonnentanz von keinerlei Wasser berühren lassen darfst – auch nicht die Arme, die Hände oder das Gesicht –, auch nicht, wenn es regnet. Dein Körper verlangt dann nur nach mehr Feuchtigkeit, und wenn er diese nicht bekommt, wirst du doppelt soviel leiden wie zuvor.

Es war die ganze Nacht kalt, windig und stürmisch. Eine ganze Menge Regen war gefallen, aber am Morgen war der Himmel wieder klar. Es war Montag, also standen wir auf und wickelten uns unsere besten Schals um die Hüften. Wir legten auch all unseren Schmuck an, denn wir wollten möglichst gut aussehen. Wir wollten allen zeigen, daß wir – obwohl es für uns eine so mühselige und qualvolle Zeit war – sehr stolz waren auf das, was wir getan, und auf die Leiden, die wir ertragen hatten. Stolz, daß wir uns das Privileg verdient hatten, für andere Menschen zu beten.

Dem Schöpfer hatte es gefallen, uns das überstehen zu lassen, damit wir lebten, um über das zu sprechen, was wir erfahren hatten. Wir wußten, wir hatten unseren kleinen Teil dazu beigetragen. Einer nach dem anderen machte sich fertig und begrüßte die Sonne. Wir standen immer vor Sonnenaufgang auf, um sie zu begrüßen und ihre Wärme in unser Herz zu lassen.

Das Tanzen ging weiter für den Rest des Vormittags. Schließlich beendeten wir den Sonnentanz an diesem Montag um etwa ein Uhr mittags. Das Verlassen des Arbors verlief wie im letzten Jahr: Wir bekamen unsere Wassermelone, und die Menschen dankten und begrüßten uns. Dieses Geschehen war von überströmender Freude geprägt. Man spürte, daß jeder Atemzug und jede Sekunde des Durstes, die wir durchlitten hatten, sich gelohnt hatten, einfach um der Dankbarkeit willen, die uns von den Menschen gezeigt wurde, die beim Verlassen des Arbors auf uns warteten.

Manche Menschen nehmen viele Beschwerlichkeiten und anstrengende Arbeit auf sich, um den Arbor vorzubereiten. Ihre Unterstützung läßt uns weitermachen. Sie bereiten die Mahlzeiten für die Trommler und Sänger vor. Es gibt dabei so viel zu tun, es ist fast einfacher, innerhalb des Arbors zu tanzen, als sich außerhalb um die ganzen Dinge zu kümmern.

Am härtesten ist es für den Sonnentanzhäuptling. Vier Tage vor dem Sonnentanz, während der Reinigungstage, beginnt der Sonnentanzhäuptling bereits zu fasten. Er gestattet sich nur eine sehr kleine Menge Flüssigkeit, etwa Kaffee oder Tee, aber niemals Wasser in seinem ursprünglichen Zustand. Der Sonnentanzhäuptling leidet also schon fast seit einer Woche. Danach durchlebt er mit uns für drei oder vier weitere Tage während des Sonnentanzes das Leiden, Fasten und Dürsten. Und nach dem Sonnentanz betet er noch vier Tage lang und dankt für all das, was wir erhalten haben.

Am Dienstagfrüh stand ich auf und ging nach draußen. Ich sah die Gestalt des Häuptlings einsam inmitten der Wüste stehen. Er hob seine Arme mit der Pfeife dem Großen Geist, dem Osten und der aufgehenden Sonne entgegen.

Wenn ein Mann von den Geistwesen ausgewählt wird als spiritueller Führer, dann muß er bereit sein, durch sein Beispiel zu führen. Er darf von den anderen nicht verlangen, Dinge zu tun, die er nicht selbst schon getan hat. Aus diesem Grund beginnt er mit seinen Zeremonien und seinem Leiden lange bevor die Tänzer ankommen.

Es ist eine so wundervolle Zeremonie, aber sie eignet sich weder für die Ängstlichen noch für die Zaghaften. Es gehört großer Mut dazu, ein Sonnentanzhäuptling zu sein und sich diesem Opfer zu verpflichten. Es ist nicht einfach. Jeder, der sich für einen anderen opfert, sollte respektiert werden und man sollte ihm in jeder möglichen Weise helfen.

Ich kehrte mit meiner Familie nach Oklahoma zu-

94

rück und setzte meinen alltäglichen Kampf um unseren Lebensunterhalt fort.

Im nächsten Sommer verließen wir Oklahoma schon sehr früh, um noch an Powwows teilnehmen zu können, bevor der Sonnentanz anfing. Diese Powwows, die wir besuchen, sind Zusammenkünfte, bei denen Indianer der unterschiedlichsten Stämme im Wettstreit gegeneinander tanzen und die dort ansässigen Leute die Möglichkeit haben, kunsthandwerkliche Gegenstände direkt von den Herstellern zu kaufen. Wir nahmen an ein paar kleineren Powwows in Colorado teil und fuhren dann nach Taos, um Bekannte zu besuchen.

Wir hatten bereits ein paar Tage bei meinem Freund Carpio gewohnt, als er mich bat, ihn nach Santa Fe zu fahren. Dort waren Vorstellungstermine für Komparsen angesetzt, die bei der Serie *Gambler III* mit Kenny Rogers mitmachen sollten. Kurz gesagt, obwohl wir alle anfangs sehr zögerten, endete meine ganze Familie als Komparsen auf dem Set. Ich spielte den Sioux-Häuptling. Bevor sie mit den Dreharbeiten begannen, fragte ich den Bruder von Kenny Rogers, Leland, ob sie wie wir an einer Schwitzhütte interessiert seien. Als er bejahte, bauten wir sie direkt auf dem Filmgelände auf. Wir waren zu mehreren, darunter Kenny Rogers, sein Bruder Leland, der Produzent Ken Kragen und der Regisseur Dick Lowry. Wir hatten ein gutes Schwitzbad. Kenny war überrascht, wie lange wir in der Hütte blieben.

Es machte Spaß, mit Leuten zusammenzusein, die die Schwitzhütten-Zeremonie noch nicht kannten.

Sie waren phantastisch. Hier traf ich Larry Sellers, einen Sonnentänzer aus Rosebud in South Dakota. Sobald sie meinen Part abgedreht hatten, fuhren wir zum Sonnentanz.

Wir durchliefen das übliche Ritual, bereiteten unsere Adlerpfeifen vor und richteten unsere zeremoniellen Gewänder her. Und es tat wie immer gut, die Menschen beim Sonnentanz zu treffen. Sie wurden für uns zu sehr wichtigen Freunden.

Die Sonnentänzer begrüßten mich noch freundschaftlicher als im ersten und zweiten Jahr. Sie gaben mir jetzt das Gefühl, ich sei einer von ihnen. Die Tage vergingen, der Sonnentanz kam und ging vorüber. Er war nicht ganz so schwierig wie mein zweiter, aber er war doch recht hart. Jeder litt seinen nicht unerheblichen Teil. Wieder war der Durst der Kristallisationspunkt meines Leidens.

Ich betete immer für meine Familie, meine Frau und meine Kinder. Ganz besonders betete ich für meinen Vater und meine Mutter, daß ihre Gesundheit anhalten und es ihnen gutgehen möge. Auch betete ich, daß mein Vater mich endlich auch mit meinem langen Haar akzeptieren konnte.

Am Sonntag sah ich etwas, das bei mir fast zu einem Nervenzusammenbruch führte.

Alles begann, als die Trommler ihre Mittagspause machten und nur noch eine Gruppe für uns sang. Die meisten von uns ruhten sich gerade aus. Einige Teilnehmer waren eingeschlafen. Ich selbst lag auf meiner Schlafmatte. Neben mir war ein Mann, zu dem ich aufgeblickt und den ich respektiert hatte, seit ich ihm begegnet war. Obwohl er jünger war als ich, hatte er sein Leben lang mit dem Sonnentanz zu tun gehabt, und nach meiner Vorstellung machte ihn das zu etwas Besonderem. Damals war er noch nicht lange verheiratet, und seine Frau, eine Cheyenne, und er hatten ein kleines Baby.

Direkt außerhalb des Arbors saß sie mit dem Baby. Ich sah, wie sie unter dem Vorwand, ihm das Baby unter seiner Decke zu zeigen, die Babyflasche voll Wasser reichte und er den Sauger tatsächlich in den Mund nahm und daran sog.

Ich war schockiert. Ich drehte mich nach meiner Frau um, die auf ihrem Stuhl direkt hinter mir saß. Auch auf ihrem Gesicht spiegelte sich die Überraschung. Ich fragte sie: »Hast du auch gesehen, was ich gesehen habe?« Sie nickte mit dem Kopf. Sie konnte nichts sagen. Dann sprach ich ihn an: »Was in aller Welt tust du da, Mann?« Und obwohl ich mich bemühte, konnte ich den Ärger in meiner Stimme nicht verbergen.

Er versuchte, das Ganze abzutun, und sagte: »Oh, das ist in Ordnung, ich spüle mir nur ein bißchen den Mund aus.«

Ärgerlich erwiderte ich: »Wenn es in Ordnung ist, warum erlaubt man dann nicht allen, dies zu tun?«

»Schon gut, Manny, schon gut«, versuchte er mich zu beruhigen. Er wollte nicht, daß irgend jemand anders mitbekam, was ich gesehen hatte.

Es warf mich um. Ich konnte nichts anderes denken, als daß man wieder einmal mein Vertrauen aufs übelste enttäuscht hatte. Vielleicht verlangte ich einfach zuviel von anderen. Vielleicht erwartete ich zuviel. Ich bin nicht sehr tolerant, wenn ein Versprechen gemacht wurde. Ich gehöre nicht zu denen, die vergeben können, wenn ein Mann sein Wort bricht.

Er gab seiner Frau sofort die Flasche zurück. Meine Frau war ganz bleich, denn auch sie nahm den Sonnentanz sehr ernst. Sie wandte sich an seine Frau und sagte ihr, sie solle das Baby ins Lager zurückbringen und nie mehr Wasser zum Arbor mitnehmen. Seine Frau stand auf und rannte beinahe vom Arbor weg. Sie wußte, daß sie etwas zutiefst Unrechtes getan hatten. Und beide wußten auch, daß es kein Geheimnis mehr war. Jemand hatte gesehen, was sie getan hatten. Ich drehte ihm meinen Rücken zu, weil ich sein Gesicht nicht mehr sehen wollte. Ich war von dem, was er getan hatte, zutiefst verletzt.

Wenn ich jetzt daran zurückdenke, frage ich mich, ob ich ihn nicht zu hart verurteilt habe. Hatte ich überhaupt das Recht, über ihn zu richten? Er hat mich nicht verletzt, sondern nur sich selbst. Andererseits beeinflußt alles, was im Sonnentanzkreis getan wird, jeden, der sich darin befindet. Hat er wirklich unsere spirituelle Kraft geschwächt? Wurden alle unsere Gebete erhört? Oder blieben einige unbeachtet wegen seiner Handlung?

Ich denke, am meisten hat mich daran geärgert, daß er ein unschuldiges Kind dazu benutzte, um zu betrügen. Aber zu dem Zusammenbruch kam es erst am nächsten Tag, als ich die ganze Nacht über den Vorfall hatte nachdenken können. Nach der zeremoniellen Begrüßung der Sonne nahm ich Allen beiseite und erzählte ihm, was ich gesehen hatte. Auch er konnte es nicht glauben.

Während ich ihm die Geschichte erzählte, stieg in

mir eine Mischung aus Hunger, Durst, Müdigkeit und Emotionen auf. Das Ergebnis war verheerend. Ich war aufgewühlt und zutiefst enttäuscht. Ich wollte sogar meine Pfeife verschenken. Es fällt mir schwer zu beschreiben, was ich gefühlt habe, wie hoffnungslos alles für mich auszusehen begann nur wegen der Taten eines einzigen Mannes. Ich weinte vor meinem Bruder Allen und konnte anscheinend meine Fassung nicht wiedergewinnen.

Ich glaube, damals hatte ich eine Art spirituellen Zusammenbruch. Er hatte Verständnis und wartete geduldig, bis mein Kummer verraucht war. Noch Tage danach fühlte ich mich leer und betrogen.

Rückblickend glaube ich wirklich, daß dies ein spiritueller Zusammenbruch war. Seit damals habe ich über diese Erfahrung immer wieder sehr intensiv nachgedacht und festgestellt, daß ich zwei wichtige Dinge dabei gelernt habe. Einmal zeigte mir die Erfahrung, daß wir, ganz gleich wie tief verwurzelt wir auch in der Spiritualität sind, dennoch furchtsame, einsame und schwache Menschen bleiben. Und dann lernte ich, daß man keinen Menschen auf ein Podest stellen sollte; es gibt keinen Menschen, der über alle Fehler erhaben ist. Wenn du jemanden auf ein Podest hebst, dann wird er mit Sicherheit eines Tages heruntergestürzt werden. Das hat man schon häufig bei religiösen und spirituellen Führern gesehen. Vielleicht will uns der Schöpfer damit zeigen, daß wir uns nur auf uns selbst und auf Ihn verlassen sollen.

Am Ende des Sonnentanzes passierte mir noch etwas Dramatisches. Als ich herauskam, waren wir alle glücklich, müde und hungrig. Wir waren sehr durstig, und die Menschen standen draußen, begrüßten uns und schüttelten uns die Hände. Während ich weiterging, schaute ich nach rechts. Gleich hinter den Leuten, die vorne saßen, stand eine ältere Frau. Unsere Augen begegneten sich. Ich lächelte, nickte ihr zu und ging weiter. Als ich zum Ende der Reihe kam, gab man mir eine Wassermelone. Ich wandte mich nach links, und ein junger Mann kam zu mir, berührte mich an der rechten Schulter und sagte: »Entschuldigen Sie, Sir. Würden Sie bitte für meine Mutter beten?«

Ich konnte ihn nicht gut verstehen, weil er die Bitte mehr gemurmelt hatte und ein ziemlicher Lärm herrschte. Die Menschen unterhielten sich und lachten und gratulierten den Sonnentänzern. Ich fühlte mich auch immer noch nicht wieder normal. Ich runzelte die Stirn, schaute ihn an und fragte: »Entschuldigen Sie, was sagten Sie gerade? Meine Kehle ist sehr trocken.« Ich konnte kaum sprechen.

Und er wiederholte: »Meine Mutter möchte wissen, ob Sie für sie beten würden.«

Ich brauchte einen Moment, um das zu verstehen. Ich fragte ihn: »Warum ich?«

»Sie möchte, daß Sie für sie beten und kein anderer.«

»Aber ich bin nur Sonnentänzer und kein Medizinmann«, wandte ich leichthin ein.

»Das ist schon in Ordnung«, fuhr er fort. »Sie möchte unbedingt, daß Sie für sie beten und kein anderer.«

»Es wäre mir eine Ehre, wenn Ihre Mutter glaubt, daß ich dafür die richtige Person sei.«

»Ja, Sie sind derjenige, den sie möchte.«

100

Ich drehte mich um, gab meiner Frau die Wassermelone und sagte zu ihr: »Ich bin gleich zurück.«
Ich begleitete ihn zu seiner Mutter, die sich hingesetzt hatte. Ihr Gesicht war unglaublich schön, ein weises Gesicht. Sie hatte langes graues Haar und wirkte so königlich, so vornehm, als käme sie von einem der alten Königshöfe Europas.
Die Auszeichnung, für einen der Ältesten beten zu dürfen, ist eine unbeschreibliche Ehre. Ich war den Tränen nahe. Ich kniete mich vor sie hin und schaute ihr in die Augen. Ruhig fragte ich sie: »Großmutter, bin ich der, nach dem du geschickt hast? Ich bin kein Medizinmann, sondern nur ein Sonnentänzer.«
»Ja, ich möchte, daß du für mich betest, Sohn. Ich fühle, daß du mir helfen kannst.«
»Bitte, sage mir, wie ich dir helfen kann.«
Sie erklärte mir: »Ich leide am ganzen Körper so stark unter Arthritis, daß ich mich kaum bewegen kann. Ich kann nicht ohne Krücke gehen oder ohne jemanden, der mir hilft. Wenn du mir nur ein bißchen Erleichterung von den Schmerzen verschaffen könntest, wäre ich sehr dankbar.«
Also legte ich meine rechte Hand auf ihr Knie, ergriff mit meiner Linken ihre beiden Hände und begann zu beten. Ich weiß nicht mehr, welche Worte ich gebrauchte, aber ich weiß, daß ich so intensiv betete, daß mir die Tränen in die Augen stiegen. Ich legte alle Kraft hinein, die ich in mir hatte. Ich weiß nicht, wie ich das nennen soll, es könnte vielleicht ein persönlicher Kontakt zu Gott gewesen sein. Vielleicht dachte sie, ich könnte mehr tun, als nur ein Gebet zu sprechen.

Ich denke, ich betete zwei oder drei Minuten lang. Als ich aufstand, sagte ich: »Großmutter, ich glaube nicht, daß ich bewirken kann, um was du mich gebeten hast. Aber ich habe mein Bestes versucht. Ich weiß, es war nicht sehr lange, aber ich bin müde und sehr durstig.«

Ihr Gesicht zeigte Erleichterung, und sie antwortete: »Ich wollte nur, daß du mich berührst und ein kurzes Gebet sprichst.«

»Bevor ich gehe«, erklärte ich ihr, »möchte ich, daß du etwas weißt. Dieses Gebet war zwar nur kurz, aber ich werde weiter für dich beten. Die nächsten vier Tage werde ich für dich beten, gleich wo ich gerade bin. Ich werde darum beten, daß du Hilfe bekommst.«

»Mehr wollte ich auch nicht«, antwortete sie dankbar. »Danke.«

Als ich mich zum Gehen wandte, berührte ich ihre Schulter und ging dann zu meiner Familie, die auf mich wartete. Beim Weggehen drehte ich mich noch einmal nach der Frau und ihrem Sohn um, aber sie waren verschwunden. Auf dem Rückweg zum Lager fragte mich meine Frau: »Was wollte sie denn?«

Ich antwortete: »Nur ein Gebet. Alles, was sie wollte, war ein Gebet und etwas Erleichterung von ihren Schmerzen.«

Diese Begegnung hatte mich verlegen gemacht. Von fünfundsiebzig Sonnentänzern hatte sie ausgerechnet mich gewählt. Ich empfand das als große Ehre. Sollte damit mein Glaube belohnt werden? War es eine Prüfung meines Glaubens gewesen, als ich den anderen Sonnentänzer bei seinem Frevel beobachtet hatte, eine Prüfung meines Vertrauens in die Geist-wesen und den Sonnentanz? Hatten die Geistwesen in mir einen Mann gesehen, dessen Glaube an sie so tief ist, daß sie mir die Fähigkeit gewährten, anderen mit meinen Gebeten zu helfen?

In dieser Nacht verließ ich das Lager und all die Men-schen, die dort schliefen, um allein dort draußen für sie zu beten.

Ich habe nie den Namen erfahren von dieser wun-dervollen Dame. Ich habe sie oder ihre Kraft nie ver-gessen. Heute wünsche ich mir, ich hätte sie nach ihrem Namen gefragt oder würde ihre Kinder oder Enkel kennen. Ich ging hinaus und betete, und aus irgendeinem Grund waren meine Gebete so intensiv, daß ich wieder für sie weinte.

Wenn ich innehalte und diese Erfahrung in der Rückschau betrachte, erkenne ich, daß dies eine Prü-fung für mich war. Vielleicht war sie mir geschickt worden, um mich etwas zu lehren. Wir glauben, daß der Schöpfer manchmal Helfer schickt, um uns zu unterweisen. Ich denke, wenn sie so ein Helfer war, dann war es ihre Aufgabe, mir zu zeigen, daß ich jetzt dazu bereit war, anderen Menschen zu helfen. Daß ich ihr helfen konnte, gab mir Vertrauen in meine Fähigkeit, anderen zu helfen. Ich glaube, daß mir Großvater durch sie zeigen wollte, wie nah meine Vision vor ihrer Verwirklichung stand.

Müde und durstig, wie ich nach dem Sonnentanz war, hätte ich in dem Moment, als ich gefragt wurde, zu gerne die Wassermelone in meiner Hand gegessen. – Würde ich diesen Genuß aufgeben, um je-mandem zu helfen, den ich gar nicht kannte? Wenn es eine Prüfung war, habe ich sie vermutlich bestanden.

Am folgenden Morgen brachen wir auf in Richtung South Dakota. Ich weiß nicht, warum wir gerade dahin fuhren, wir taten es einfach. Die ganze Zeit über achtete ich auf das Radio, um Informationen über die Tornados zu bekommen: wohin sie zogen und wie weit weg sie von uns waren. Einer kreuzte unsere Bahn vor uns und ein anderer hinter uns. Wir kamen zu einer kleinen Stadt in Nebraska namens Valentine und übernachteten auf einem Campingplatz. In dieser Nacht ging ich nach draußen.
Während ich für sie betete, zog ein heftiger Gewittersturm auf. Ich weiß nicht warum, aber als ich für sie betete, wurde ich wieder von meinen Gefühlen überwältigt, vielleicht weil ich immer noch so im Sonnentanz gefangen war. Es donnerte, blitzte und hagelte, und so mußte ich das Gebet kurz halten, aber das nahm ihm nichts von seiner Kraft.
Am nächsten Morgen fuhren wir weiter und kamen durch Mission in South Dakota und zur Rosebud Reservation. Damals hatte ich keine Ahnung, welche Verbindung ich zu diesem Gebiet hatte oder was mich dorthin zog. Wir fuhren durch das Dorf Parmalee und hielten vor einem kleinen Laden, der eigentlich abseits unseres Weges lag. Und aus unerklärlichen Gründen fragte ich den Besitzer: »Werden hier in der Gegend zur Zeit Sonnentänze abgehalten?«
Seine Antwort war: »Ja, einer findet gerade statt.« Und dann beschrieb er mir den Weg.
Doch meine Frau meinte, sie sei so kurz nach dem

anderen Sonnentanz noch nicht wieder bereit für einen weiteren, und so ließ ich mir das ausreden. Ich möchte meiner Frau nicht die Schuld dafür zuschieben. Auch ich war sehr müde, und der Sonnentanz hatte mich erschöpft. Bevor wir in jenem Sommer zum Sonnentanz aufgebrochen waren, hatten wir uns nach einer neuen Bleibe umgesehen und ein Haus im südwestlichen Colorado gefunden. Wir hatten eine Anzahlung geleistet und den Leuten gesagt, wir würden nach dem Sonnentanz zurückkehren. Und so war das unser Ziel.

Nicht lange danach unternahm ich eine Verkaufsreise durch Jackson Hole in Wyoming, die mich bis nach Fort Washakie führte, wo der Sonnentanz stattgefunden hatte. Auf dem Rückweg machte ich einen Umweg über Denver in Colorado, aber bevor ich Denver erreichte, wurde ich sehr krank. Mir fehlte jede Kraft, und ich hatte Mühe, meinen Kopf aufrechtzuhalten.

Ich erreichte das Kongreßzentrum, wo eine Ausstellung über indianisches Kunstgewerbe stattfand. Dort bekam ich einen Standplatz und baute meine kunsthandwerklichen Waren auf, um ein paar Sachen zu verkaufen, aber während der Ausstellung fiel ich zweimal beinahe um. Ich wußte nicht, was mit mir los war. Zuerst dachte ich, ich sei vielleicht hungrig, aber ich hatte eigentlich genug gegessen, deshalb wußte ich, daß es daran nicht liegen konnte.

Als es das zweite Mal passierte, fiel ich fast aus meinem Stuhl. Besorgte Freunde brachten mich zu einem Sanitäter auf dem Ausstellungsgelände. Der fragte mich: »Was haben Sie für Probleme?«

Ich antwortete: »Ich glaube, ich hatte einen Herzanfall.«

Der Typ drehte fast durch. Er war in schlechterer Verfassung als ich. Er begann zu zittern und sagte immer nur: »Oje, oje, oje ... ich rufe besser den Notruf ... den Krankenwagen.« Er sah sich hektisch um und konnte das Telefon nicht finden, dabei stand es die ganze Zeit direkt neben ihm.

So krank ich mich auch fühlte, wirkte seine Reaktion auf diese Situation dennoch äußerst komisch auf mich. Schließlich schaffte er es doch noch, für mich einen Krankenwagen zu rufen. Sie brachten mich in die Ambulanz, untersuchten mich und legten mir einen Tropf an. Dann brachten sie mich so schnell wie möglich ins Krankenhaus. Sie untersuchten mich weiter, während der Wagen durch den Verkehr zum Krankenhaus raste. Dort angekommen, legten sie mir ein EKG an und stellten fest, daß ich innerhalb einer Stunde zwei kleinere Schlaganfälle gehabt hatte. Ich hatte gar nicht gemerkt, was mit mir los war, sondern die Störungen für heftigere Schwindelanfälle gehalten. Dann rieten sie mir, zu Hause sofort meinen Arzt aufzusuchen, damit der genauere Untersuchungen vornahm, was mit mir los war.

Damals hatte ich gar keinen Hausarzt, also suchte ich mir einen in Durango (Colorado), der mir mitteilte, mein größtes Problem sei mein gefährlich hoher Blutdruck. Offensichtlich haben manche Leute damit mehr Probleme, wenn sie sich in größeren Höhen aufhalten. Und wir hatten gerade zwei oder drei Monate zuvor ein Haus gekauft, das fast zweieinhalbtausend Meter hoch lag! Ich stolperte nur noch herum. Ich konnte nichts schaffen. Ich war zu Hause so gut wie unfähig, irgend etwas zu tun.

Ich erzählte meiner Frau und meinen Kindern, daß ich mit diesem Problem nicht fertig wurde, ich mußte unbedingt von dieser Höhenlage weg. Also zogen wir wieder nach Oklahoma.

Wir kehrten in das Städtchen Inola zurück und mieteten uns ein Haus. Im nächsten Sommer wurde ich erneut krank. Mein Blutdruck stieg so stark an, daß ich nicht zum Sonnentanz konnte. Allen rief mich an und teilte mir mit, daß sie den Sonnentanz-Platz von der Mesa, wo ich drei Jahre lang mitgetanzt hatte, weiter nach unten, direkt nach Fort Washakie, verlegt hatten. Er fuhr fort: »Ich werde dieses Jahr nicht beim Sonnentanz mitmachen. Ich mag diesen Ort nicht. Dort treiben sich zu viele Betrunkene herum, die uns Schimpfwörter zurufen und ähnliches. Es ist kein guter Ort für einen Sonnentanz. Also werde ich nicht hingehen.«

Während der ganzen Krankheit, mit alldem, was ich durchgemacht hatte, fühlte ich mich leer – als ob ein großes Stück meines Lebens herausgeschnitten worden sei, weil ich nicht zum Sonnentanz ging. Doch ich wußte, daß ich gesundheitlich nicht dazu in der Lage war, und der Veranstaltungsort gefiel mir auch nicht. Also dachte ich mir, es soll wohl so sein.

Dieses Jahr wäre mein viertes Jahr gewesen.

Ich konnte mir einfach nicht vorstellen, zum Sonnentanz zurückzukehren, wenn ich mir dort das Gerede von Betrunkenen und anderen Leuten, die unsere Überzeugung nicht teilten, anhören mußte. Als die Zeit des nächsten Sonnentanzes gekommen war, hatte ich mich inzwischen entschlossen, nicht mehr zum Schoschonen-Sonnentanz zurückzukehren. Ich fragte Larry, den Sonnentänzer aus Rosebud, ob ich meinen vierten Sonnentanz dort vollenden konnte.

»Aber selbstverständlich kannst du das, Manny«, sagte er sofort. »Wir nehmen dich wirklich gerne mit und werden dir helfen, soviel wir können.«

Drei Wochen bevor der Schoschonen-Sonnentanz begann, klingelte das Telefon. Es war Allen.

»Was gibt's?« fragte ich ihn.

Er sprudelte förmlich hervor: »Der Sonnentanz ist wieder am alten Platz, mein Freund. Er findet wieder auf der Mesa statt, wo du die ersten drei Jahre getanzt hast.« Er war glücklich und voller Begeisterung. »Du wirst dich dort wohl fühlen. Es wird wirklich ein ganz phantastischer Sonnentanz werden in diesem Jahr.«

Ich stöhnte. »Oh, mein Gott, ich habe für diesen Sommer schon Larry zugesagt für den Sonnentanz in Rosebud.« Ich erklärte Allen die ganze Sache. Er schien sehr niedergeschlagen, aber redete mir zu, das zu tun, was ich tun mußte.

Nun hatte ich ein flaues Gefühl im Magen. Ich wußte wirklich nicht, was ich tun sollte. Die Schoschonen erwiesen mir große Ehre, indem sie mir erlaubten, mit ihnen zu tanzen. Ich konnte sie nicht im Stich lassen. So sagte ich Allen: »Ich werde dort sein.«

»In Ordnung«, freute er sich.

Als ich meiner Frau erzählte, daß ich wieder nach Wyoming gehen würde, meinte sie: »Und was wird mit South Dakota?«

»Nun, wir werden zu den Schoschonen gehen, und ich werde dort tanzen«, antwortete ich ihr. »Dann fahren wir nach South Dakota und erzählen Larry, daß ich meine vier Jahre bereits vollendet habe.«
Also fuhren wir auch dieses Jahr nach Fort Washakie. Wir bereiteten uns genauso vor wie die anderen drei Jahre.

Übrigens, wenn du dich für vier Jahre verpflichtest, dann heißt das nicht, daß du vier Jahre hintereinander tanzen mußt. Das Übereinkommen mit dem Schöpfer lautet, daß du vier Jahre tanzt, und wenn du sechs Jahre brauchst, um deine Verpflichtung zu erfüllen, ist das in Ordnung, solange du die vier Male erfüllst.

Wir fuhren dorthin, wir bereiteten uns vor, ich nahm am Sonnentanz teil, und er war diesmal sehr mühsam. Ich möchte betonen, daß ich den Hunger deshalb so gut wie nie erwähne, weil er keine Rolle spielt. Wenn du so ausgetrocknet bist, vergißt du alles andere. Was im Vordergrund steht, ist dein Durst. Mit dem Hunger kannst du leben. Du kannst es mehrere Tage aushalten, ohne etwas zu essen. Zwar sind die ersten vierundzwanzig Stunden ohne Nahrung nicht einfach, aber danach wird es leichter. Und so durchlebten wir auch diesen Sonnentanz. Abgesehen davon, daß er sehr mühevoll war und ich wiederum gute zwanzig Pfund durch den Flüssigkeitsmangel verlor, war es ein guter Sonnentanz und ein wundervoller dazu.

Es gibt keine »üblichen« Sonnentänze, sie sind alle schwierig, und immer geschehen ganz besondere Dinge, wenn du dort bist. Obwohl es kaum möglich wäre, meinen zweiten und dritten Sonnentanz zu übertreffen, wegen meiner Vision und weil mich jemand gebeten hatte, für ihn zu beten, war auch dieser vierte etwas Besonderes.

Wir beendeten den Sonnentanz und verabschiedeten uns von unseren Freunden. Vor dem Abschluß hatte ich meine Gaben für das Geschenkfest gebracht, mit dem die Trommel geehrt wird, indem man den Trommlern Geschenke überreicht. Auf diese Weise danken wir dem Geist der Trommel. Es war nicht wichtig, daß es nicht dieselbe Trommel war, zu der ich die letzten Jahre getanzt hatte. Es ging nur darum, meine Dankbarkeit zu zeigen. Das war mein Geschenkfest; ich mußte dieses Geschenkfest abhalten, denn es war mein vierter Sonnentanz, und ich hatte damit meine Verpflichtung erfüllt.

Ich ehrte dankbar viele meiner Freunde, mit denen ich vier Jahre lang getanzt hatte, die mir Mut zugesprochen und mir Stärke oder Kraft gegeben hatten, damit ich schwierige Phasen überstehen konnte. Ich ehrte Allen, Benny, Edgar – den Sonnentanzhäuptling –, aber den größten Dank und die größte Ehre erwies ich dem Schöpfer. Ich bat Ihn, über meine Familie zu wachen, ich war Ihm zutiefst dankbar dafür, daß Er mir diese vier Jahre geholfen hatte.

Nachdem alles vorbei war, fuhren wir in Richtung Norden nach Rapid City. Auf der Suche nach Larry besuchten wir einen anderen Sonnentanz, weil wir gehört hatten, er wäre dort. Als wir anhielten, sahen wir Männer, die tanzten und sich durchbohren ließen, was meine Frau sehr erschreckte. Sie wollte nicht einmal aus dem Auto aussteigen. Obwohl sie es nicht zugeben mochte, hatte sie eine Todesangst vor dem zeremoniellen Durchbohren, dem Piercing, selbst wenn sie es nur durch die Büsche beobachten konnte, die das Lager umgaben. Es war auch für mich das erste Mal, daß ich es sah, und mir wurde klar, wie froh ich war, daß ich meine vier Jahre vollendet hatte. Ehrlich gesagt, hat diese ganze Szenerie auch mir Furcht eingejagt.

Schließlich landeten wir in Mission in South Dakota. Wir kauften dort ein paar Lebensmittel und versuchten, Larry zu finden. Man hatte uns gesagt, er wäre bei seiner Stiefmutter, und dort trafen wir ihn auch an.

Grinsend sagte er: »Du bist wirklich sehr frühzeitig hier. Der Sonnentanz beginnt nicht vor dem nächsten Wochenende.«

Ich versuchte ihm vorsichtig zu erklären: »Larry, wir sind nur vorbeigekommen, um dir zu sagen, daß ich beim Sonnentanz nicht mitmachen kann. Ich habe meine vier Jahre bereits vollendet. Ich bekam einen Anruf, daß der Schoschonen-Sonnentanz doch wieder stattfindet. Und da kommen wir gerade her.«

»Das ist in Ordnung, Manny. Ich weiß es zu schätzen, daß du extra vorbeigekommen bist, um mir das zu sagen, und nicht einfach weggeblieben bist. Nein, du hast keinerlei Verpflichtung außer dir selbst gegenüber. Wenn du damit zufrieden bist, dann sollte es auch für alle anderen ausreichen.«

Ich wußte damals nicht, was er damit meinte, obwohl ich es später herausfinden sollte.

Der Westen – die Farbe Schwarz
»Die untergehende Sonne«

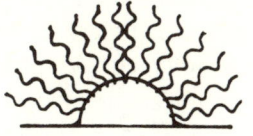

Das Ende des Tages

Nachdem wir Larrys Haus verlassen hatten, herrschte beklommenes Schweigen im Auto. Als ich Larry erzählt hatte, daß ich nicht mit ihnen tanzen würde, hatte ich im Inneren eine Leere gespürt, die ich mir nicht erklären konnte. Dann mußte ich darüber nachdenken, was er zu mir gesagt hatte über meine Zufriedenheit, meine Verpflichtung erfüllt zu haben.

Was er nicht gesagt hatte, war, daß ich diese Verpflichtung nicht nur mir selbst gegenüber eingegangen war, sondern auch gegenüber dem Schöpfer. Mir wurde klar, daß ich durch meine Vision dieses Gelübde abgelegt hatte. Immer wieder rief ich mir meine Vision ins Gedächtnis und dachte darüber nach, was sie für mich bedeutete. Sie war so lebendig und so real für mich gewesen, daß ich sie einfach nicht vergessen konnte.

Wir fuhren nach Oklahoma zurück, und als wir am Sonntagabend zu Hause ankamen, wußte ich, daß sich die Sonnentänzer in Rosebud jetzt durch die Reinigungszeremonien vorbereiteten. Der eigentliche Sonnentanz würde nicht vor dem folgenden Donnerstag beginnen.

Am Montag arbeitete ich den ganzen Tag in unserem Laden. Aber so hart ich auch arbeitete, ich konnte den Gedanken nicht loswerden, daß ich den Schöpfer im Stich ließ, wenn ich meine Verpflichtung nicht erfüllte. Obwohl mein Versprechen unter ungewöhnlichen Umständen zustande gekommen war, hatte Larry genau das gemeint. Ich hatte gesagt, ich würde kommen, und der Schöpfer würde es mir nicht leichtmachen, dies zu vergessen. Er würde dafür sorgen, daß ich mich sehr unbehaglich fühlte.

Am Dienstagmorgen stand ich auf und arbeitete wieder den ganzen Tag – an Lanzen, Kriegskeulen und Kriegsschilden – und versuchte damit den Gedanken an den Sonnentanz aus meinem Kopf zu verdrängen. Die meiste Zeit war ich allein im Laden, denn die Kinder waren in der Schule und meine Frau zu Hause.

Am Mittwoch hielt ich es nicht mehr aus. Ich sah mir im Fernsehen das Programm von CNN an, um zu erfahren, was alles in der Nacht passiert war, während ich schlief, als meine Frau hereinkam und guten Morgen sagte.

»Ich werde zum Sonnentanz gehen«, war meine Antwort.

»Ich wußte es, ich konnte es spüren«, erwiderte sie. »Es überrascht mich, daß du bis Mittwoch gewartet hast, ich dachte, du würdest schon am Montagmorgen losfahren. Ich habe schon deinen Koffer gepackt. Als du ins Bett gegangen warst, habe ich dir noch Brote vorbereitet, so daß du sofort losfahren kannst.«

»Es tut mir wirklich leid, daß ich soviel Geld und auch Zeit dafür brauche.«

Sie meinte darauf: »Du weißt, daß du gehen mußt.« Sie war sich meiner Verpflichtung genau bewußt, sie wollte nur keinen Anteil daran haben, denn anders als beim Schoschonen-Sonnentanz beinhaltet der Sonnentanz der Lakota auch das Durchbohren und Zerreißen von Fleisch. Ich kann auch sehr gut verstehen, daß sie das fürchtet, denn es ist für viele Leute etwas sehr Fremdes. Es fällt ihnen schwer, es hinzunehmen, daß andere Leute so leiden, aber das ist alles ein Teil unserer Gebete.

Ich fuhr den ganzen Tag und die ganze Nacht. Als ich am nächsten Morgen ankam, waren sie bereits beim Sonnentanzen. Ich war sehr unglücklich, denn ich hatte mir solche Mühe gegeben, noch rechtzeitig zu kommen. Da traf ich Larry. Alle begrüßten mich und gaben mir das Gefühl, willkommen zu sein. Chrys, die Schwester meines Freundes Steve, und ich gingen zum Arbor. Dort sah ich Larry und Steve, und sie freuten sich sehr, mich zu sehen.

Larry sagte: »Du bist zurückgekommen, stimmt's?«

»Ich mußte zurückkommen, Larry.«

Mit einem wissenden Lächeln auf dem Gesicht nickte er zustimmend. Als ob er gewußt hätte, daß ich kommen würde, aber es mir überlassen wollte, es herauszufinden.

»Weißt du, Manny«, meinte er dann, »bereite deine Sachen vor und ruhe dich heute erst einmal etwas aus, denn es ist nicht leicht. Es ist wirklich sehr mühevoll. Du kannst dann ab morgen mitmachen.«

»Ich könnte wirklich ein bißchen Ruhe brauchen«, erwiderte ich dankbar.

Als ich zum Lager zurückkam, teilten mir die Frauen, deren Aufgabe die Unterstützung der Sonnentänzer war, mit, was ich benötigte: zum Aufsetzen einen Kranz aus Salbei, der in Tuch gewickelt war, für die Fußknöchel und die Handgelenke Armbänder aus demselben Material, und einen Rock. Sie holten für mich lange Stengel von Salbei und halfen mir, alles anzufertigen.

Als der Morgen kam, lag ich schon lange Zeit hellwach da und konnte es kaum erwarten, bei diesem neuen Sonnentanz mitzumachen, den mir der Schöpfer zeigte. Ich war sehr aufgeregt und nervös. Ich weiß nicht, wieviel ich in dieser Nacht geschlafen habe, aber es kann nicht lange gewesen sein.

Als es an der Zeit war aufzustehen, spürte ich die Aufregung im Magen. Endlich. Ich sprang hoch und ging zu Steves Zelt hinüber und rief ihn. Er stand auf, und wir wickelten uns in unsere Handtücher und gingen in die Schwitzhütte. Es ist ein überwältigendes Gefühl, für eine so besondere Gelegenheit so früh schon aufzusein.

Aber dieser Sonnentanz unterschied sich deutlich von denen, die ich bisher mitgemacht hatte. Es gab vier Schwitzhütten hinter dem Arbor, und in der Feuergrube brannte bereits das Feuer. Die Flammen schlugen hoch. Mehrere Leute begannen sich zu versammeln.

Die Morgenluft war kühl. Als wir zu den Schwitzhütten gingen, spürte ich ein Kribbeln in der Magengrube. Ich fühlte mich angespannt, nervös und auch ängstlich, und viele Dinge gingen mir durch den Kopf. Ich mußte immer wieder an die Vision denken, die ich zwei oder drei Jahre zuvor gehabt hatte.

Als erstes fühlte ich die Hitze des großen Feuers. Es war warm und freundlich und schien meine Spannung wegzuwaschen. Das Feuer schien nicht nur auf mich beruhigend und tröstend zu wirken, auch alle anderen schien es zu entspannen. Es ist etwas ganz Besonderes an diesen Feuern, die die Steinmenschen – wir erweisen den Steinen unsere Achtung, weil sie bei dieser Zeremonie so wichtig sind – für die Schwitzhütten aufheizen und sie bereitmachen, uns ihren Atem zu geben. Dieser reinigt unseren Körper, unseren Geist, unsere Seele und unsere Energien.

Als wir uns den Schwitzhütten näherten, hörten wir jemanden rufen. Eine leise und gedämpfte Stimme drang aus der Schwitzhütte: »Kommt herein, wir haben noch zwei Plätze frei.« Die Schwitzhütten werden aus dünnen Zweigen gebaut, kleine niedrige Rundbauten, über die Decken gelegt werden, um den Dampf drinnen zu halten. Also ließen wir uns auf Hände und Knie nieder und krochen in die Schwitzhütte.

Beim Betreten einer Lakota-Schwitzhütte spricht man immer die Worte: *»Mitakuye Oyasin«*, was soviel bedeutet wie »alle meine Verwandten«. Damit bittest du die Geistwesen, alle Menschen auf der Welt in deine Gebete einzuschließen. Wir glauben, daß alle Menschen verwandt sind. Aus diesem Grunde sind die Farben des Sonnentanzes auch Rot,

117

Gelb, Weiß und Schwarz: Sie stehen für die vier Rassen. Wir alle sind ein Volk.

Als wir in der Schwitzhütte waren, rief der Führer laut: »Nun, bringt mir sieben Steine, sieben Großvater-Steine.« Das hieß, daß er Steine von der ungefähren Größe eines Kopfes haben wollte. Der Hüter des Feuers ging hinüber zur Feuergrube mit einer Forke und holte den ersten Stein. Als er ihn in die Hütte hineinbrachte, leitete ihn der Führer an einen bestimmten Platz und bugsierte ihn in das kleine Loch in der Mitte der Hütte. Dieser Vorgang wiederholte sich noch sechsmal.

Jedesmal, wenn ein Stein hereingebracht wurde, streute einer der Sonnentänzer ein paar Zedernstückchen über die heißen Steine. Durch die Hitze begannen diese sofort hochzuspringen und verbreiteten einen wundervollen, intensiven Geruch nach Zedernholz in der Schwitzhütte. Alle anderen saßen ernst und ruhig da und warteten.

Die Schwitzhütte ist eine sehr wichtige Zeremonie in unserer Kultur. Jeder, der einmal in ihr gewesen ist, weiß, wie nah man den anderen Menschen dabei ist. Fast unmittelbar, nachdem der erste Stein in die Höhlung gesetzt worden war, bildeten sich Schweißtropfen auf meiner Stirn. Sie rannen mir den Nacken und Rücken hinunter. Es war sehr angenehm, nachdem es draußen so kalt gewesen war.

Als der siebte Stein an seinem Platz lag, wurde ein Eimer mit Wasser gebracht. Wir baten die Großvater-Steine, ihn zu segnen, und schlossen dann die Türklappe, jetzt umgab uns völlige Dunkelheit.

Wenn wir die Schwitzhütte verlassen haben, wird

nie mehr über das geredet, was in der Schwitzhütte gesprochen oder gehört wurde. Falls jemand nach dem Herausgehen über irgend etwas redet, was er in der Schwitzhütte gehört hat, glauben wir, daß das Problem zu demjenigen zurückkehren wird, der darüber redet. Der eigentliche Sinn der Schwitzhüttenzeremonie ist, all deine Probleme dort zurückzulassen und um Segen für all unsere Verwandten zu bitten. Wir sagen auch Dank dafür, daß wir am Sonnentanz teilnehmen dürfen, und wir bitten um Stärke und Mut, ihn durchzustehen.

Ich mußte die ganze Zeit an die Gefühle denken, die ich während meiner Vision gehabt hatte, und meine Brust begann wieder zu schmerzen – nach drei Jahren. Ich muß zugeben, daß ich mich etwas fürchtete und hoffte, ich würde nicht versagen.

Es war ein kurzes Schwitzen, nur eine Runde, wie es beim Lakota-Sonnentanz üblich ist, weil wir uns jeden Morgen reinigen, bevor wir den Heiligen Arbor betreten, und jeden Abend, nachdem wir ihn wieder verlassen haben. Manchmal wird es in den Schwitzhütten außerordentlich heiß. Meistens leiten die Sonnentanzführer das *Inipi*, also die Schwitzhüttenzeremonie. Sie achten sehr auf das Wohlergehen der Sonnentänzer und wollen vermeiden, daß sie zu sehr austrocknen und der Sonnentanz für sie noch beschwerlicher wird.

Wir kamen aus der Schwitzhütte heraus und schüttelten anderen Leuten die Hand, Menschen, die ich noch nie gesehen hatte. Aus der Schwitzhütte herauszukommen ist so, als würde man wiedergeboren. Wenn du dort drinnen all deine Beschwernisse,

Schmerzen und Probleme zurückläßt, dann hast du das Gefühl, als ob dein Leben ganz von neuem beginnt, ohne irgendwelche menschlichen oder spirituellen Probleme.

Im Grunde kommen wir alle aus dem Schoß von Mutter Erde, der Schwitzhütte. Manche glauben, weil wir zusammen schwitzen, werden wir Brüder und Schwestern – obwohl es eine eigene Schwitzhütte für die Frauen gibt. Dieses Mal gab es auch weibliche Sonnentänzer. Die Frauen als Lebensspenderinnen bringen eine sehr mächtige, wundervolle und besondere Energie in den Sonnentanz mit ein.

Die Führer erlaubten jedem von uns, eine Decke unter den Arbor zu legen. Zwischen den Liedern konnten wir dort ausruhen und beten. Ich war sehr nervös und ängstlich, vor allem seit ich gesehen hatte, wie die Brust von anderen durchbohrt worden war. Ich betete. Ich bat Großvater, mir zu helfen und mir den Mut zu verleihen, es gut zu machen, wie ein Krieger, wie ein Mann. Wie ein Mensch, der an unsere Spiritualität glaubt, aufrichtig glaubt. Auch viele andere beteten. Ich wußte nun, daß es eine ganze Reihe von Leuten gab, die wie ich neu waren, die auch zum ersten Mal daran teilnahmen, obwohl ich einer von den älteren war.

Wir begannen uns auf der Westseite des Arbors aufzustellen. Dort war es angenehm, aber sehr kühl. Ich dachte: »Ich hätte meine Decke mitnehmen sollen.« Aber wir durften das nicht, also standen wir dort und warteten, ich hatte am ganzen Körper Gänsehaut. Es herrschte wundervolles Schweigen.

Ich konnte das Gemurmel der Leute hören, die immer noch um die Feuergrube standen, und die Stimmen der anderen Sonnentänzer, die sich leise unterhielten.

Von der anderen Seite des Arbors hörten wir einen Trommelschlag. Darauf hatten wir zwar gewartet, dennoch schien jeder überrascht. Mir nahm es den Atem. Alles stoppte, auch das Gemurmel. Nun warteten wir alle darauf, daß die erste Adlerpfeife erklang. Wieder tönte die Trommel.

Die heilige Trommel. Der Herzschlag unseres Volkes ertönte, um die Sonnentänzer herbeizurufen, sie wissen zu lassen, daß es Zeit wurde, zu kommen und sich aufzustellen. Es war an der Zeit, der Sonne zu begegnen, sie zu grüßen und zu unserem Sonnentanz willkommen zu heißen, Zeit, uns für die anderen zu opfern.

Der Sonnentanzhäuptling blies drei- oder viermal laut auf seiner Adlerpfeife und begann nach vorn zu gehen. Als die Trommler sahen, daß er sich bewegte, begannen sie ihre Trommeln zu schlagen. Der langsame, gleichmäßige Rhythmus der Trommeln begleitete uns auf unserem Weg in den Sonnentanz-Arbor.

Dann begann das Lied. Es war ein so wunderschönes Lied. Ich hatte dieses Lied nie zuvor in meinem Leben gehört. Es machte mir am ganzen Körper eine Gänsehaut. Ich war ganz erstarrt vor Stolz. Diese Lieder wurden seit Hunderten von Jahren von den älteren an die jüngeren Sänger weitergegeben, und jeder Stamm, der eine Sonnentanzzeremonie hat, hat seine eigenen Lieder in seiner jeweiligen Spra-

che. Ich war ganz überwältigt von der Erkenntnis,
daß ich dieselben Lieder hörte, die vor mir schon
Crazy Horse, Sitting Bull und all die anderen Sonnentänzer gehört hatten.

Ich fühlte große Dankbarkeit und Stolz, daß ich in
einer Reihe mit den Lakota-Kriegern und den Kriegern anderer Stämme stehen durfte. Wir begannen,
auf unseren Adlerpfeifen zu blasen, erst einer, dann
der nächste, und wir bliesen und bliesen ohne Un-
terlaß auf ihnen. Ich fühlte wieder, wie mein Magen
schlingerte. Gleich würde es beginnen. Ich würde
mit meinem ersten Sonnentanz bei den Lakota beginnen. Überwältigt begann ich auf meiner Adlerpfeife zu blasen, um meine Gefühle unter Kontrolle
zu behalten.

Aus all den verschiedenen Lagern waren Menschen
gekommen, die uns zuschauen wollten. Sie wollten
sehen, wie ihre Lieben, ihre Brüder, Cousins und Onkel, in den Sonnentanz gingen, und für sie beten und
sie unterstützen.

Ich betete: »Großvater, gib mir Kraft und Mut, damit
ich dies in Ehre vollbringe.«

Sie trommelten und sangen das Eröffnungslied. Wir
glauben daran, daß in jeder der vier Hauptrichtungen – Osten, Süden, Westen und Norden – gute
Geistwesen leben, deshalb hielten wir viermal an,
um die vier Richtungen zu ehren, dann betraten wir
den Arbor. Als ich hineinging, wurde ich von Gefühlen überwältigt, aber von glücklichen. Endlich
war ich bei dem Sonnentanz, über den ich so viele
Jahre zuvor eine Vision gehabt hatte. Tränen stiegen
mir in die Augen. Das mag nicht besonders männ-

lich sein, aber es störte mich nicht, denn ich befand mich in der Gegenwart des Schöpfers.

Ich war nicht zum Sonnentanz gegangen um meinetwillen. Ich ging dort demütig hin und wollte, daß meine Gebete erhört würden. Ich wollte, daß es meiner Familie gutging. Als wir hereingingen, bildeten wir einen geschlossenen Kreis innerhalb des Arbors. Die Sänger stimmten ein neues Lied an, der Rhythmus der Trommeln beschleunigte sich, und alle fühlten sich beflügelt. Es tat so gut, am Leben zu sein und in diesem Arbor zu stehen.

Als die Sonne höher stieg und der Himmel heller wurde, war ich vom Anblick so vieler Tänzer überwältigt. Männer und Frauen, alle prächtig gekleidet, waren zusammengekommen, um zu beten. Es waren bestimmt hundert Sonnentänzer im Arbor. Alle trugen leuchtende und wunderschöne Farben. Man sah die traditionellen Sonnentanzfarben – Rot, Gelb, Weiß und Schwarz für die vier Richtungen – wie auch Blau für den Himmel über uns, Grün für die Erde unter unseren Füßen und Purpur für den inneren Geist.

Wir tanzten und tanzten. Mit der Zeit wich die Kälte aus meinen Gliedern, das Tanzen wärmte meinen Körper auf. Auf meinem linken Arm trug ich meine heilige Zeremonien-Pfeife und meinen Adlerflügel-Fächer in meiner rechten Hand. Die Köpfe der Heiligen Pfeifen sind aus Pfeifenstein [roter Tonstein] gefertigt. Diesen Stein kann man nur an einem Ort finden, in Pipestone, Minnesota. Es heißt, der Stein sei rot, weil er vom Blut der Indianer gefärbt wurde, das sie in Krieg und Leid vergossen haben. Wie es der Brauch vorschreibt, war mir meine Pfeife von einem Freund geschenkt worden. Man darf sich seine Pfeife nicht selbst kaufen. Wir glauben daran, daß sie zu dir kommen wird, wenn du sie benötigst. Wie wir so um den Arbor tanzten, fühlte ich mich großartig und sehr stolz. Mein Weg war sehr weit gewesen, und ich hatte es schließlich geschafft, hier zu sein.

Im Verlauf des Tages absolvierten wir alle Zeremonien. Wir begrüßten die Sonne, und jeder legte seine Pfeife oder *Chanupa* auf den Altar. Als wir mit dem »Lied der Pfeife« fertig waren, hatten wir ungefähr eineinhalb Stunden lang getanzt, also machten wir eine Ruhepause unter dem Arbor. Da sah ich, daß manche Markierungen auf Brust und Rücken erhielten und dann zum Baum gingen, um ihre Seile loszubinden. Das gehört zur Vorbereitung für das Piercing, die Zeremonie des Durchbohrens. Ich wußte, daß ich bald einer von ihnen sein würde, und wie ich sie so beobachtete, drehte sich mir der Magen um. Es war vollkommen mir überlassen, wann ich mich durchbohren lassen wollte. Man würde es tun, sobald ich darum bat.

Das war auch etwas, das mir im Magen lag. Wie lange würde ich brauchen, um einen Entschluß zu fassen? Würde ich den Mut finden, zum Sonnentanzführer zu gehen und ihm zu sagen: »Ich bin bereit, mich durchbohren zu lassen.«? Schon beim Gedanken daran wurde mir ganz mulmig, und ich mußte hart schlucken. Als mich die Erkenntnis traf, daß ich hier war, um genau das mitzumachen, fühlte ich mich sehr allein. Meine Familie war nicht bei

mir. Steve und die anderen waren bis jetzt nur Bekannte. Ich war allein gekommen, und ich mußte es
allein durchstehen.

Innerhalb des Arbors gab es ein paar Sonnentänzer,
die sich schon am Tag zuvor dem Durchbohren unterzogen hatten. Wir ruhten uns ein paar Minuten
aus, legten unsere Decken zurecht und stellten uns
vor. Ich erfuhr, daß diese Sonnentänzer ihre Durchbohrungen drei oder vier Tage lang behielten. Wie es
der Brauch war, würden sie sich erst am letzten Tag
davon befreien. Ihre Leidensfähigkeit beeindruckte
mich ebenso wie ihre Fähigkeit, mit dem Schmerz
umzugehen und sich vier Tage nicht dazu hinreißen
zu lassen, an ihrem Fleisch zu ziehen und zu zerren.
Es beschämte mich.

Plötzlich stand ein Sonnentanzführer auf und sagte:
»*Ho-ka-hey*, kommt schon, laßt uns gehen, es ist
wieder Zeit zum Tanzen.«

Alle standen auf, und da ich der Neue war, folgte ich
ihnen. Ich hatte Glück, ein paar Freunde gefunden
zu haben, die mir einige Dinge erklären konnten, bevor ich mit ihnen konfrontiert wurde. Wir bildeten den Kreis, und die Sänger begannen mit einem
neuen Lied. Damals wußte ich nicht, daß es das Lied
war, das das Durchbohren begleitet. Wir tanzten und
tanzten, und ich bemerkte, wie ein Sonnentanzführer auf einen anderen Sonnentänzer zu tanzte, seine
Füße perfekt im Rhythmus mit dem Schlag der
Trommel. Seine rhythmischen Körperbewegungen
beim Tanzen und Gehen spiegelten Selbstvertrauen
und Stolz. Sein Haar, lang und fließend, gab ihm ein
königliches, fast heiliges Aussehen.

Als der Sonnentanzführer bei dem Mann ankam, der durchbohrt werden sollte, wurde klar, daß der Mann auf ihn gewartet hatte. Der Sonnentanzführer ergriff ihn an seinem Armband, und beide verließen den Kreis, tanzten um den Arbor und dann zum Heiligen Baum.

Du kannst dir nicht vorstellen und wirst es auch nicht verstehen, wie ich mich im Inneren gefühlt habe. Die Furcht in meinem Innern war ungeheuer. Ich dachte: »Was mache ich bloß hier? Warum bin ich diese Verpflichtung eingegangen?« Doch mit dem nächsten Atemzug beruhigte ich mich wieder: »Alles ist in Ordnung, dies ist deine Vision. Du mußt einfach hiersein.«

Und so begann ich zu beten. »Großvater, wenn ich mich durchbohren lasse, bitte gib mir die Kraft und den Mut, es durchzustehen, es wie ein Mann, ein Krieger und ein spiritueller Mensch zu bewältigen. Bitte laß nicht zu, daß ich etwas tue, was meinem Volk und den anderen Sonnentänzern Schande bringen könnte.«

Ich machte weiter und tanzte angestrengt. Vielleicht war ich ein wenig selbstsüchtig; einige meiner Gebete galten mir selbst, damit ich den Mut aufbringen konnte, es auf die richtige Art zu tun. Es ist sehr schwer, den Entschluß zu fassen, freiwillig dorthin zu gehen und sich durchbohren zu lassen. Du läßt das ohne Betäubung machen und auch ohne andere moderne Mittel, die den Schmerz nehmen könnten. Einfach jemand anderen in dein Fleisch schneiden zu lassen, erfordert viel Glauben und Vertrauen in den Schöpfer. Ich konnte nicht begreifen, daß ich so etwas überhaupt in Erwägung zog, aber ich tat es wirklich.

Ich sprach mit anderen Sonnentänzern darüber, und sie meinten: »Das ist eine Abmachung zwischen dir und Großvater. Du mußt es nicht tun.«

Wie es der menschlichen Natur entspricht, hätte ich einen Ausweg begrüßt oder eine Möglichkeit zu rechtfertigen, daß ich mich der ganzen Sache noch entzog. Ein paar Minuten lang dachte ich darüber nach, das Durchbohren doch nicht durchzuführen, aber dann wurde mir klar, daß ich nicht den ganzen Weg von Oklahoma gekommen war, nur um davor zurückzuweichen. Furcht ist nur ein kleines Hindernis, wenn die Belohnung so großartig ist. Eine solche Verbindung zum Schöpfer zu bekommen, daß deine Gebete erhört werden, ist soviel wichtiger als ein bißchen Angst oder Schmerz. Mir wurde klar, als mir die anderen Sonnentänzer sagten, ich müsse mich nicht durchbohren lassen, war das eine Prüfung gewesen, mit der die Geistwesen meine Ernsthaftigkeit und meine Entschlossenheit getestet hatten.

Danach wurden wieder mehrere Pfeifen-Lieder gesungen, während denen keiner durchbohrt wurde. Dann kamen wieder Lieder für das Durchbohren, Piercing-Lieder. Während dieser Lieder wurden manchmal bis zu sechs oder acht Männer durchbohrt.

Es tanzten auch viele Frauen, und einige wenige ließen sich auch durchbohren. Sie ließen das an ihren Armen oder Handgelenken machen. Ich bin sicher, daß das genauso schmerzhaft war wie für die Männer.

Dann kam wieder ein Piercing-Lied, während dessen mehrere Männer auf ihrem Rücken durchstochen wurden. Man band sie an mehrere Büffelschädel, die zusammengebunden waren und von denen jeder zwischen neun und dreizehn Kilo wog. Es hing vom Tänzer ab, wie viele Schädel zusammengebunden wurden, ob drei oder mehr, die er dann ziehen mußte.

Wenn wir diese Schädel ziehen, ehren wir den Büffel, indem wir ihm alles zurückgeben, was er uns gegeben hat. Er gab uns sein Blut, sein Fleisch, seinen Schmerz und sein Leben, damit wir Nahrung hatten und überleben konnten. Er brachte uns Überfluß in jeder Hinsicht. Dies war unser Weg, *Tatanka*, unserem Bruder, dem Büffel, Achtung und Dankbarkeit zu erweisen, und es war unsere heilige Tradition. Wir respektieren den Büffel auch deshalb, weil wir glauben, daß er der Träger von Mut und Stärke ist, von physischer wie spiritueller.

Wir tanzten drei Stunden lang. Es war glühend heiß. Ich war immer noch müde vom Sonnentanz in Wyoming vor zwei Wochen, denn ich hatte nicht genug Zeit gehabt, mich richtig zu erholen.

Gelegentlich passiert es, daß wir zu wenig Trommler haben. Häufig werden gleichzeitig Powwows in der Gegend abgehalten, und viele Trommler gehen lieber zu den Powwows als zu den Sonnentänzen. Bei den Sonnentänzen ist alles freiwillig. Im Gegensatz zu den Powwows gibt es kein Geld dafür. Die Trommler bekommen etwas zu essen und können so viel trinken, wie sie wollen. Sie trommeln für eine spirituelle Zeremonie. Deshalb gelingt es uns manchmal nicht, genug Trommeln zu besorgen, und wir haben dann nur eine oder zwei Trommler-Gruppen zum Singen. Das ist für sie dann sehr anstrengend, und sie brauchen mehr Zeit zwischendrin, um sich auszuruhen. Da alle Getränke und Nahrungsmittel im Bereich des Arbors verboten sind, müssen sie zu einem der Lager gehen, wenn sie etwas essen wollen. Ohne die Trommler und Sänger können wir nicht tanzen, deshalb müssen wir auch eine Pause machen, bis sie zurückkommen.

Doch dieses Mal hatten wir Glück. Wir hatten drei verschiedene Trommler-Gruppen, und sie hielten uns unentwegt beim Tanzen. Wir tanzten und schlossen dann den Tag ab.

Sie erlaubten uns, zum Lager zurückzugehen. Es war eine Vertrauenssache. Keiner hält ein Beil über deinen Kopf und sagt, du darfst dies oder jenes nicht tun. Du bist die Verpflichtung gegenüber dem Schöpfer eingegangen. Niemand überwacht dich. Wenn einer etwas Unrechtes tut, dann muß er das vor dem Schöpfer verantworten.

Dies ist eines der Dinge, die ich beim Sonnentanz lernte: Du solltest über nichts und niemanden ein Urteil fällen. Laß die Leute das tun, was sie für richtig halten, so wie du das tust, was du für richtig hältst. Jeder hat seine eigene Meinung, und was für den einen richtig ist, mag für den anderen falsch sein. Doch das heißt nicht, daß es für beide falsch ist. Es bedeutet nur, daß wir unterschiedlich denken, und wir sollten versuchen, die Denkweise anderer Menschen zu ehren und zu achten.

Als mein erster Tag endete, fühlte ich mich energiegeladen und wußte, daß die Geistwesen bei mir gewesen waren und daß mich meine Führer an den richtigen Ort geführt hatten. Die anderen Dinge, die ich durchgemacht hatte, waren fast wie Stufen, die mich dorthin führen sollten, wo ich jetzt war. Wenn ich gegenüber meinem ersten Sonnentanz bei den Schoschonen ein Gefühl von Liebe entwickelt hatte, dann war dieses Gefühl bei den Lakota sogar noch stärker. Ich hatte das Gefühl, zu Hause zu sein.

Am nächsten Morgen wachte ich schon früh auf, da ich voller Erwartung auf den vor mir liegenden Tag war. Ich habe noch nie einen Wecker gebraucht. Um 3.45 Uhr früh war ich wach, und um 4.30 Uhr begannen sie uns zu rufen.
Steve war auch schon aufgestanden, und als wir zu den Schwitzhütten gingen, wußte ich, daß etwas mit meiner Energie anders war als sonst. Ich hatte das Gefühl, auf Wolken zu schweben. Ich glaube, ich fühlte die Sonnentanz-Energie – etwas sehr Greifbares und Konkretes, wenn du dafür bereit bist. Zum ersten Mal, seit ich den Weg des Sonnentanzes eingeschlagen hatte, fühlte ich mich merkwürdig im Frieden mit mir selbst und vollkommen ohne Furcht. Es lag keine Resignation darin, sondern es war eine ruhige Annahme dessen, was immer der Schöpfer mir bringen würde. Ich fühlte mich so leicht auf meinen Füßen, als ob ich zu den Schwitzhütten schwebte und nicht ging. Einen Augenblick lang dachte ich, mein Blutdruck sei wieder zu hoch, aber es war alles in Ordnung.

Seit ich unter hohem Blutdruck leide, fällt mir das Atmen in der Schwitzhütte manchmal schwer, und mein Blutdruck steigt dabei. Mein Arzt hat mir eigentlich verboten, in die Schwitzhütte zu gehen, aber ich tue es dennoch. Ich ging zur Feuergrube, wo die Feuer in Gang gehalten wurden, die die Steine erhitzten. Ich sah dort diesen anderen Mann, einen der Sonnentanzführer.

Er schaute mich an und sagte: »Komm.« Er winkte mich zu sich. »Komm schwitzen mit mir.«

Ich ging direkt hinter ihm her. Die Schwitzhütte füllte sich sehr schnell, bald waren hier dreizehn Männer. Dann brachten sie die Steine herein. Wir bestreuten sie mit Zedernstückchen und dankten dem Schöpfer für die vergangenen zwei Tage.

Wir dankten Ihm, daß er uns an diesem dritten Tag wieder sonnentanzen ließ, und der Sonnentanzführer begann in Lakota das »Lied der Vier Richtungen« zu singen. Ich übersetze es hier ins Englische.

To the West the Sacred Stone Nation.
To the North the Sacred Stone Nation.
To the East the Sacred Stone Nation.
To the South the Sacred Stone Nation.
To the Heavens, Great Spirit, take pity on me.
The People to the Heavens,
Grandfather, take pity on me the family.

(Dem Westen – Volk der Heiligen Steine.
Dem Norden – Volk der Heiligen Steine.
Dem Osten – Volk der Heiligen Steine.
Dem Süden – Volk der Heiligen Steine.

131

Den Himmeln – Großer Geist, erbarme dich
meiner
Himmlische Völker.
Großvater, erbarme dich meiner und meiner
Familie.)

Bisher war ich nie fähig gewesen, in der Schwitzhütte zu singen, denn die Hitze war so stark, daß ich
nicht genug Atem dafür hatte. Aber dieses Mal war
mein Kopf ganz klar, und meine Kehle war so frei,
daß große Freude in mir aufstieg und mich überflu-
tete. Ich begann zu singen, und ich sang mit dem
Führer das ganze Lied.
Und ich sagte mir: »Heute werde ich mich durchbohren lassen. Und zwar bei der ersten Runde, beim
ersten Lied.«
Kaum hatte ich dieses Versprechen gemacht, fühlte
ich mich in Hochstimmung. Ich konnte es nicht
glauben, daß ich mich dazu verpflichtet hatte, einen
anderen in meine Brust schneiden zu lassen, damit
meine Gebete erhört würden. Ich fühlte mich so se-
lig, als ob ich endlich *angekommen* sei.
Jedesmal, wenn du etwas Neues über den Sonnentanz lernst und eine neue Erfahrung machst, hast du
das Gefühl, eine höhere Ebene des spirituellen Ver-
ständnisses zu erreichen. Als wenn du an einem
neuen Ort angekommen wärst. Als ob du neue
Steinchen auf einen Haufen schichtest, und du bist
dieser Haufen. Diese kleinen Steine fügst du Stück
für Stück hinzu, und jeder von ihnen bringt dir ein
bißchen mehr Wissen.
Ganz gleich, wer wir sind oder wieviel wir wissen,

wir hören nie auf, weiterzulernen. Wir werden niemals alles wissen. Der Schöpfer ist so unendlich, daß Er uns immer mit kleinen Bissen an Information und Wissen füttert, damit wir bessere Menschen werden können. Ich schätze jedes kleine Stückchen an Information, jeden kleinen Stein, den ich dem Haufen hinzufügen kann. Ich bin dankbar, daß uns der Schöpfer damit auch die Wahlfreiheit und den freien Willen gibt.

Nachdem ich die Schwitzhütte verlassen hatte, machte ich mich auf den Rückweg zum Lager und sprach mit keinem ein Wort. Die Prozedur der Vorbereitung durchlief ich wie im Traum. Ich hatte alles zur Hand.

Ich kleidete mich an und war in drei Minuten fertig. Als ich zum Arbor kam, war der erste, den ich sah, jener Sonnentanzführer, der mich in die Schwitzhütte mitgenommen hatte.

»Bruder«, sprach ich ihn an und schüttelte seine rechte Hand mit beiden Händen, »vielen Dank, danke für das wunderbare Schwitzen heute morgen.«

Er sah mich überrascht an, und so erzählte ich ihm von meinen üblichen Schwierigkeiten, in der Schwitzhütte genug Luft zu bekommen.

»Es war das erste Mal, daß ich dieses Lied bis zu Ende singen konnte. Ich habe das Gefühl, daß du mich dazu inspiriert hast, so zu singen.«

»Ich bin sehr froh, daß du mit uns gesungen hast. Manny, ich danke dir, daß du auf diese Weise Dankbarkeit und Achtung zeigst. Es gibt nicht mehr viele Leute, die an so etwas denken. Auch wenn wir spirituelle Menschen sind, vergessen wir manchmal, dem

Achtung zu erweisen, wo es angebracht ist. Ich danke dir dafür.«

Dann teilte ich ihm mit: »Wenn wir jetzt hineingehen, werde ich mich bei der ersten Runde durchbohren lassen.«

»*Ho!* Ich freue mich, das zu hören«, erwiderte er lächelnd.

Er wußte, daß ich hier neu war. Er wußte, daß ich erst gestern mit dem Tanzen begonnen hatte, aber meine spirituelle Energie war so stark, daß er auch wußte, daß es für mich an der Zeit war, mich durchbohren zu lassen. Er fragte mich: »Wann hast du dich dazu entschlossen? Seit wann weißt du es?«

»Als wir das ›Lied der Vier Richtungen‹ gesungen haben, da wußte ich, daß die Zeit für mich gekommen war.«

Seine Antwort war: »In Ordnung, es wird genauso geschehen, wie du es möchtest.« Jetzt erkannte ich, daß mich das »Lied der Vier Richtungen« in meine Vision zurückgebracht hatte – als der gefleckte Adler mit mir hoch in den Himmel aufgestiegen war und mir gezeigt hatte, wo ich den Menschen helfen sollte: in den vier Richtungen.

Nun war ich geistig und seelisch bereit dazu. Und hoffte, es auch körperlich zu sein. Ich kannte meine Schmerzgrenze nicht. Ein paarmal hatte ich mir Finger gequetscht oder die Zehen angestoßen, manchmal hatte ich mich auch versehentlich geschnitten, hatte Zahnschmerzen und Kopfweh. Aber würde ich mit dem hier umgehen können? Würde ich die Stärke und den Mut finden, diese Zeremonie durchzustehen? Nachdem ich dem Sonnentanzführer gedankt hatte, verließ ich ihn und setzte mich allein in den Arbor auf meine Decke.

Ich fühlte mich so allein. Ich denke, so ist das eben im Leben, wenn ein Mensch einer Herausforderung gegenübersteht. Vielleicht hat er ja Unterstützung von Freunden oder Verwandten, aber letztlich müssen wir Schmerzen, Leid oder persönliche Schicksalsprüfungen alleine bewältigen.

Ich betete um Führung. Ich betete um Weisung.

Alle Geistwesen kamen und sagten mir: »Jetzt ist die Zeit. Du bist am richtigen Ort. Du bist jetzt an der Reihe, dein Fleisch, dein Blut und deinen Schmerz zu opfern und für die Menschen zu leiden, denen du helfen möchtest. Hab keine Angst. Du bist bereit dafür.«

Es war ein kühler Morgen in South Dakota. Die Feuergrube, die Schwitzhütte, der Atem von Großvater, der Dampf, der von den Steinen aufstieg, dies alles würde ich nie vergessen. In mein Gedächtnis eingebrannt war die Erinnerung an meinen ersten Sonnentanz mit Durchbohren, meinen ersten Lakota-Sonnentanz.

Da ich nun mehr wußte, verpflichtete ich mich für weitere vier Jahre. Ich tat es ohne Vorbehalt oder Zögern, und auch ohne Erwartungen, außer den Schöpfer um seinen Segen zu bitten.

Wir stellten uns wieder auf. Der Sonnentanzhäuptling begann auf seiner Adlerpfeife zu blasen, und so bewegten wir uns vorwärts. Ich wartete darauf, daß Furcht und Angst sich in meiner Magengrube ausbreiten würden, aber ich wartete vergebens. Sie blieben aus. Als wir vom Osten her den Arbor betraten, ließ mich der Klang der Trommeln ganz ruhig werden.

Wir begrüßten die Sonne, beteten und tanzten über eineinhalb Stunden lang. Das erste Lied war wunderschön. Wir legten unsere Pfeifen, die *Chanupas*, auf den Altar und gingen zu unseren Decken, um uns etwas auszuruhen.

Der Sonnentanzführer kam auf mich zu und fragte: »Bist du bereit?«

Ich schaute ihm in die Augen und antwortete: »Ich bin bereit, Bruder.«

»In Ordnung, wo möchtest du durchbohrt werden?« Ich zeigte auf Stellen auf meiner Brust.

Er fragte: »Einmal oder zweimal?«

»Auf beiden Seiten. Ich bin von zu weit her gekommen, um nur auf einer Seite durchbohrt zu werden.«

Er nahm sich die Zeit, mit mir darüber zu reden. »Manny, das ist das erste Mal für dich, bist du sicher, daß du es auf beiden Seiten machen lassen möchtest? Die meisten Neulinge lassen sich nur einmal durchbohren, um erst einmal herauszufinden, ob sie den Schmerz aushalten können.«

»Ich bin mir ganz sicher, daß ich es auf beiden Seiten möchte. Ich kann das ertragen. Die Geistwesen kamen diesen Morgen zu mir, um mir mitzuteilen, daß ich bereit sei.«

Darauf meinte er: »Dann ist es gut. Es ist allein deine Entscheidung.« Und so markierte er beide Seiten meiner Brust. Als meine Freunde sahen, daß meine Brust gekennzeichnet wurde, kamen sie zu mir und schüttelten mir die Hand. Sie ermunterten mich, stark und mutig zu sein.

Ein Sonnentanzführer, Lessert, sagte: »Manny, es ist sehr schmerzhaft. Aber du bist ein Krieger. Mach dir keine Sorgen.«

»Lessert, ich möchte, daß du und Norbert das Durchbohren bei mir durchführt. Wollt ihr das tun?«

Lachend erwiderte er: »Da kannst du drauf wetten. Und wie oft?«

Ich fragte Steve, ob ich sein Seil benützen konnte, also verließen wir den Arbor, banden das Seil los und legten es zurecht. Jetzt kam ich wieder zum Nachdenken. Mein Magen und mein Kopf drehten sich. Ich begann sehr nervös zu werden. Mein Herz schlug schneller und schneller. Fortwährend sagte ich mir, daß dies mein Entschluß war. Daß es das war, was ich tun sollte. Daß es war, was der Schöpfer von mir wollte.

Das nächste Lied begann, und Lessert schrie: *»Hoka-hey.«* Alle stellten sich an ihre Plätze und tanzten hinaus. Jedesmal, wenn wir tanzten, landeten wir an derselben Stelle. Ich fühlte mich wohl.

Von da an war es wie ein Strudel von Ereignissen. Henry, ein Kunstprofessor an der Universität von Maryland, der ein sehr enger Freund von mir werden sollte, sah an den Markierungen auf meiner Brust, daß ich mich gleich durchbohren lassen wollte. Er packte mein Handgelenk und schob mich sanft von meinem Platz weg. Auf diese Weise wußte der Sonnentanzführer, daß ich durchbohrt werden wollte.

Der Sonnentanzführer tanzte auf mich zu. Er ergriff mein Salbei-Armband und ging mit mir um den Arbor, immer im Uhrzeigersinn, bis wir auf die Westseite kamen.

Er brachte mich zum Baum und sagte: »Bruder, du wirst etwas sehr, sehr Heiliges erfahren. Du wirst Gott, dem Schöpfer, sehr nahe sein. Mache das Beste aus dieser Zeit, denn du wirst ihm gleich gegenüberstehen.«

Er fuhr fort: »Dieser Baum ist ein heiliger Baum. Er wird dir Zuversicht und Mut geben. Er repräsentiert Gott. Du kannst ihn um alles bitten, was du möchtest. Gebe ihm deine Gebete, deine Achtung, deine Ehrerbietung, und er wird deine Wünsche erfüllen. Dies ist der Ort, an den viele gute Männer und gute Krieger zum Beten kommen.«

Damit ließ er mich allein, und ich stand ein paar Minuten da. Ich betete. Nur zögernd verließ ich den Baum, als ein anderer Sonnentanzführer zu mir kam und mich fragte: »Bist du bereit?«

Alles schien plötzlich in Zeitlupe abzulaufen, vielleicht weil ich das Geschehen erwartete, aber es schien nicht schnell genug zu geschehen.

Mit nervösem Lächeln nickte ich ein Ja.

Sie legten mich auf ein Büffelfell.

Ich gab ihnen mein Skalpell.

Sie nahmen mir die Salbeikrone vom Kopf.

Sie sagten, sie würden sie mir in den Mund geben.

Sie rieten mir, ich solle auf meine Salbeikrone beißen, denn das Durchbohren sei sehr schmerzhaft.

Lessert sagte: »Wenn du betest, ganz intensiv zum Schöpfer betest, wird es nicht weh tun, weil Er deine Gebete erhören wird.«

Ich lag da auf dem Boden und schaute in den Himmel. Dann gab ich Lessert die Knochenspieße zum Durchbohren. Er ließ sich neben mir auf die Knie nieder, und sein Vater kniete sich auf meine linke Seite.

Ich spürte, wie beide meine Brust packten und mit etwas Staub vom Boden einrieben, denn meine Haut war vom Schweiß ganz schlüpfrig. Auf diese Weise würden ihre Daumen und Finger nicht wegrutschen. Sie zogen meine Haut hoch, und ich fühlte, wie das Messer in mein Fleisch schnitt.

Ich fühlte einen scharfen, intensiven Schmerz in meiner Brust, so als ob jemand ein glühendes Eisen auf mein Fleisch gepreßt hätte.

Ich verlor jedes Zeitgefühl.

Ich hörte keine Geräusche mehr.

Ich fühlte die Hitze der Sonne nicht mehr.

Ich versuchte, die Zähne zusammenzubeißen, aber es ging nicht – ich hatte meine Krone im Mund.

Ich betete zum Schöpfer, mir Stärke und Mut zu verleihen. Ich tat es für meine Kinder, ich flehte den Schöpfer an, sich um meine Kinder, ihre Gesundheit und ihr Wohlergehen zu kümmern.

Dann fühlte ich, wie sie etwas anderes taten.

Sie schoben den Knochenspieß durch meine Wunde. Als Lessert die Stricke an ihm festband, fühlte ich etwas auf meiner linken Brustseite. Ich konzentrierte mich so sehr auf meine Gebete, daß es sich für mich anfühlte, als ob jemand mich am Arm zog. Ich bemerkte es kaum. Lessert war damit fertig, das Seil um meinen Knochenspieß zu binden, und er und sein Vater packten meine Arme. Les sagte: »Komm, steh auf. Du bist fertig.«

Ich wandte ein: »Warte eine Minute, Lessert. Ich möchte, daß beide Seiten durchbohrt werden.«

Er antwortete: »Das ist schon geschehen.«

Ich sah an mir herunter, und weißt du was? – Ich war auch auf der linken Seite durchbohrt. Doch ich hatte absolut nichts gespürt. Ich hatte nichts gespürt, weil meine Gebete an den Schöpfer mir den Mut und die Stärke gegeben hatten, das auszuhalten.

Als ich aufstand, fühlte ich die Schmerzen. Aber neben den Schmerzen fühlte ich auch die Nähe zum Schöpfer. Ich hatte das Gefühl, als weinte ich um all die Menschen, die meine Gebete nötig hatten. Ich betete, daß sie genug zu essen haben mögen. Ich betete für alle Menschen, die auf dieser Welt krank waren. Es ließ mir die Tränen in die Augen steigen. Die Tränen waren mir peinlich, denn ich fürchtete, die anderen Tänzer könnten denken, ich weinte vor Schmerz. Aber der Schmerz war nichts gegen das, was ich aus dieser heiligen Erfahrung gewann. Das andere Ende des Seils, das an den beiden Knochenspießen in meiner Brust befestigt war, hing am Heiligen Baum, in fast sieben Meter Höhe. Ich war an diesen Baum so sicher gebunden wie ein Kind mit der Nabelschnur an die Mutter. Der einzige Weg, von diesem Seil loszukommen, war, mir die Knochenspieße aus dem Fleisch zu reißen.

Lessert forderte mich auf, mich wieder zum Tanzen aufzustellen, wo immer ich wollte. Ich zog an meinem Seil und tanzte hinaus. Ich tanzte, weil sie immer noch trommelten und sangen. Es ging immer noch weiter. Ich werde diese Lieder nie vergessen. Sie sind so wunderschön, so besänftigend. Ich ging so weit hinaus, wie mein Seil reichte. Ich lehnte mich zurück, bis das Seil ganz straff gestreckt war und die Haut auf meiner Brust sich dehnte und spannte. Während ich zum Baum betete, konnte ich den Schmerz in der Brust spüren. Alle meine Freunde waren hergekommen und standen jetzt hinter mir und gaben mir Unterstützung, um diese Energie von mir zu bekommen. All diese Energie, die ich von der Sonne herunterholen würde, um uns zu helfen, um zu bewirken, daß unsere Gebete erhört würden.

Gedanken ungläubigen Staunens gingen mir durch den Kopf, ich konnte es nicht glauben, daß ich dies tatsächlich machte. Jedesmal, wenn ich mich in das Seil legte, fühlte ich heftige Schmerzen in der Brust. Sie wurden zu einem ständigen unbarmherzigen Brennen, das den ganzen Körper bis zu den Zehen durchströmte. Aber jedesmal, wenn ich auf die Knochenspieße blickte, die durch mein Fleisch geschoben waren, sah ich auch die Gesichter meiner Kinder. Ich wußte, ich tat das, damit sie beschützt würden, ich gab meinen Schmerz für sie. Aus diesem Grund hatte mich Großvater hierhergebracht.

Es war ein herrliches und spannungsvolles Gefühl. Die Energie war sehr stark und strahlend. Ich tanzte, und dann winkte mir Lessert mit seinem Fächer. Er rief mir *»Ho-ka!«* zu und deutete auf den Baum. »Geh zum Baum und bete.«

Ich ging zum Baum, kniete mich hin und legte meine Arme um ihn. Ich dachte an meine Mutter und meinen Vater. Ich bat *Tunkashila*, Großvater, über sie zu wachen. Dann tanzte ich zurück auf meinen Platz und legte mich wieder mit meinem Gewicht in das Seil.

Ein Tänzer neben mir flüsterte: »Zieh das Seil ganz fest zurück, zieh es stramm. Dehne dein Fleisch. Es wird dann leichter nachgeben, wenn du bereit bist, dich loszureißen.«

Steve tanzte vor mir mit seinem Adlerfächer und schaute mir in die Augen. Er begann, mal leichter, mal fester, auf mein Seil zu schlagen. Er versuchte mir zu helfen, meine Haut zu dehnen.

Ich lächelte ihm zu und sagte: »Wo-Pila. Danke, Steve.«

Jetzt wedelte mir Les wieder mit seinem Adlerfächer zu und schrie: »Ho-ka-hey.«

Da ging ich erneut zurück zum Baum und betete ein zweites Mal. Als ich den Baum umarmte, konnte ich die Wärme des Stoffes riechen, der um ihn gewickelt war. Der Baum fühlte sich weich an, denn so viele Leute hatten ihre Gebetstücher herumgebunden. Sie wollten, daß ihre Gebete erhört würden. Ich tanzte zu meinem Platz zurück.

Les schrie zum dritten Mal: »Ho-ka.«

Ich ging zum Baum und betete. Ich betete für jeden, der mir einfiel. Ich betete für die Menschen, die ich nicht kannte, ich betete für alle, die ich im nächsten Jahr kennenlernen würde. Es gibt so vieles, für das man beten kann. So viele Menschen brauchen Gebete. Es kann einem schwindlig werden, wenn man versucht, sich an die Namen all der Menschen oder sich überhaupt an all jene zu erinnern, die deine Gebete brauchen, damit sie geheilt werden.

Schließlich rief er »Ho-ka« zum vierten und letzten Mal.

Ich tanzte zurück zum Heiligen Baum. Wieder umarmte ich ihn. Ich wußte, wenn ich ihn jetzt verließ, würde ich mich von ihm losreißen. Es würde wie die Trennung von meiner Mutter sein, wie das Durchschneiden der Nabelschnur. Ich würde frei sein. Ich betete um den Mut, mich schon beim ersten Versuch ganz loszureißen.

Lessert kam zu mir und riet mir: »Wenn du dieses Mal am Seil ziehst, dann ziehe schnell und so fest wie möglich. Du mußt dich losreißen. Der einzige Weg, wie du von diesem Seil loskommen kannst, ist, dir das Fleisch durchzureißen. Deshalb laufe schnell zurück. Hab keine Angst, die anderen werden dich auffangen.«

Ich betete zu Großvater: »Es ist soweit. Du hast mich so weit kommen lassen, laß mich jetzt nicht im Stich. Gib mir den Mut, diese Zeremonie des Durchbohrens, das Piercing, wie ein Mann zu beenden, wie ein echter Krieger.«

Nach den letzten Worten meines Gebetes begann ich loszurennen.

Ich rannte nach hinten, immer weiter zurück. Ich schaute auf den Baum und sprach im stillen: »Großvater, bitte gib mir die Kraft.«

Ich rannte schneller und schneller und schneller.

Ich erreichte das Ende des Seils.

Ich hörte, wie mein Fleisch einriß, aufriß und durchriß.

Ich sah das Seil in den Baum hinaufschleudern.

Dort hing es für eine Sekunde, dann fiel es herab.

Während dies geschah, fiel ich nach hinten.

Ich hatte mich losgerissen.

Es war erstaunlich, wie fest das Fleisch war. Es war

nicht mühelos gerissen. Ich hatte meine ganze Kraft und mein ganzes Gewicht einsetzen müssen, um loszukommen. Steve und ein paar andere Sonnentänzer fingen mich auf, als ich fiel.

Ich war so glücklich, daß ich einen Freudenschrei ausstieß. Ich hüpfte auf und ab. Ich hatte nun vollbracht, was mir die Vision bei jenem Sonnentanz der Schoschonen vor so langer Zeit vor Augen geführt hatte. Ich war jetzt auf dem Höhepunkt meines spirituellen Seins. Ich sprühte vor Energie. Diese Energie traf auch viele Leute um mich herum. Sie gewannen viel dadurch, das fühlte ich, denn ich glühte vor Energie. Ich hatte die Sonnenmacht auf mich heruntergeholt und auf all die Menschen, die gekommen waren, um mich zu unterstützen.

Steve packte mich an meinem Armband und brachte mich auf die andere Seite des Arbors zu der Stelle, wo ich begonnen hatte. Alle Sonnentänzer, an denen ich vorbeikam, klopften mir auf die Schulter. Die meisten hatten sich früher schon mal durchbohren lassen und wußten um den Schmerz, das Glück und das jubilierende Gefühl, die damit verbunden waren. Alle oder zumindest die meisten würden sich noch durchbohren lassen, bevor das Wochenende um war.

Ich fühlte mich über allem schweben, als hätte ich die höchste Stufe der menschlichen Spiritualität erreicht. Doch später fand ich heraus, daß ich mich geirrt hatte. Es gab noch Steigerungen.

Nach einigen weiteren Sonnentänzen stellte ich fest, daß dies nicht die letzte Stufe war. Es gab noch andere Höhen zu erfahren, neue Höhen des Gewahrseins, die im Kreis des Sonnentanzes erreicht werden konnten, und auch in anderen Kreisen. Dies war erst der Anfang meiner Reise.

Am Abend des Samstags beendeten wir diesen Sonnentanztag. Nachdem wir den Arbor verlassen hatten, ging ich herum und besuchte die anderen in den anderen Lagern und trug meine Narben wie Ehrenabzeichen. Das wird nicht als Angeberei angesehen, sondern als Zeichen einer ehrenhaften Aufgabe, die wir erfüllt hatten: das Durchbohren unseres Körpers, mit dem wir unseren Schmerz, unser Blut und unser Fleisch opfern, damit es anderen bessergeht.

Am Samstagabend dankte ich Norbert Running, dem Sonnentanzhäuptling, und erzählte ihm, daß ich gern noch geblieben wäre, aber nach Oklahoma zurückmüßte. Ich hätte meine Familie unversorgt zurückgelassen und ohne Geld, und ich würde den ganzen Sonntag für die Rückfahrt brauchen.

Er meinte: »Du bist gekommen, du hast getanzt, du hast dich durchbohren lassen, und du mußt jetzt gehen. Jeder versteht das, auch der Schöpfer. Du bist Ihm gegenüber eine Verpflichtung eingegangen, nicht mir gegenüber.«

Als ich am Sonntagabend nach Hause kam, war meine Frau etwas ärgerlich, weil ich mich hatte durchbohren lassen. Ich wußte, daß es sie beunruhigte, aber sie machte keine große Sache daraus, und ich war ihr dankbar dafür. Sie wußte, daß ich etwas getan hatte, was für mich von großer Bedeutung war, und daß ich damit anderen helfen wollte. Ich kannte so viele Leute, die Gebete nötig hatten – meine Eltern, meine Schwestern und mein Bruder.

Es schien, als habe der Schöpfer aus meiner Familie mich als Sonnentänzer ausgewählt. Ich fühlte mich geehrt. Darum hatte ich das Bedürfnis dabeizusein, und meine Frau schien das zu verstehen.

Der Norden – die Farbe Rot
»Kalte Winde«

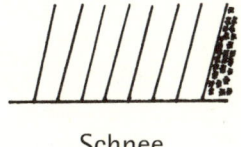

Schnee

Im Januar verließ ich Oklahoma, um an einer Ausstellung in Santa Monica teilzunehmen. Ich traf einige Sonnentänzer und verbrachte schließlich eine
Menge Zeit damit, meine Handarbeiten zu verkaufen, da wir das Geld dringend brauchten. Und den
Winter über war Kalifornien der einzige Ort, wo
man indianisches Kunstgewerbe ganz gut verkaufen
konnte.

Während dieser Zeit fertigte meine Frau zu Hause
weitere kunsthandwerkliche Dinge an, und auch ich
arbeitete in Kalifornien an neuen Gegenständen. Mit
den Sachen, die sie mir schickte, konnte ich genug
verkaufen, um regelmäßig Geld nach Hause zu überweisen. Mitte Mai beschloß meine Frau, daß sie jetzt
genug von dieser Art Leben hatte.

Einmal telefonierte ich mit ihr, und wir sprachen
darüber, was alles so passiert war. Unser Gespräch
war ein bißchen angespannt, aber ich hatte nicht
den Eindruck, daß irgend etwas Besonderes war. Sie
wollte, daß wir uns einen Wohnwagen kauften, und

ich sagte nein. Dann meinte sie: »Mehr habe ich nicht zu sagen. Ich werde später mit dir sprechen. Ich hab dich lieb.«

Ich antwortete ihr nicht, sondern hängte einfach auf.

Am nächsten Morgen erhielt ich einen Expreßbrief von meiner Frau. Sie teilte mir mit, ich könne mir die Mühe sparen zurückzukommen. Sie wolle mich nicht länger verletzen. Sie schrieb: »Mit diesem Leben ist jetzt Schluß. Ich habe es satt, nur eine Telefon-Ehefrau zu sein.«

Ich war wie gelähmt. Ich konnte nicht glauben, was ich da las. Nach fünfzehn Jahren Ehe hätte ich so etwas nie erwartet. Abgesehen von unserem gestrigen Gespräch schien alles in Ordnung gewesen zu sein.

Am meisten schmerzte mich der Gedanke, aus dem Leben meiner Kinder ausgeschlossen zu werden.

Dennoch konnte ich ihr das nicht übelnehmen. Nachdem ich schon so lange von ihr und den Kindern getrennt war, hatte ich einen Punkt erreicht, an dem ich sie alle nicht mehr so stark vermißte wie früher. Das erschreckte mich. Es war fast so, als hätten sie aufgehört, mir etwas zu bedeuten.

Ich begann zu Großvater zu beten. »Großvater, was geschieht mit mir? Ich hatte auf ein besseres Leben gehofft. Deshalb habe ich mit dem Sonnentanz begonnen.«

Die Erkenntnis, was mir da widerfuhr, traf mich hart. Erst gab ich mir die Schuld, dann war ich voller Wut auf meine Frau. Dann machte ich mir wieder Vorwürfe. Mein seelischer Zustand verschlechterte sich.

Voller Kummer, Reue und sogar Bitterkeit fühlte ich mich im Stich gelassen.

Wenn ich zu beten versuchte, fühlte ich, daß sogar Großvater mich verlassen hatte. Wenn du dich mit solchen Gedanken und Vorwürfen herumschlägst, glaubst du nicht mehr daran, daß du Großvaters Hilfe wert bist. Dann versuchte ich mir eine Zeitlang einzureden, daß dies vielleicht eine positive Entwicklung sei. Vielleicht sollte ich wieder frei sein. In dieser Zeit begann ich zu trinken. Ich trank, um den Schmerz zu betäuben.

Wenn mir der Schnaps ausging, fühlte ich wieder den Schmerz über den Verlust meiner Kinder. Tief verletzt trank ich ungefähr einen Monat lang. Ich war so wütend auf diese Frau, die mir das angetan hatte. Ich hatte ihr vollkommen vertraut und nie etwas in Frage gestellt, was sie getan hatte. Jetzt forderte sie mich plötzlich auf, nicht mehr nach Hause zu kommen.

Die ganze Zeit über zog ich ruhelos von einem Ort zum anderen, von Powwow zu Powwow. Einmal nahm ich auf einem Powwow im kalifornischen Cupertino an einem Tanzwettbewerb teil. In der Arena aber konnte ich mich wegen meines seelischen Zustandes nicht aufs Tanzen konzentrieren. Das Lied war ein »Pirsch-Gesang«, ein besonderes Lied für Jäger oder Krieger.

Ich merkte nicht, daß ich in die falsche Richtung für dieses Lied tanzte, bis sich einer der Tänzer unauffällig in meine Nähe bewegte und mir zuflüsterte, daß es ein »Pirsch-Gesang« sei. Beschämt drehte ich mich um und verließ die Arena. Tom, der Zeremonienmeister, der auch mein Freund war, versuchte mich zu entschuldigen mit der Begründung: »Manchmal machen wir alten Hasen bei so vielen Powwows mit, daß wir ein Lied nicht mehr vom anderen unterscheiden können.« Er wußte, was ich durchmachte. Alle wußten es, und sie versuchten mir zu helfen.

Ich ging nach draußen und blickte in die Ferne. Ich wußte nicht, daß mich jemand dabei fotografierte. (Es ist das Bild, das auf dem Umschlag des Buches zu sehen ist.) Die Frau, die es aufnahm, wollte diesen Augenblick festhalten. Sie erzählte es mir später und bat um meine Erlaubnis. Damals war ich sehr wütend darüber, daß sie in meine Privatsphäre eingebrochen war. Wenn ich es heute anschaue und mir den Ausdruck auf meinem Gesicht ansehe, scheint das Bild alles auszudrücken. In diesem Augenblick hatte meine Seele ihren Halt verloren. Der Schöpfer hatte beschlossen, mir all das zu nehmen, was mir am Herzen lag: meine Familie.

Der Kummer und die Verzweiflung, die ich fühlte, waren schwer zu ertragen, und dann wurde mir klar, daß der Sonnentanz jetzt alles war, was mir blieb. Der Schöpfer wollte mich darauf hinweisen, daß ich meine Stärke aus meiner Spiritualität schöpfen sollte. Der Schmerz würde mit der Zeit vergehen, aber den Sonnentanz, meine spirituelle Quelle, würde es immer geben.

Danach fragte ich mich immer noch, was ich verbrochen hatte. Warum stieß mir das zu? Ich machte mir während des ganzen Monats, den ich trank, endlose Vorwürfe.

Doch dann wachte ich eines Morgens auf. Ich war auf einem Campingplatz in Monterey. Ich drehte mich um, setzte mich auf, griff nach der Bierflasche und nahm einen Schluck. Dann hielt ich inne, blickte auf die Flasche und auf das Chaos, das mein Bett sein sollte. Ich sah die Tasche, aus der meine schmutzige Wäsche quoll. Ich schaute mich an und was aus mir in nur einem Monat geworden war. Und was ich sah, gefiel mir überhaupt nicht.

Dann fragte ich mich: »Was in aller Welt tust du hier? Du trinkst Bier zum Frühstück? Das ist absurd. Noch nie in deinem Leben hast du so früh schon Alkohol getrunken. Warum jetzt?«

Ich durchsuchte meine Taschen und fand nur drei Dollar. Dann überprüfte ich die Kiste mit meinen Waren. Sie war leer. Da saß ich also, so gut wie pleite, ohne Essen, ohne Waren und ohne Aussichten. Und wieder ging es mir durch den Kopf: Mein Gott, was tat ich mir an?

Ich stand auf, nahm eine Dusche und rasierte mich. Danach fühlte ich mich besser als seit Wochen. Ich verließ den Campingplatz und hielt vor einem großen Eisenwaren- und Handwerksladen an.

Da ich kein Geld hatte, war die einzige Möglichkeit für mich, wieder von vorne anzufangen, das Material zu stehlen. Es fiel mir nicht leicht, daß ich erwägen mußte, die Dinge zu stehlen, die ich brauchte, um wieder Geld verdienen zu können. Ironischerweise brauchte ich diese Dinge, um eines unserer spirituellen Symbole zu fertigen, das Medizinrad.

Ich atmete tief durch und beschloß, daß ich vor allem anderen überleben mußte. Und dies war der ein-

zige Weg, den ich kannte. Ich bat um Vergebung.
Dann ging ich hinein und suchte das größte Stück
Chamois-Leder, das sie hatten. Es war glattes, wei-
ches und schmiegsames Leder. Ich ging lange Zeit
im Laden herum, bis ich es schließlich unter mein
Hemd schob. Ich bezahlte für die anderen Dinge, die
ich ausgesucht hatte, was nicht einmal einen Dollar
ausmachte, und verließ den Laden.
Ich bin so etwas nicht gewöhnt. Ich hatte große
Angst – Angst, daß man mich anhalten könnte, daß
ich erwischt werden und ins Gefängnis geworfen
werden könnte für dieses kleine Stück Chamois-Leder. Aber ich brauchte das Leder so dringend, um
das Medizinrad zu fertigen. Ich brauchte etwas, was
ich verkaufen konnte, um mir Essen und Benzin zu
kaufen, damit ich wenigstens wieder auf die Füße
kam.
Ich war ganz unten angekommen.
Ich wußte nicht, was ich tun sollte. Ich hatte nicht
einmal genug Geld, um die nächste Nacht auf dem
Campingplatz zu schlafen, also stellte ich das Auto
auf einem Parkplatz ab. Es war nicht allzu weit entfernt von dem Laden, wo ich das Stück Chamois-Leder genommen oder sollte ich eher sagen gestohlen
hatte.
Ich schnitt das Leder in Streifen und wickelte sie um
die Holzreifen, die ich für das Medizinrad nahm. Die
Geister waren bei mir. Auch der Schöpfer war mir
nahe in dieser Zeit der Not.
Alles ging mir leicht und zügig von der Hand, und
die Räder wurden wunderschön. Ich hatte sie in Re-
kordzeit fertig. Dann fuhr ich nach Pacific Grove zu

152

einem Laden, den ich kannte, und zeigte der Ei-
gentümerin meine Medizinräder. Die Frau sagte:
»Oh, mein Gott, Sie haben Medizinräder? In den
letzten Wochen hatte ich viele Nachfragen. Ich
nehme alle sechs, und ich brauche noch mehr. Wie
viele können Sie mir machen?«
»So viele Sie wollen«, erwiderte ich.
»Machen Sie mir noch weitere dreißig, dann habe
ich sechsunddreißig, und mit diesen drei Dutzend
werde ich den größten Teil des Sommers auskommen«, rechnete sie.
»Könnte ich vielleicht für die Bestellung einen kleinen Vorschuß bekommen?« bat ich. »Ich muß das
Leder und das andere Zubehör dafür kaufen.«
»Selbstverständlich«, antwortete sie mir sofort. »Ich
gebe Ihnen die Hälfte dessen, was meine Bestellung
ausmacht. Ist das in Ordnung?«
Ich rechnete nach. Das Geld für die sechs Medizinräder plus der Vorschuß für die anderen dreißig
verbesserten meine finanzielle Lage entscheidend.
Ich war glücklich. Nun sah alles schon viel besser
aus.
Ich bestellte mir ein ausgiebiges Frühstück, und
dann kehrte ich zu dem Laden zurück, in dem ich
das Leder gestohlen hatte. Ich hatte Angst davor,
zum Geschäftsführer zu gehen und ihm zu beichten,
was ich getan hatte, denn vor lauter Schuldgefühlen
fühlte ich mich schrecklich. Auch dachte ich, daß sie
mich vielleicht doch noch ins Gefängnis werfen lassen würden.
Statt alles zu gestehen, ging ich in den Laden und
kaufte alle Vorräte, die ich brauchte. Ich wollte es

gerne wiedergutmachen oder mich auf irgendeine Weise entschuldigen, deshalb kaufte ich mehr als notwendig war, um die anderen Medizinräder herzustellen. Danach fühlte ich mich etwas besser, aber bis zum heutigen Tag habe ich immer noch ein schlechtes Gewissen und kann die Geschichte nicht vergessen. Seit damals bin ich noch zweimal in diesem Laden gewesen, und jedesmal habe ich mehr gekauft, als ich gebraucht hätte. Im ganzen gesehen hat mich dieses Stück Chamois wegen meiner Schuldgefühle eine ganze Menge gekostet.

Der Schöpfer muß mir wohl vergeben haben, denn mein Leben hat sich wieder normalisiert. Ich habe nie einem anderen die Schuld gegeben für meine Handlungen oder für die Lage, in der ich mich fand.

Ich führte die Bestellung aus, und das brachte mir mehr als genug Geld. Erst tankte ich das Auto voll, kaufte mehr Vorräte (Leder, Perlen, Federn) und kehrte auf den Campingplatz zurück. Ich stellte Schilde, Medizinräder und Lederhalsbänder her. Innerhalb weniger Wochen war ich wieder auf die Füße gekommen. Langsam vergaß ich auch den Schmerz, oder zumindest hatte er sich verringert. Ich kam mit mir selbst wieder besser zurecht. Ich konnte mit meinem Kummer wieder etwas besser umgehen.

Und so fuhr ich in Richtung Süden nach Los Angeles, von dort aus weiter nach Torrance, um meinen Stammesbruder Wolfhawk zu besuchen. Während wir beim Abendessen saßen, kamen wir auf die Veränderungen in meinem Leben zu sprechen.

»Wolfhawk«, sagte ich, »ich habe keine Ahnung, was ich falsch gemacht habe. Ich weiß nicht, wo ich mich falsch verhalten und alles kaputtgemacht habe.«

»Manny«, antwortete er, »laß mich dir eines sagen. Ich habe gesehen, wie du Stunden um Stunden gearbeitet hast, und immer hast du das Wohlergehen deiner Familie über deine eigene Bequemlichkeit gestellt. Ich weiß, daß du immer Geld nach Hause geschickt hast, immer und immer wieder.«

»Nicht du hast alles kaputtgemacht«, fuhr er fort, »sie war es. Mann, es ist nicht dein Fehler. Ich habe mich schon gefragt, wie lange du brauchst, bis du das merkst. Offensichtlich wolltest du das bis jetzt nicht sehen. Deshalb ist es meine Aufgabe, dir das klarzumachen, daß nicht du es warst, der alles kaputtgemacht hat, sondern sie.«

Dann sagte er: »Finde dich damit ab. Schicke den Kindern Geld. Nutze jede Gelegenheit, um ihnen zu sagen, daß du sie liebst. Schreibe ihnen an den Geburtstagen, zu Weihnachten, an Ostern. Schicke ihnen eine Karte, leg zwanzig, dreißig oder wenn du kannst hundert Dollar dazu. Vergiß nie, ihnen zu sagen, daß du sie liebst, damit sie dich nicht vergessen.«

Ich lernte, einen alten/neuen Gegenstand herzustellen, der »Traumfänger« genannt wird. (Mit alt/neu meine ich, daß es dabei um eine alte Glaubensvorstellung oder Überlieferung geht, die, nachdem sie viele Jahre lang ins Vergessen geraten war, wieder sehr beliebt wurde.) Viele Menschen sind damit vertraut, wie Traumfänger dabei helfen können, unangenehme Träume und Alpträume zu überwinden.

Vor langer Zeit wurden diese Traumfänger nur vom

Medizinmann des Stammes gefertigt. Man rief ihn, wenn jemand Probleme mit dem Einschlafen oder mit Alpträumen hatte. Der Medizinmann befragte dann die Geistwesen, und anschließend machte er für den Betroffenen einen Traumfänger. Beim Anfertigen jedes Traumfängers sprach er viele Gebete und führte eine heilige Zeremonie durch, und man hielt es für ausgesprochen schädliche Medizin für jemanden, einen Traumfänger aus einem anderen Grund oder auf andere Weise anzufertigen.

Alles begann mit meinem Entschluß, mir selbst zu erarbeiten, wie man einen herstellte. Als ich den ersten fertig hatte und ein paar meiner Freunde ihn sahen, lachten sie darüber: »Der bringt einem ja Alpträume statt gute Träume.«

Ich dachte, er wäre ganz gut geworden, aber ich konnte den richtigen Dreh nicht rausbekommen. Ich zerbrach mir den Kopf, wie das gehen könnte.

Auf einem Powwow in Fresno, Kalifornien, lief mir eine gute Freundin aus Bakersfield über den Weg, eine wundervolle nette Frau. Ihr Name war *Wia Chanupa,* was »Pfeifen-Frau« bedeutet. Sie warf einen Blick auf meinen Traumfänger und meinte: »Mein Gott, Manny, das schaut ja furchtbar aus. Das würde ich keinem zeigen!«

Wia zeigte mir, daß ich nur einen kleinen Schritt ausgelassen hatte, und nachdem sie mir gezeigt hatte, wie es richtig war, begann ich eifrig weitere Traumfänger herzustellen.

Diesen ersten, den ich gemacht hatte, habe ich nicht mehr überarbeitet, aber offensichtlich hatte das keine Bedeutung. Ich war wieder bei einem

Powwow, als eine Frau auf der anderen Seite der Arena diesen Traumfänger sah und zu mir herüberrannte. Sie rief: »Ich möchte diesen Traumfänger kaufen.«

»Nun, er kostet sechzig Dollar.«

»Das ist in Ordnung. Ich nehme ihn.«

Nachdem sie mich bezahlt hatte, meinte sie: »Ich hätte ihn auch gekauft, wenn er hundertfünfzig Dollar gekostet hätte.«

»Nun, ich möchte Ihnen nichts abschlagen«, grinste ich.

»Nein, nein, das ist schon gut so. Sechzig Dollar sind in Ordnung.«

Manchmal saß ich eine Woche lang in meinem Van direkt am Strand und machte Traumfänger. Es war wirklich hart, Stunden um Stunden so allein dazusitzen und zu arbeiten. Aber es gab mir Zeit zum Nachdenken. Manchmal dachte ich, meine Brust würde mir zerspringen, so sehr vermißte ich meine Kinder.

Wenn meine Gedanken zu schmerzhaft wurden, stieg ich aus dem Auto und fuhr mit dem Fahrrad den Redondo Beach auf und ab – nur um unter Leuten zu sein –, bis ich zu müde war, um überhaupt noch an etwas denken zu können.

Nicht lange danach traf ich oben in San Juan Bautista vier Freunde, Jesse, Sonny, Lonnie und Marty. Sie waren auf dem Weg zu ihrem ersten Sonnentanz.

»Wißt ihr, Jungs«, erzählte ich ihnen, »das ist eine ziemlich mühevolle und harte Herausforderung, und ich bin jetzt schon ein alter Hase. Ich war sogar bei einem Lakota-Sonnentanz, und an jenem anderen Veranstaltungsort habe ich mir schon vier an meinen Skalp-Gürtel hängen können, also bin ich im Sonnentanzkreis schon ein richtiger Profi. Deshalb werde ich einen Tag vor Beginn dorthin kommen, um euch zu unterstützen, wenn ihr in den Arbor geht. Und am Mittwochabend werde ich bereitstehen, euch mit jedem Rat zu helfen, den ich euch geben kann.«

Sie dankten mir einstimmig und sagten, sie hofften, ich würde es schaffen, dorthin zu kommen.

Ich fuhr nach South Dakota und kam an dem Tag an, an dem sie mit dem Lakota-Sonnentanz beginnen wollten. Ungefähr um sieben Uhr abends fuhr ich auf das Gelände. Die Jungs saßen im Tipi und waren wirklich sehr froh, als sie mich sahen. Sie waren genauso unruhig und ängstlich, wie ich es bei meinem ersten Mal gewesen war.

Wir saßen zusammen und unterhielten uns bis weit nach Mitternacht. Schließlich war es höchste Zeit, ins Bett zu gehen, und so verließ ich sie und ging schlafen.

Als sie am Morgen in ihren ersten Sonnentanz gingen, ermutigte ich sie und wünschte ihnen viel Glück. Es war mir wichtig, in diesem Augenblick dabeizusein, denn ich war bei meinem ersten Sonnentanz, an dem ich mich durchbohren ließ, allein gewesen. Und ich war froh, daß sie zu mehreren waren und sich gegenseitig Zuspruch spenden konnten. Ich hatte das Gefühl, meine Aufgabe erfüllt zu haben, indem ich mein Wort gehalten hatte, dort zu sein, und ich war stolz auf sie alle. Sie alle tanzten, und drei von ihnen ließen sich an diesem ersten Tag durchbohren.

Nur Marty ließ sich nicht durchbohren, denn er hatte sich Großvater gegenüber nicht dazu verpflichtet. Eigentlich denke ich, es ist vielleicht auch besser, wenn er es niemals tut. Er war in Vietnam als Fallschirmspringer und wurde im Kampf schwer verwundet. Ich glaube, er hat schon genug Schmerz, Fleisch und Blut für uns alle gegeben. Er ist ein guter Krieger und ein guter »Neffe«.

Kurz nach der Zeremonie des Durchbohrens, dem Piercing, verabschiedete ich mich und fuhr wieder ab.

Ich hatte noch einen anderen Sonnentanzbruder, Lionel, der drüben in Porcupine, in der Pineridge Reservation in South Dakota, in seinen ersten Sonnentanz gehen wollte. Ich hatte versprochen, ihm bei der Vorbereitung auf seine *Hanblecheya*-Visionssuche und seinen Sonnentanz beizustehen.

Als ich dort ankam, war das Wetter heiß und feucht. Lionel und ich schüttelten uns die Hände und umarmten uns. Er forderte mich auf, mich zu setzen, und fragte, ob ich etwas trinken wolle. Er hatte sein Zelt direkt unter einem hübschen schattigen Baum aufgeschlagen und war schon seit ein paar Tagen dort, in denen der Arbor für den Sonnentanz vorbereitet wurde.

Ich blieb noch für einen Moment stehen, um mir etwas die Beine zu vertreten und mich umzuschauen. Als ich nach Osten blickte, blieb mir der Atem weg. Das Land und die hohen weißen Sandsteinfelsen waren von überwältigender Schönheit. Das Grün

des Grases ließ die Konturen der Felsen deutlich her-
vortreten. In das prachtvolle, satte Grün mischten
sich die weichen, staubigen, blaugrauen Stengel des
Medizin-Salbeis. Die Farben gaben diesem Ort eine
mystisch anmutende Schönheit.

Der Sonnentanz-Arbor lag in einem hübschen, ab-
gelegenen Gebiet, das jedes Jahr gemäht und ge-
harkt wurde, so daß es einen ordentlichen Lagerplatz für die Menschen abgab, die zum Sonnentanz
kamen. Da es dort weder Strom noch fließendes
Wasser gab, waren die einzigen Bequemlichkeiten
jene, die man sich selbst mitbrachte.

Ich bemerkte, daß Lionel etwas nervös und angespannt war. Es sollte sein erster Sonnentanz sein,
und so freute er sich sehr, daß ich da war, ein freund-
liches vertrautes Gesicht aus seiner Heimat.

Den Nachmittag über unterhielten wir uns, tranken
Kaffee und sprachen über gemeinsame Freunde. Ich
erzählte ihm von Sonny, Jesse, Lonnie und Marty,
mit denen er befreundet war. Es war für ihn ermuti-
gend, daß Freunde von ihm auch ihr erstes Piercing
durchgemacht hatten.

Nach dem Essen half ich ihm dabei, seine Krone und
die Bänder für seine Handgelenke und Fußknöchel
anzufertigen. Wir machten auch ein paar Tabak-
päckchen, die wir in den Heiligen Baum hängen
wollten. Dann half ich ihm bei der Vorbereitung seiner Fahnen und des Altars für seine *Chanupa,* seine
Pfeife.

An diesem Abend tranken wir noch spätabends unseren Kaffee. Inzwischen hatten wir uns alles Wis-
senswerte erzählt, und so saßen wir in minutenlan-

gem Schweigen und legten immer wieder kleine Stöckchen im Lagerfeuer nach. Ab und zu blieben andere bei uns stehen, unterhielten sich ein bißchen mit uns und gingen dann wieder weiter. Es war wunderbar, einfach nur so dazusitzen und sich entspannen zu können nach der langen Fahrt.

Der Tradition gemäß machte ich mich auf die Suche nach David, dem Sonnentanzhäuptling, um ihm etwas Tabak zu bringen. Ich fand ihn hinter Lionels Zelt, kaffeetrinkend und im Gespräch mit Al und Bernice, zwei der Ältesten, die auch ein Ehepaar waren. Als ihm klar wurde, daß ich etwas sehr Wichtiges mit ihm besprechen wollte, stand er auf, und wir entfernten uns etwas von den anderen. Ich erzählte ihm, was mit meiner Familie passiert war, wie sehr es mich schmerzte und daß ich meine Kinder schrecklich vermißte.

Er gab mir wichtige Ratschläge. Seine Worte ließen mich erkennen, daß es vielleicht einen Grund dafür gab, daß mir das passiert war, aber ich möchte das nicht im einzelnen ausführen. Ich achtete seinen Rat und folgte ihm.

Dann sagte er: »Du kannst jetzt nur eines für deine Kinder tun, für sie beten. Bete, daß sie vielleicht eines Tages zu dir zurückkehren. Wenn sie älter werden, werden sie nach ihrem Vater verlangen. Sie werden wissen wollen, wo du bist. Sie werden bei dir sein wollen. In der Zwischenzeit bete für sie und bete mit aller Kraft. Und das wichtigste dabei ist, daß du für deine Frau um Vergebung bittest.«

Dann fuhr er fort: »Ich glaube nicht, daß es ihre Schuld war. Die Lebensumstände haben euch aus-

161

einander getrieben, und durch die Gebete wird sie es sich vielleicht anders überlegen.«

»Nein«, antwortete ich, »dafür habe ich zuviel Stolz. Für mich ist es vorbei.«

Es entstand eine lange Pause. Wir waren beide stehengeblieben. Er stand eine lange Zeit schweigend da. Ich stand da und wartete. Schließlich, als habe er von den Geistwesen Bestätigung erhalten, nickte er mit dem Kopf.

Als wir wieder zum Lager zurückgingen, meinte er: »Nun, wenn es vorbei ist, dann mußt du stark sein und den besten Weg wählen, der dir offensteht, und das ist der Sonnentanz. Bist du gekommen, um zu tanzen?«

»Ich bin hergekommen, um Lionel zu besuchen und ihn zu unterstützen.«

»*Washtelo,* gut«, antwortete er. »Fühl dich wie zu Hause. Du bist hier immer willkommen.«

Seine Kraft war ruhig und bescheiden, und dennoch so machtvoll. In kurzer Zeit lernte ich diesen Mann zu respektieren, und er ist es, dem ich heute in den Sonnentanz folge. Er besitzt jene Energie, nach der die anderen streben. Er hat seine Spiritualität ganz natürlich entwickeln können, da er zu einem Volk gehört, dessen ganze Existenz auf seinen tiefen spirituellen Überzeugungen ruht.

Nach unserem Gespräch kehrten wir zum Lager zurück, um mit drei anderen jungen Männern Kaffee zu trinken, die mich sehr beeindruckten: Bo, Marvin und Tony. Bo war einer der Sonnentanzführer von David Swallow. Er war auch der Sohn von Pansy, der Sonnentanzführerin der Frauen. Marvin und Tony waren mit den beiden Töchtern von Al und Bernice verheiratet. Sie waren Sonnentänzer, Trommler und Sänger und sehr höfliche junge Männer.

Ich verbrachte dort sieben wundervolle Tage. Ich bot an, nach Rapid City zu fahren und dort ein paar Dinge zu holen, die wir brauchten. Die Zeit verging, manchmal langsam, manchmal schnell, aber immer war es heiß. Jeder Abend wurde mit dankbarer Erleichterung erwartet, da es dann immer abkühlte.

David brachte Lionel in die Berge zu seiner Visionssuche – einer der Wege, Führung für sein spirituelles Leben zu erhalten. Das war vier Tage vor Beginn des Sonnentanzes.

Bevor er losging, sagte ich zu ihm: »Bruder, wenn du spirituell etwas brauchst, laß es mich wissen. Ich stimme mich auf deine Energie ein. Sende eine Botschaft, wenn ich dir helfen soll, und ich werde bei dir sein.«

Ungefähr um zwei Uhr nachts spürte ich, wie etwas die Seite meines Vans traf. Es irritierte mich, und ich wachte sofort auf. Dann kam noch ein dumpfer Schlag, diesmal lauter und weiter entfernt von mir, eher im Bereich der Motorhaube. Und dann ein dreimaliges Klopfen auf meiner vorderen Stoßstange. Dieses Geräusch wanderte weiter bis zur Fahrerseite, und als es auf meiner Höhe war, hielt es an. Ich sprang hoch und schaute mich um.

Ich dachte erst, daß mir vielleicht jemand einen Schrecken einjagen wollte oder sich einen Spaß mit mir machte. Ich schaute hinaus, aber dort war niemand. Es war zwar dunkel, aber der Mond gab genug Licht, um zu erkennen, daß da draußen keiner war.

Ich überlegte. »Was kann das sein?« Ich mußte hart schlucken, als ich begriff. »Mein Gott, mein Bruder Lionel ist in Schwierigkeiten. Er bittet mich um Hilfe.«

Also suchte ich nach meiner Räuchermuschel und nahm ein großes Stück Medizin-Salbei. Nachdem ich mein Feuerzeug gefunden hatte, entzündete ich den Salbei, stieg aus meinem Auto und betete: »Großvater, bitte hilf diesen dreien.«

Es waren drei Leute zur Visionssuche in die Berge gegangen, deshalb bat ich für alle drei um Hilfe. Es konnte ja auch einer der anderen sein, der mich um Hilfe bat. Ich weiß nicht mehr, was ich genau sagte, aber ich erinnere mich, daß ich sehr intensiv betete, daß sie den Mut und die Stärke haben mögen, ihr *»Hanblecheya«* – das Lakota-Wort für die Visionssuche – durchzustehen.

»Hilf diesen Kriegern, diese Nacht unbeschadet zu überstehen. Hilf ihnen, Führung und Rat zu finden«, bat ich Großvater. Ich wußte, daß einer von ihnen in Schwierigkeiten war, und hatte Angst, es könnte mein Bruder Lionel sein.

Plötzlich hörte ich weit im Osten, daß David zu trommeln und zu singen begonnen hatte. Offensichtlich wußte auch er, daß jemand Hilfe brauchte. Seine Stimme und sein Trommeln waren von eindringlicher Schönheit. Gedämpft durch die Entfernung, erschien der Klang wie eine Stimme aus der Vergangenheit.

Zwei Tage später, als sie von ihrer Visionssuche zurückkamen, erfuhren wir, wer uns gerufen hatte.

Ich war gerade mit dem Essen fertig geworden und
trank genüßlich meinen Kaffee. David machte sich
auf, um die drei Männer von ihrer Visionssuche abzuholen. Sie waren zwei Tage und zwei Nächte dort
oben gewesen. Außer Lionel waren noch hinausge-
gangen: ein Weißer aus Nebraska, Thomas, der andere war ein Lakota aus Pineridge. Letzterer war es,
der die Probleme gehabt hatte. Er bekam plötzlich
Angst und begann zu halluzinieren. Er dachte, alle
hätten ihn vergessen, deshalb war er vom Berg heruntergekommen.

Er fragte mich, wo die anderen seien, und ich erzählte ihm, daß David in die Berge gegangen sei, um
ihn zu holen. Es war ihm sehr peinlich, und er versuchte mir nervös zu erklären, warum er zurückgekommen war. Damals war mir das nicht klar, aber
selbst ich hätte seine Gegenwart nicht bemerken
dürfen, denn damit wird die spirituelle Energie des
Hanblecheya zerstört.

Dieses Erlebnis gab mir zu denken. *Hanblecheya* ist
eine schwierige Prüfung, aber dennoch würden ihn
viele Menschen hart verurteilen. Ich glaube, diese
Sache machte mir klar, wie ernst diese Dinge sind.
Das alles ist sehr heilig: das *Hanblecheya,* das *Inipi,*
der Sonnentanz. Und es hat für uns große Bedeutung, deshalb sollte es niemals von jemandem auf
die leichte Schulter genommen werden.

Wenn sich einer vom Ort seines *Hanblecheya* allein
entfernt, begeht er ein furchtbares Sakrileg. Verläßt
ein Mensch, der auf Visionssuche ist, diesen Ort

ohne die spirituellen Führer, die ihn dort hinaufgebracht haben, wird das als sehr schädliche Medizin für ihn und seine Familie angesehen. Es ist eine Mißachtung des Großen Geistes und dieser Zeremonie. Und nicht nur das, es ist auch sehr peinlich für seine Verwandten und für alle, die zu dieser Person Beziehungen haben.

Alles, was mit dem Sonnentanz oder der indianischen Spiritualität zusammenhängt, sollte niemand beleidigen oder ihm die gebührende Achtung verwehren. Es ist erstaunlich genug, daß es so viele Leute gibt, die ein einziges Mal ein *Hanblecheya* unternehmen, und plötzlich fühlen sie sich als Experten dafür. Sie gehen zu einem Sonnentanz, und sie gebärden sich als Experten für den Sonnentanz. Sie werden eingeladen, an einer Schwitzhüttenzeremonie teilzunehmen, und wenn sie in der nächsten Woche wieder zu Hause sind, nennen sie sich Schamanen und errichten eine Schwitzhütte – die meist auch noch falsch gebaut ist.

Die meisten Leute kennen nicht einmal die richtige Bedeutung des Wortes »Schamane«. In der Grolier Enzyklopädie von 1994 ist zu lesen, daß das Wort von Stammesgruppen in Sibirien stammt, die eine schamanistische Religion haben. Das hat nichts mit der indianischen Kultur oder Spiritualität zu tun und sollte deshalb auch nicht in Verbindung damit benutzt werden.

Diese Leute, die sich selbst Schamanen nennen, betreiben ihre eigenen Schwitzhütten und nehmen Geld dafür. Das ist unrecht und bringt jenen, die daran teilnehmen, nur schädliche Medizin. Unsere

166

Spiritualität ist nicht für jeden zu irgendeinem Preis käuflich. Daß es Menschen gibt, die auch nur erwägen können, aus unseren Zeremonien Geld zu schlagen, macht uns wütend, und wenn solche Praktiken entdeckt werden, gibt es einige Mitglieder unseres Stammes, die sich dann bemühen, dies zu beenden.

Ich möchte hier keine Verurteilung aussprechen. Der Schöpfer wird sich darum kümmern. Oft handeln die Leute aus Unkenntnis, oder sie handeln in guter Absicht. Das wissen wir sehr wohl. Jedoch ist es an der Zeit, daß man den Leuten klarmacht, was sie unserer Spiritualität antun.

Die Menschen sollten begreifen, daß sie sich der spirituellen Welt öffnen, wenn sie auf eine Visionssuche gehen oder eine Schwitzhütte besuchen. Wir sind auch überzeugt davon, daß es gute und böse Geistwesen gibt. Wir können sie Geistwesen oder Medizin nennen. Es gibt da draußen böse Energien, und die Menschen müssen begreifen, daß sie sich auch diesen Einflüssen aussetzen. Sie sollten sich nicht mit Dingen befassen, die sie nicht verstehen. Abgesehen davon ist es ein Sakrileg, die spirituellen Überzeugungen eines anderen Menschen zu entwürdigen. So sehr es uns mißfällt, aber viele Menschen machen es nur um des Profits willen.

Und manche, die sich auf diese Weise Probleme eingehandelt haben, rufen dann mich, damit ich ihnen wieder aus den Schwierigkeiten heraushelfe, in die sie sich selbst gebracht haben. Einige haben das Gefühl, in ihren Köpfen seien Schlangen. Andere beklagen sich, sie könnten nicht schlafen, weil die

167

Geistwesen sie schlagen und tagelang wach halten. Ein Mann hat mir erzählt, der Geistführer eines anderen hätte seinen Geistführer zu einem anderen Planeten gebracht! Wenn wir uns bemühen, diesen Leuten einen Rat zu geben, dann wollen sie den entweder nicht hören, oder sie weigern sich, es zu glauben.

Meine Erfahrungen mit solchen Leuten haben mir klargemacht, daß ich zu einer spirituellen Welt Zugang gefunden habe, die vollkommen darauf ausgerichtet ist, anderen Gutes zu tun und ihnen zu helfen. Ohne jede Einschränkung. Mir kann geholfen werden, ich muß nur glauben, Achtung erweisen und beten. Der Rest wird ganz natürlich folgen. Wie das alte Sprichwort sagt: »Die Tat ist die Frucht des Gedankens.« Wenn du also an etwas denkst, dann wird es auch Wirklichkeit werden, wenn du darum betest. Ein Gebet ist nicht mehr als ein Gedanke, der von dir zum Universum oder zum Schöpfer gesandt wird.

Das Problem des jungen Mannes, der von selbst den Berg heruntergekommen war, wurde gelöst, als David zurückkam. Er sagte ihm seine Meinung. Er hat ihn nicht verurteilt oder ihm vorgeworfen, was er getan hatte. Er sagte ihm einfach, daß er das nicht hätte tun dürfen.

Ich sage immer, der Schöpfer ist nicht dazu da, uns zu verletzen. Er ist hier, um uns an unser Wort zu erinnern und als spirituelles Fundament für uns zu dienen.

Am Mittwochmorgen zogen wir los, um den Heiligen Baum für den Sonnentanz zu holen. David sagte allen Bescheid, daß wir den Baum holen wollten, und die Leute stellten ihre Autos hintereinander auf für die Prozession. Als wir losfuhren, hatten sich hinter uns etwa ein Dutzend Fahrzeuge aufgereiht. Wir brauchten eine Stunde bis zur Abzweigung, dann ging es fünf Meilen auf einer schlechten, unbefestigten Straße zu der Stelle, wo die Pappel stand, die zum Heiligen Baum werden sollte.

Nachdem wir ihn gefällt hatten, trugen wir ihn auf den Schultern zu dem offenen Anhänger und banden ihn fest. Die Menschen setzten sich auf den Baum und neben ihn und hielten sich an ihm fest. Sie wollten ihn vor Schaden schützen. Es war einfach wundervoll.

Eineinhalb Meilen von der Stelle entfernt, wo wir den Baum gefällt hatten, begegneten wir einem alten Freund. Sein Name war American Eagle. Er ging mit einem anderen Herrn vor uns. Plötzlich stand vor ihnen ein großer, mächtiger Stier, ein Hereford-Bulle. Er stand da und schaute der Prozession von Autos entgegen und dem Lastwagen mit dem Baum, scharrte mit den Hufen und starrte uns an.

Ich konnte fast seine Gedanken lesen: »Was in aller Welt machen die auf meinem Gebiet?«

American Eagle und der andere Mann gingen weiter auf den Bullen zu. American Eagle hatte seinen Medizinstab in der Hand. Er hielt ihn dem Bullen entgegen und schüttelte ihn. Der Bulle war irritiert und begann heftiger mit den Hufen zu scharren, als bereite er sich darauf vor, anzugreifen. Zum Glück waren wir nah genug hinter den beiden, daß David ihm zuschreien konnte: »Hey, American Eagle! Laß lieber den Bullen in Ruhe. Er weiß nicht, daß du deinen Medizinstab dabeihast. Klettere lieber auf den Lastwagen, bevor er dich verletzt!«

Es war ein Glück, daß wir in diesem Moment da waren. Die beiden Männer kletterten auf die Ladefläche. Der Bulle – eingeschüchtert von all den Autos, dem Lastwagen und dem Krach – trottete davon. Mit Sicherheit hatte er keine Angst gehabt vor den beiden alten Knaben, die immer näher kamen, ihn fast bedrohten. Über die Geschichte amüsierten wir uns alle herzlich, aber sie wäre gar nicht lustig gewesen, wenn dabei etwas passiert wäre.

Die Fahrt zurück war phantastisch. Als wir mit dem Baum auf der Ladefläche die Schnellstraße entlangfuhren, steuerten die Leute zur Seite und hielten an. Sie stoppten ihre Autos, damit der Baum vorbeifahren konnte, denn es war ein heiliger Baum. Und das passierte nicht nur einmal. Wir fuhren an vielen Pick-ups, Personen- und Lieferwagen vorbei. Alle verlangsamten die Fahrt und blieben auf dem Seitenstreifen stehen.

Gute hundert Meter vom Arbor entfernt hielten wir an. Alle versammelten sich um den Baum. Wie ein Mann hoben wir ihn hoch und setzten ihn auf unsere Schultern. Der Baum hatte einen Durchmesser von ungefähr fünfunddreißig Zentimetern an der Basis. Er war frisch geschlagen und daher sehr schwer. Langsam bewegten wir uns vorwärts. Dieser Gang war eine würdevolle Sache. Obwohl manche von uns Mühe hatten, das Gewicht zu tragen, waren alle ruhig. Beim Tragen des Baumes mußten wir die traditionellen vier Stops einlegen, bevor wir ihn in den Arbor bringen durften.

Nachdem wir den Baum in den Arbor hineingebracht hatten, konnten wir ihn endlich auf den Boden legen. Der Boden innerhalb des Arbors ist heiliger Boden. Es ist der einzige Ort, an dem der Baum den Erdboden berühren darf. Wird er woanders abgelegt, verliert er seine Reinheit und darf nicht mehr für den Sonnentanz benutzt werden. Wenn früher der Heilige Baum versehentlich den Boden berührte, wurde der Sonnentanz abgesagt.

Während der Baum im Arbor lag, wurden viele Gebete an ihn gerichtet. Wir dankten ihm, daß er sein Leben gegeben hatte, damit wir unseren Sonnentanz abhalten könnten, und wir ließen ihn wissen, daß er jetzt zu einem heiligen Symbol für uns würde.

Jeder, der tanzen und sich durchbohren lassen wollte, mußte jetzt sein Seil am Baum festbinden. Vom Baum aus wurden die Seile nach allen Seiten hin ausgelegt. Als alles fertig war, begannen wir den Baum mit den Seilen hochzuziehen. Sobald er aufgerichtet war, bildeten wir einen Kreis um den Baum, damit er geradestand. In die Mitte des Arbors war ein Loch gegraben worden. Es war tief genug, um dem Baum Halt geben zu können. Eine Gruppe von Männern begann Erde an den Baum zu schaufeln. Sie trampelten die Erde fest, damit selbst ein starker Wind den Baum nicht umwerfen konnte.

Als er schließlich stolz und aufrecht dastand, war es schon spät am Abend. Alle möglichen Arten von Fahnen und Farben schmückten ihn, darunter auch viele Opferfähnchen, die von allen möglichen Leuten gefertigt worden waren. Alle hatten ihre Tücher in den Baum gehängt und die Seile angebunden. Jetzt waren sie bereit für den nächsten Tag.

Die Baum-Zeremonie war beendet.

Jeder schien glücklich und bereit zu sein. In der Atmosphäre lag ein unfaßbares Gefühl der Freude. Es war schon dunkel, als wir fertig waren, und langsam verteilten sich alle wieder in ihre einzelnen Lager. Alle wußten, daß der nächste Tag für sie schon sehr früh anfangen würde.

Ich kehrte mit Lionel zum Lager zurück. David, Berenice und Al saßen gerade beim Abendessen und tranken Kaffee, und wir schlossen uns ihnen an. Als alle mit dem Essen fertig waren, sammelten wir uns um das Lagerfeuer und unterhielten uns. Ich war inzwischen so müde, daß ich beschloß, ins Bett zu gehen.

Am nächsten Morgen, ich zog mich gerade an, hörte ich jemanden schreien: »*Ho,* ihr Sonnentänzer, laßt uns anfangen. Es ist 4.30 Uhr und Zeit zum Aufstehen. Die Sonne ist fast aufgegangen.«

Obwohl es noch zwei Stunden waren bis zum Sonnenaufgang, müssen die Sonnentänzer so früh aufstehen, damit sie Zeit für die Reinigung in der Schwitzhütte haben, nach der sie zum Lager zurückkehren und sich für das Tanzen anziehen.

Auch ich stand auf, obwohl ich nicht mit ihnen tanzen würde. Ich hatte meinen eigenen Sonnentanz, zu dem ich mußte, und ich war nur hier, um Lionel zu helfen. Und das hatte ich getan. Ich hatte an diesem Morgen keine Lust, in die Schwitzhütte zu gehen, da ich schon bald losfahren mußte, denn ich war mir nicht ganz sicher, ob mein Sonnentanz schon heute oder erst morgen anfing.

Ich ging zu den Schwitzhütten hinüber, um nachzusehen, ob irgend etwas gebraucht wurde, stellte fest, daß das nicht der Fall war, und kehrte zum Lager zurück. Ich hatte noch keinen Schluck Kaffee gehabt, und dort hatten sie gerade einen frisch gekocht, also folgte ich meiner Nase.

Nachdem ich meinen Kaffee getrunken hatte, kehrte ich wieder zu den Schwitzhütten zurück, vielleicht brauchte man ja meine Hilfe. Doch sie hatten bereits Männer eingeteilt, die die heißen Steine in die Schwitzhütten bringen sollten. Ich fühlte mich etwas verloren und ausgeschlossen. Es war ein seltsames Gefühl, nicht zum Sonnentanz zu gehören. Ich fragte immer wieder, ob niemand meine Hilfe brauchen könnte. Ein Mann wandte sich an mich, ob ich ihm mit seiner Adlerpfeife helfen könnte, also kümmerte ich mich darum, daß sie wieder funktionierte. Ein anderer bat mich, ihm bei der Fertigstellung der Bänder für die Handgelenke und die Fußknöchel zu helfen. Ich war froh, daß ich mich nützlich machen konnte. Es ist eine Ehre und ein Privileg, von jedem akzeptiert zu werden, weil ich ein Ältester bin, und ich war hier, um einem Bruder zu helfen.

Alle freuten sich, hier zu sein, in einer so freundlichen Atmosphäre. Jeder fühlte sich energiegeladen, wenn auch fröstelnd, denn es war noch sehr früh am Morgen. Am ersten Tag des Sonnentanzes wirkten sogar die Gerüche belebend. Der Duft von brennendem Holz, Salbei und Zedern erfüllte die Luft. Er kam aus den Schwitzhütten, sogar einen Hauch des heißen Dampfes konnte man von dort herüberwehen spüren.

Nach einiger Zeit sah ich die Männer aus der Schwitzhütte kommen und zu ihren Lagern zurückkehren, um sich für den Tanz fertig zu machen. Bald waren sie bereit in ihren wundervoll gefärbten zeremoniellen Gewändern und den aus Schals geschlungenen Röcken. Ich verfolgte alles voller Ehrfurcht und dachte: »Nächste Woche werde ich auch diese Vorbereitungen für meinen Sonnentanz treffen.«

Langsam stellten sie sich in einer Reihe auf. Sie suchten ihre Freunde, die sie für die nächsten vier Tage des Leidens in ihrer Nähe haben wollten. Diese Nähe gab ihnen Unterstützung und verstärkte die Energie, die auf jeden Sonnentänzer übergeht.

Schließlich hörte ich den Ruf des Sonnentanzhäuptlings. *Sheriiii-Sheriiii* ... Er blies auf seiner Adlerknochenpfeife und rief allen zu: »Macht euch bereit, Männer. Macht euch bereit, wir gehen jetzt hinein, um zu beten.« Die Reihe begann sich vorwärts zu bewegen, als die Trommel zu schlagen anfing, anfangs noch langsam. Allmählich wurde der Rhythmus schneller, und sie spielten das »Eingangslied«. Man konnte es noch auf der anderen Seite des Arbors an der Südseite hören.

Bei ihrem Rundgang um den Arbor hielten sie an den vorgeschriebenen vier Haltepunkten inne, um die vier Richtungen zu ehren. Einige Sonnentänzer hatten Blechdosen mit glühenden Kohlen in der Hand. Sie steckten immer wieder Zedernzweige in diese Dosen. Die Blätter begannen zu glimmen, und

Rauch entwickelte sich. Es war reinigender Rauch, und er duftete wundervoll.

Sie folgten einander im Kreis nach links, immer tanzend. Jeder der Tänzer wurde von Brüdern, Vettern, Tanten und Onkeln unterstützt. Viele der dort Campierenden sammelten sich um den Arbor, um den Zug der Tänzer und der Verpflichteten zu sehen.

Nachdem jeder seinen Platz eingenommen hatte, wurde aus dem »Eingangslied« der »*Chanupa*-Gesang«. Als das Lied zu Ende war, gingen alle Tänzer, einer hinter dem anderen, unter den Arbor zurück. Zehn bis fünfzehn Minuten später begannen die Trommler und Sänger mit dem nächsten Lied. Einer der Sonnentanzführer stand auf und sagte: »*Ho-ka-hey* ... Fangen wir an. Noch eine Runde, es geht los.« Sie begannen mit dem zweiten Lied. Ich saß ganz hinten unter dem Arbor. Ich war hier, um sie zu unterstützen. Ich schaute unverwandt auf meine Brüder und Schwestern, die dort draußen litten. Sie machten eine Menge durch, und ich dachte: »Wenigstens stehe ich am Rand. Ich kann meine Schuhe und mein Hemd anbehalten.«

Als der Tag älter wurde, brannte die Sonne immer heißer herab, und ich dachte im stillen: »Mein Gott, wie halten die das nur aus da draußen?« Ich musterte einen nach dem anderen, wie sie damit fertig wurden. Keiner beklagte sich oder äußerte, daß es zu heiß sei. Dieser Erfahrung ganz hingegeben, schienen alle in der Gelegenheit, für andere zu tanzen und zu beten, eine Ehre zu sehen. Es war ein unglaubliches Gefühl, dort zu stehen und zuzuschauen, wie sie litten, ohne an sich zu denken. Meine Brust hob sich vor

Stolz, daß ich bei diesem Opfer zusehen durfte und daß ich einer von ihnen war. Dieser Sonnentanz gehörte allen, die dabei waren.

Der Tag verging langsam. Ich konnte sehen, wie die Tänzer etwas ermüdeten, als die Hitze ihren Höhepunkt erreichte. Dann begann die Sonne langsam den Himmel herabzugleiten und sich dem anderen Ende des Horizonts zu nähern.

David Swallow jr., der ein guter Führer war, hatte den Zustand seiner Tänzer bemerkt und ließ jetzt alle wissen, daß es das letzte Lied sei.

Doch bevor sie den Arbor verlassen durften, mußten sie noch ein letztes Lied singen: das »Lied der Pfeife«. Sie hoben ihre Pfeifen auf, und dann tanzten sie aus dem Arbor. Die Pfeifen wurden in eine heilige Hütte gebracht, wo alle Pfeifen während der Nacht verwahrt wurden. Es stand immer ein Wächter vor dem Eingang, um zu verhindern, daß jemand die Hütte betrat und die Spiritualität der Pfeifen störte.

Vom ersten bis zum vierten Sonnentanz besitzen die meisten Sonnentänzer bereits Pfeifen, aber sie haben sich noch nicht das Recht verdient, die Zeremonien mit ihnen auszuführen. Es sind ihre Pfeifen, aber sie sind nur in ihrer Obhut, bis sie ihre ersten Verpflichtungen erfüllt haben. Nach vier Jahren werden sie zu Pfeifenträgern. Erst jetzt hält man sie für verantwortungsbewußt und kenntnisreich genug, zu heilen und zu segnen, alles im Namen des Schöpfers.

Es war etwa sechs Uhr, als die Sonnentänzer nach der letzten Runde den Platz verließen. Von hier gingen sie zu den drei Schwitzhütten. Dort ließen sie sich auf die Erde nieder und krochen schnell hinein. Alle waren glücklich, daß der Tag zu Ende war. Alle hatten getanzt und gebetet, und nun war es Zeit, sich für die Nacht zu entspannen.

Damals hatte David noch keine Tipis aufstellen lassen, die denjenigen, die im Bereich des Arbors bleiben wollten, einen Platz zum Schlafen geboten hätten. Deshalb erlaubte er ihnen, zu ihren Lagern zurückzukehren.

Mein Lager war mein Auto. Ich hatte direkt neben Lionels Zelt geparkt, und so war ich den anderen ganz nahe. Als ich dort ankam, hatten sie den Kaffee fertig und ein Eintopf kochte auf dem Feuer. Ich nahm mir von beidem und genoß den ersten Bissen, schob ihn in meinem Mund hin und her. Nachdem ich den ganzen Tag ohne Essen ausgekommen war, war ich ziemlich hungrig. Ich aß in aller Ruhe.

Al und Bernice waren ungefähr so alt wie ich und hatten den ganzen Tag getanzt. Müde saßen sie ruhig da, unterhielten sich etwas und tranken ihren Kaffee. Die Ältesten dürfen aus gesundheitlichen Gründen abends zu ihrem Lager zurückkehren, um ein bißchen zu essen und zu trinken. Ich setzte mich dicht neben sie, nachdem ich mir noch einen Becher Kaffee genommen hatte. Es waren eine Menge Leute da – ihre Töchter und ihre Söhne, Richard, Lionel und andere, die ich nicht kannte.

Bernice sagte leise: »Manny, es wäre uns eine Ehre, wenn du morgen mit uns tanzen würdest, nur für den einen Tag.«

Ich wußte nicht, was ich darauf sagen sollte. Dann erwiderte ich: »Bernice, ich habe selber einen Sonnentanz, zu dem ich gehen muß. Es ehrt mich, daß ihr mich gebeten habt, zu tanzen, aber ich habe bereits eine andere Verpflichtung.«

»Das wissen wir, wir wollen dich einfach nur ehren und dich bitten, den einen Tag mit uns zu tanzen. Ich muß dir etwas sagen, Manny. Dieser Nachmittag hat mich vollkommen erschöpft. Die Sonne war furchtbar heiß. Aber jedesmal, wenn ich aufblickte und dich tanzen sah, machte es mir nichts mehr aus, daß es so heiß war.« Sie hielt inne, nahm einen Schluck Kaffee und fuhr fort: »Es war einfach die Art, wie du getanzt hast – deine Bewegungen, dein Ernst –, die mir geholfen hat. Der Ausdruck auf deinem Gesicht hat mich wirklich inspiriert und mir geholfen weiterzumachen, als ich schon ganz erschöpft war.«

Al blickte auf und nickte ruhig mit dem Kopf. »Mir ging das auch so, Manny«, meinte er. »Wir würden uns sehr freuen, wenn du mit uns tanzen würdest.«

Ihr Sohn Richard fügte hinzu: »Ja, Bruder, nun komm schon, Mann, tanz mit uns einen Tag. Tanze und leide mit uns für diesen einen Tag.«

Wenn Menschen dir soviel Achtung erweisen, kannst du so eine bescheidene Bitte kaum zurückweisen. Es gibt einen Punkt, wo du mehr Rücksicht auf ihre Gefühle als auf deine eigenen nehmen mußt. Ich hatte wirklich keine andere Wahl, als zuzustimmen.

Und so vergaß ich erneut die traditionellen Regeln. Ich vergaß sie im Gefühl des Augenblicks. Wenn du dich zum Sonnentanz verpflichtest, ist dies keine Verpflichtung für ein einziges Mal, sondern immmer für vier Jahre. Als sie mich überredeten, mit ihnen zu tanzen, überredeten sie mich genaugenommen dazu, vier Jahre lang mit ihnen zu tanzen.

Das war nicht ihre Absicht, da bin ich mir sicher. Und es ist eigentlich auch egal, denn ich habe mich für den Rest meines Lebens dem Sonnentanz verpflichtet, solange meine Gesundheit das zuläßt. Wenn ich finanziell dazu in der Lage bin und solange es meine Familie nicht gefährdet, werde ich von nun an immer zum Sonnentanz gehen. Es war nicht so, als hätte ich mich blind überreden lassen. Ich bin immer jede Verpflichtung mit weit offenen Augen eingegangen.

Es war ein wunderbares Gefühl, daß sie mich auf diese Weise ehren wollten. Nachdem ich zugesagt hatte, mit ihnen zu tanzen, sah ich Bernice aufstehen und weggehen. Ein paar Minuten später kehrte sie zurück.

»Manny«, sagte sie, »da du zugestimmt hast, mit uns zu tanzen, möchte ich dich mit einem unserer Schals beehren. Er soll dein Rock sein. Du würdest uns eine Ehre erweisen, wenn du unsere Familienfarben trägst. Jeder, der dich beim Sonnentanz sieht, wird sehen können, daß du mit uns und für uns tanzt ... die Familie Tail.«

Es war eine so überwältigende Ehre, daß es mir die Kehle zuschnürte. Ich dankte ihr und sagte: »Du mußt das nicht tun. Ich habe meinen eigenen Schal.«

Darauf antwortete sie: »Nimm ihn bitte, es ist in Ordnung. Du ehrst uns damit, wenn du ihn trägst.«

Respektvoll senkte ich meinen Kopf und nahm den Schal an. Ein Chor erfreuter Stimmen erklang. Alle sagten: »In Ordnung, Manny, alles in Ordnung.« Alle waren glücklich, lachten, schüttelten mir die Hand und schlugen mir auf den Rücken.

»Ich muß mir eine Krone und die Bänder für die Handgelenke und die Fußknöchel machen«, sagte ich.

Alle sprangen sofort auf, um mir zu helfen, und in fünf Minuten hatten sie alles für mich fertig. Sie banden ein paar kleine Adlerfedern an meine Krone. Und plötzlich stand ich da, bereit, an einem weiteren Sonnentanz teilzunehmen, was mir nie in den Sinn gekommen war.

Ich war nur gekommen, um meinem Bruder Lionel zu helfen, sein *Hanblecheya,* seine Visionssuche, und den Sonnentanz gut durchzustehen. Es war sein erster Sonnentanz, und ich wollte verhindern, daß irgend etwas dabei schiefging. Und nun ehrten mich diese wunderbaren Leute auf diese Weise.

Nachdem alle zu ihren Schlafdecken gegangen waren, ging ich zu meinem Van. Ich schlief erstaunlich gut, wenn man bedachte, daß ich etwas nervös wegen des nächsten Tages war. Nur ich wußte, was ich bei diesem Sonnentanz noch zu tun hatte.

Am nächsten Morgen stand ich schon früh auf und nahm mein traditionelles morgendliches Schwitzbad. Danach eilte ich zu meinem Auto und legte meine zeremonielle Kleidung an.

Ich war schon beim Arbor zurück, als David ankam. Er hatte schon am Abend zuvor erfahren, daß ich mitmachen würde, und er freute sich, daß ich mich dem Kreis anschloß. Wir warteten auf die anderen und unterhielten uns dabei. Einer nach dem anderen

180

kamen sie langsam von ihren Lagern, bereit für den Tanz. Wir begannen uns aufzustellen. Alle standen am gleichen Platz wie den Tag zuvor. Ich schob mich zwischen zwei andere Sonnentänzer, die gestern mit dem Tanzen begonnen hatten. Eigentlich ist es üblich, wenn du erst später anfängst, daß du dich dann ans Ende der Reihe stellst, doch dieser Sonnentanz hier war sehr klein.

Ich spürte die kleinen Dornen und Nadeln von den abgemähten Büschen. Der Boden unter meinen Fußsohlen war kühl. Es war ein so gutes Gefühl, hier zu sein. Der Sonnentanzhäuptling begann auf seiner Adlerpfeife zu blasen, um alle wissen zu lassen, daß es Zeit zum Tanzen und Beten war.

Jemand schrie: »*Hoka-hoka-hey,* laßt uns anfangen.«

Die Trommeln begannen zu schlagen, und wieder wallte dieses unglaubliche Gefühl hoch, auf den Platz innerhalb des Arbors zu treten, jenen alles heilenden Heiligen Kreis.

Wir absolvierten unseren ersten Tanz und begrüßten die Sonne, beteten am Baum und legten unsre Pfeifen so auf den Altar, daß sie nach Osten schauten. Dann ruhten wir uns aus.

Während wir uns ausruhten, ging ich zum Sonnentanzhäuptling und sagte ihm: »David, ich möchte mich bei der ersten Runde durchbohren lassen.«

Er schaute mich ungläubig an: »Manny, du mußt dich nicht durchbohren lassen.«

Al hatte mich auch gehört und bestätigte: »Nein, nein, Manny, du brauchst dich wirklich nicht durchbohren zu lassen.«

181

Ich wandte mich um, damit ich beide ansehen konnte, und stellte fest: »Al, David ... ihr habt mich damit geehrt, daß ihr mich gebeten habt, mit euch zu tanzen. Wo ich herkomme, gibt es keine Freifahrten.«

Al schaute zu Boden, fast wirkte er, als täte es ihm leid, daß er mich darum gebeten hatte. Nicht für einen Augenblick waren sie auf die Idee gekommen, ich könnte mich für sie durchbohren lassen.

Ich nahm Als Hand und schüttelte sie. »Sei nicht traurig. Es ist mir eine Ehre, dies für euch zu tun. Ich freue mich, daß ich mich für dich und deine Familie durchbohren lassen kann. Schau mich an, Bruder, und lächle mit mir. Sei mit mir fröhlich, denn genau das ist der Sinn des Ganzen. Es geht darum, füreinander zu beten, einander zu helfen und zu wissen, daß da jemand ist, der bereit ist, für dich zu leiden.«

Al schaute mir in die Augen und lächelte. Er schüttelte mir die Hand und sagte: *»Ho ... Washtelo ... Wo-Pila.«*

Auch David, der in seinem Stuhl saß, stand auf und gab mir die Hand. Er sagte mir, wenn ich das wirklich wolle, dann sei es eine Abmachung zwischen dem Schöpfer und mir. »Wir werden tun, was du möchtest.«

Sie hatten bisher noch nicht einmal die Farbe vorbereitet, mit der die Brust markiert wird. Es ist keine richtige Farbe, sondern eine Mischung aus roter Erde, Lehm und Wasser. Ein Sonnentanzführer kam herüber, und sie baten ihn, die Farbe anzurühren. »Manny will sich schon in dieser ersten Runde durchbohren lassen.«

Als sie die Markierungen auf meine Brust auftrugen, konnte ich Bernice ansehen, was sie fühlte. »Manny, du mußt das nicht tun«, sagte sie. Sie hatte die vorausgehende Diskussion nicht gehört.

»Doch, Bernice, ich muß es tun.«

Sie sah mich an. »Du bist mein Bruder, und ich werde ehren und achten, was immer du tun möchtest.«

Als nächstes Lied stimmten sie das »*Chanupa*-Lied« an. David ging hinüber und sagte etwas zu ihnen. Sie wechselten sofort vom Pfeifen-Lied zum Piercing-Lied, dem Gesang für das Durchbohren. Als wir auf den Platz hinausgingen, stand ich direkt am Eingang des Arbors, wo das Tanzen und Beten immer stattfindet.

Es war, als hätte jemand ein Signal gegeben. Sobald man das Piercing-Lied im Lager hören konnte, kamen immer mehr Leute heran, um zu sehen, wer sich durchbohren lassen wollte. Der Sonnenschutz, der den Arbor umgab, füllte sich mit Menschen. Jeder kam zu mir, schüttelte mir die Hand und dankte mir. Auch ich dankte ihnen, wenn ich damit auch nicht jeden persönlich meinte, sondern in meinem Herzen allen für diesen Tag dankte.

Als alle Sonnentänzer im Arbor waren, kam Richard, einer der Sonnentanzführer, zu mir und brachte mich direkt zum Baum. Nachdem ich ein paar Minuten am Baum gebetet hatte, ging ich zu David hinüber und gab ihm eines meiner Einweg-Skalpelle.

Ich schaute David an und sagte: *»Ho-Wana«*, was heißen sollte: »Ich bin bereit.«

Ich rief Lionel herein, damit er bei mir war, wenn ich

durchbohrt würde. Dann legte ich mich auf den Boden, und sie durchbohrten mich auf beiden Seiten. Ich erinnere mich noch an Lionels Gesichtsausdruck, der Schmerz und Angst zeigte. Die Menschen um mich herum durchliefen so viele seltsame Gefühle und Empfindungen. Ich konnte es ihnen ansehen, daß sie für mich beteten und meinen Schmerz mitempfanden. Sie nahmen Anteil an meinem Schmerz, meinem Blut und meinem Fleisch, das ich opferte. Ich konnte es ihren Gesichtern ansehen, ich sah es in ihren Augen.

Nachdem ich durchbohrt worden war, stand ich auf und trat vom Baum zurück. Ich begann zu tanzen. Fast alle, die unter dem Sonnenschutz waren, standen jetzt direkt hinter mir und unterstützten mich bei diesem ersten Tanz. Ich tanzte und tanzte. Viermal ging ich zum Baum. Beim vierten Mal betete ich und bat um Stärke und Mut. Ich wollte es besonders gut machen für meine neuen Lakota-Brüder und -Schwestern.

Ich legte mein Seil zusammen, als wolle ich jemanden vor mir mit dem Lasso einfangen. Beim Zurückgehen ließ ich eine Seilschlinge nach der anderen los und ging immer schneller und schneller. Als ich schließlich die letzte Schlinge losließ, fiel sie gar nicht mehr zu Boden, denn schon war ich am Ende des Seils angekommen. Für diesen Bruchteil einer Sekunde hatte ich das Gefühl, als habe etwas von den Himmeln meine Brust, mein Gesicht, meinen Kopf und mein Herz berührt.

Im nächsten Moment sprang ich hoch und schrie vor Freude. Ich war glücklich, daß ich diesen Leuten meine Ehre erwiesen hatte. Ich war glücklich, daß ich es mit tapferer Entschlossenheit vollendet hatte, daß ich es gemeistert hatte.

Das war der Wendepunkt des Tages. Als der Tag zu Ende ging, erleuchteten die prächtigen Strahlen der Sonne von den Bergspitzen herab den Arbor. Alle waren glücklich und von jubilierender Freude erfüllt. Nach dem Schwitzbad schüttelten mir alle die Hand und dankten mir für den Tanz. Den Rest des Abends verbrachten wir mit gemütlichen Unterhaltungen.

Dann teilte ich ihnen mit: »Morgen muß ich abfahren, aber im Geist werde ich bei euch sein und jeden Tag mit euch tanzen.«

Lionel lächelte mir zu. »Wirst du nächstes Jahr wiederkommen?«

Ich erwiderte sein Lächeln: »Darauf kannst du wetten!«

Am nächsten Morgen stand ich früh auf, um ihnen zuzuschauen, wie sie in den Arbor gingen. Nachdem sie auf dem Platz waren, verabschiedete ich mich von allen und fuhr ab in Richtung Südosten, zur Rosebud Reservation.

Ungefähr eine Meile vor dem Massengrab bei Wounded Knee konnte ich die ruhelosen Geister aus dieser furchtbaren Zeit spüren, die mich um meine Gebete baten. Wie jedesmal, wenn ich diese Stelle passiere, hielt ich an und erwies all diesen Männern, Frauen und Kindern die Ehre, denen so plötzlich und auf so tragische Weise das Leben genommen wurde. Ich hielt an, brannte Salbei ab und weinte um ihrer

185

Schmerzen willen und wegen der Ungerechtigkeit dieses Geschehens.

Beim Autofahren schweiften meine Gedanken umher. Ich fühlte mich ein bißchen verloren, denn ich hatte Lionel zurückgelassen. Wir waren uns spirituell sehr nahe, und ich sah ihn als wahren Bruder an. Ich fühlte mich einsam, denn ich hatte niemanden zum Reden und keinen, dem ich meine Gedanken mitteilen konnte. Vielleicht zog ich deshalb dauernd von Ort zu Ort: um mit jemandem einen Kaffee trinken und mich unterhalten zu können.

Meine Gedanken wanderten von einem Freund zum anderen. Wohin könnte ich als nächstes gehen? Wen könnte ich nach dem Sonnentanz besuchen? Ich achtete sorgsam darauf, daß ich die Gastfreundschaft nicht zu lange strapazierte, auch wenn ich sehr einsam war. Ich hatte Angst, zurückgewiesen zu werden, wenn ich zu lange blieb.

Der Verlust meiner Familie hatte in meinem Unterbewußtsein seinen Tribut gefordert. Mein Selbstvertrauen hatte einen vernichtenden Schlag bekommen. Ich mußte wieder an meine Kinder denken. Es wäre die Antwort auf alle meine Gebete gewesen, wenn ich sie hätte wiedersehen und mit ihnen reden können. Ein Gedanke beherrschte mich: »Wann werde ich sie wiedersehen?« Ich sehnte mich so sehr danach, daß meine Kinder ihre Arme um meinen Hals legten.

Als ich in Rosebud ankam, fuhr ich direkt zum Lebensmittelladen im Städtchen Mission. Ich füllte meine Brot- und Dosenvorräte auf, die ich beim Sonnentanz verbraucht hatte, und kaufte alles andere, was ich in den nächsten vier oder fünf Tagen vielleicht brauchen würde. Ich nahm Eis für meine Kühlbox mit und ein paar Gallonen Wasser.

Dann fuhr ich hinüber nach Rosebud Village. Als ich durch den Ort fuhr, sah ich immer mehr Leute, die ich vom Sonnentanz kannte.

Unser Sonnentanz fand auf der Spitze eines Hügels statt, und der genaue Name war Ironwood Hilltop Sundance. Die Leute hatten schon begonnen, die Lager an denselben Plätzen aufzurichten, wo sie es schon seit Jahren taten.

Ich fuhr ein bißchen herum und traf zwei Indianer aus Kalifornien, Emmanuel und Thomas. Dies war ihr erster Sonnentanz, und ich war ihr »Großvater«. Ich wußte, ich würde auf sie stolz sein können.

Es gab ein Gebiet auf einem Ausläufer des Hügels, südlich des Arbors, das »California Ridge« genannt wurde, weil dort so viele Menschen aus Kalifornien ihr Lager für den Sonnentanz aufschlugen. Dort fuhr ich zuerst hin. Mein Lager war schnell aufgeschlagen. Ich parkte meinen Van, und schon war ich fertig.

Den Mittwochmorgen über traf ich meine Vorbereitungen und legte letzte Hand an meine zeremonielle Kleidung.

Am Nachmittag fuhren wir los, um den Heiligen Baum zu holen. Dieser Sonnentanz war viel größer als der letzte. Bestimmt waren es zwanzig oder dreißig Autos, die dem Lastwagen mit Anhänger folgten, um den Baum zu holen.

Es ist Brauch, daß der Sonnentanzhäuptling, während der eine Baum gefällt wird, schon den Baum für das nächste Jahr auswählt. Er bringt ihm Tabak, betet zu ihm und läßt ihn wissen, daß er bald unser Heiliger Baum sein wird. Es wird noch mehr zu dem Baum gesagt, aber nur ein Sonnentanzhäuptling kennt den Wortlaut.

Als wir den Baum fällen wollten, merkten wir, daß er inmitten eines ausgedehnten Buschwerks von Giftsumach stand. Es müssen mehr als hundert Leute gewesen sein, und alle stapften da durch. Wir mußten uns mit Füßen und Händen den Weg durch den Giftsumach bahnen, um zu dem Baum zu kommen.

Zwei Kindern, die rein von Herzen, Seele, Geist und Körper sind, sollen die ersten Schläge überlassen sein. Also ließen wir ein kleines Mädchen den ersten Hieb mit der Axt gegen den Baum ausführen, dann einen kleinen Jungen. Danach durften Älteste wie ich ein paar Streiche tun. Es war eine große Ehre, dafür ausgewählt zu werden.

Nachdem die alten Krieger die Axt geschwungen hatten, überließen sie es den jungen Kriegern, ihn sehr schnell ganz zu fällen. Als der Baum kurz vor dem Umfallen war, stellten sich alle jungen Krieger darunter. Ganz langsam und sorgfältig, Schlag für Schlag, machten sie weiter, bis er sicher dort ruhte, wo er nicht umfallen und den Boden berühren konnte, weil ihn alle Männer stützten. Als sie den Baum frei hatten, stapften wir alle wieder zurück durch den Sumach.

Trotz all des Giftsumachs hat, soviel ich weiß, keiner der Teilnehmer an der Zeremonie einen Ausschlag oder ähnliches davon bekommen. Und das hat es noch nie gegeben. Man kann sich vorstellen, daß zwei oder drei oder vielleicht zehn Leute dagegen immun sind, aber all diese Leute? Es ist schon mächtige Medizin.

Wir waren dort mit einem heiligen Vorhaben. Wir waren dort, um den Heiligen Baum zu holen, den Baum des Lebens, der uns so viel bedeutete.

Wir trugen ihn zur Straße und legten ihn auf den Anhänger. Auch hier steuerten die Leute zur Seite und hielten an, als wir die Straße entlangfuhren. Diejenigen, die in dieser Gegend wohnten, kannten die Heiligkeit des Baumes. Und sie hielten an als Zeichen ihrer Achtung.

Wir fuhren vielleicht zehn Meilen, dann nahmen wir den Baum vom Anhänger. Dieser Baum war zwar größer, aber dafür waren auch mehr Leute da, um ihn zu tragen, und so war es kein Problem.

Auf dem Weg zum Arbor hielten wir die vorgeschriebenen vier Male an, und als wir in der Mitte des Arbors angekommen waren, legten wir den Baum auf den Boden. Dieses Mal war ich früh genug da, um mein eigenes Seil an ihm festzubinden.

In Porcupine hatte ich mich mit einem Problem an David gewandt und ihn um Rat gefragt. Ich hatte ihm erzählt, daß mir im Sommer, als ich in Kalifornien in meinem Van schlief, in einem Traum die Geistwesen erschienen waren. Diese Geistwesen übermittelten mir eine Botschaft: Ich sollte mich an jedem Tag meines Sonnentanzes durchbohren lassen. Es wäre für meine Kinder. Ich sollte mich einmal auf jeder Seite durchbohren lassen, und das jeden

Tag, die ganzen vier Tage lang. Dieser Traum jagte mir Todesangst ein.

Als David die Geistwesen befragte, ob sie wirklich wollten, daß ich dies tue, antworteten die Geistwesen mit ja. Ich müßte das tun, damit meine Kinder beschützt wären. Der einzige Weg, um sicherzustellen, daß sie niemals mißhandelt oder mißbraucht würden, sei, mich jeden Tag des Sonnentanzes durchbohren zu lassen.

Nachdem ich mich häuslich niedergelassen hatte, hielt ich nach einem Sonnentanzführer Ausschau. Ich erzählte ihm die Geschichte, und wir gingen zusammen in die Schwitzhütte. Er bat die Geistwesen, ihm eine Art Zeichen oder eine Botschaft zu übermitteln, was zu tun sei. Und wieder kamen die Geistwesen und sagten, ja, genau dies verlangten sie von mir, wenn ich meine Kinder beschützt sehen wollte.

Im allgemeinen erlauben Sonnentanzhäuptlinge den Teilnehmern nicht, mehr als ein Durchbohren mitzumachen. Wenn jemand mehr wollte, dann konnte er sich zwei Schnitte auf der Brust und dann noch zwei im Rücken machen lassen, um Büffelschädel zu ziehen. Wenn jemand unbedingt Büffelschädel ziehen möchte oder sich dazu verpflichtet hat, ist das in Ordnung. In einem Sonnentanz mehr als das zu tun, wird mißbilligt oder ist gar nicht erlaubt.

Der Führer meinte zu mir: »Weißt du, die Geistwesen verlangen das wirklich von dir. Laß uns zu Norbert gehen und mit ihm darüber reden, um sicherzugehen, daß er damit einverstanden ist. Er leitet diesen Sonnentanz.«

190

Die Sonnentanzhäuptlinge versuchen möglichst, die Leute fernzuhalten, die sich mit spektakulären Aktionen Ruhm erwerben wollen. Wenn jemand dort auf einen Glorienschein aus ist, dann lassen wir ihn wissen, daß hier nicht der richtige Ort ist, um sein Ego zu beweisen. Also gingen wir zu Norbert und erzählten ihm, was passiert war, Wort für Wort.

»Nun«, meinte Norbert, »wenn du diese Verpflichtung eingegangen bist und sie das von dir verlangt haben, dann hast du keine andere Wahl. Meinen Segen dazu hast du.«

Er fuhr fort: »Ich weiß, daß dieser Sonnentanz für dich sehr mühevoll und schmerzhaft sein wird. Du wirst nicht nur den Schmerz der Wunden vom Durchbohren spüren, sondern auch unter der glühenden Sonne, dem Durst und dem Hunger leiden. Alle Gliedmaßen werden dir weh tun, in deinen Armen wirst du ein Stechen spüren, und deine Beine werden brennen. Für das, was du möchtest, wirst du einen hohen Preis zahlen müssen. Aber du hast die Stärke und den Mut, das durchzustehen.«

Nachdem das geklärt war, begann ich intensiv zu beten. Ich betete um den Mut und die Stärke, das Verlangte auch wirklich erfüllen zu können. Da ich gerade erst ein Durchbohren hinter mich gebracht hatte, sagte ich ihnen, das sei der erste meiner vier Tage gewesen.

Als wir am Donnerstag mit dem Sonnentanz anfingen, ließ ich mich nicht durchbohren. Ich tanzte. Und dann, am Freitagmorgen, ließ ich mich als erster durchbohren. Ich kann es gar nicht beschreiben, wie schwer es ist, so viel Hunger, Schmerz und Durst ertragen zu müssen. Obwohl ich schon viele Male am Sonnentanz teilgenommen hatte, war es jedesmal genauso beschwerlich, als wäre es das erste Mal. Ich mußte meine letzten Energiereserven aufbringen, um mich auf den Füßen zu halten.

Die kleinen Adern auf meinen Fußrücken begannen zu platzen, und der Spann wurde schwarz und blau, sah aus wie eine große, übel zugerichtete Beule an meinen Füßen. Dieses Platzen der Adern zusammen mit dem stundenlangen Tanzen in der glühenden Sonne steigerte mein Leiden. Durchbohrt und mich gegen das Seil lehnend, lächelte ich Harold zu, einem neuen Sonnentanzbruder aus Pennsylvania, den ich getroffen hatte. Er war in kurzer Zeit ein enger Freund geworden. Ich hatte ihn und seine Frau Carlotta letztes Jahr kennengelernt, als wir uns gleichzeitig durchbohren ließen.

Ich ließ mich Freitag, Samstag und auch am Sonntag wieder durchbohren. Am Sonntag war mein gesamter Brustbereich entzündet, eine einzige Schmerzmasse. Durch das Durchbohren wurde jeden Tag mein Fleisch aufgerissen. Aber es war für mich ein Grund zur Freude, denn ich wußte jedesmal, wenn mein Fleisch zerriß, daß meine Kinder beschützt werden würden.

Kein einzelnes Durchbohren war für ein bestimmtes meiner Kinder, sondern jedes Durchbohren war für alle meine Kinder. Ich betete darum, daß meine Kinder eines Tages zu mir zurückkehren würden und daß Schaden von ihnen ferngehalten bliebe. Dafür betete ich inbrünstig.

Ich beendete diesen Sonnentanz, es war mein dritter

192

Lakota-Sonnentanz und im ganzen gesehen mein siebter. Welche Erleichterung, ihn vollendet zu haben, und welch ein phantastisches Gefühl. Ich weiß, daß ich es schon erwähnt habe, aber ich hatte wirklich etwas gefunden, zu dem ich mich stark hingezogen fühlte und das ich aufrichtig liebte.

Der Sonnentanz wird dir alles geben, was du brauchst. Alles, was von dir erwartet wird, ist Glaube, Achtung und Gebete.

Das Oben – die Farbe Blau
»Der Sternenpfad«

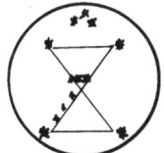

Die Lichter des Orion

Während ich am Lakota-Sonnentanz teilnahm, wußte ich, daß in meinem Leben etwas Dramatisches vor sich ging, aber ich konnte nicht genau den Finger darauf legen. Bald sollte ich erfahren, daß meine Frau genau zu dieser Zeit die Scheidung eingereicht hatte.

Als ich South Dakota verlassen hatte, kehrte ich nach Kalifornien zurück, nur um dort einen Brief vom Gericht in Oklahoma zu finden, in dem man mir mitteilte, daß am 31. Juli eine Anhörung bezüglich meiner Scheidung stattfinde. Wenn ich nicht erschiene, würden sie das als mein Einverständnis mit den vom Gericht ausgeführten Regeln und Bedingungen werten. Dann würden sie zu diesen Bedingungen die Scheidung aussprechen. Ich bin mir fast sicher, daß sie genau wußte, daß ich nicht da sein würde, um den Brief in Empfang zu nehmen. Sie wußte, ich war beim Sonnentanz.

Als ich den Brief nun bekam, war er eineinhalb Monate alt, so daß ich keine Chance mehr hatte, rechtzeitig dort zu sein oder Einspruch einzulegen. Nun war es endgültig. Ich konnte es kaum glauben, es war alles so schnell gegangen. Ich hatte nicht um meine Kinder gekämpft, denn selbst im besten Fall hätte ich nur eine schlechte Mutter sein können. Ich überlegte mir, daß ich ihnen Geld schicken würde und lernen mußte, mit der Situation zu leben. In meiner Ex-Frau hatten sie eine gute Mutter.

Kurz danach berichteten mir Freunde aus Oklahoma, daß sie die Kinder nicht gut behandle. Ihr Wohlergehen lag mir am Herzen, und deshalb betete ich auch so angestrengt, daß Großvater sich um sie kümmerte und keines von ihnen Mißbrauch erleiden müßte. Ich war bereit, mein Blut, mein Fleisch und meinen Schmerz dafür zu geben, daß meine Gebete für sie erhört wurden.

Es tat sehr weh, als ich feststellte, daß die Scheidung endgültig war. Aber es war nicht die Scheidung selbst, die mir so zu schaffen machte, sondern der Verlust meiner Kinder. Ich wußte nicht, was ich ohne sie anfangen sollte. Ein so großer Teil meines Lebens hatte sich um sie gedreht, und plötzlich waren sie aus meinem Leben verschwunden. Ich fragte mich, was sie über das Ganze dachten – und über mich. Was hatte ihre Mutter ihnen wohl erzählt; gaben sie mir vielleicht die Schuld? Eines konnte ich gewiß nicht, ich konnte nicht nach Oklahoma gehen. Jetzt noch nicht. Ich wußte nicht, was ich tun würde, wenn ich sie sah, und hatte das Gefühl, daß es besser war, mich fernzuhalten. Ich war immer noch wütend.

Nach diesem Sonnentanz reiste ich weiter in den

Norden Kaliforniens. Das Leben meinte es gut mit mir. Alles, was ich anfertigte, konnte ich auch verkaufen. Es ging auf den Spätherbst zu, und ich fühlte mich wieder wie ein normaler Mensch. Jede Woche schickte ich den Kindern etwas Geld – immer Zahlungsanweisungen auf ihren Namen, damit sie erfuhren, daß ihr Vater sich darum bemühte, für sie zu sorgen, und an sie dachte. Viel später erzählte mir mein Sohn einmal: »Mama hat uns gesagt, du würdest das Geld auf unseren Namen schicken, weil du dachtest, sie könnte es dann nicht abholen. Sie löste alles ein und gab uns fünf Dollar davon, dann verbrauchte sie den Rest für sich oder für das Haus.« Ganz gleich, was sie getan hat, sie war eine gute Mutter und sie war mir fünfzehn Jahre lang eine gute Frau. Ich hatte ihr nichts vorzuwerfen.

Ich machte mich auf den Weg nach Quartzside in Arizona, setzte mich dort zwei Wochen lang in die Wüste und fertigte Traumfänger. Damals gab es nur wenige Leute, die sie herstellten, und die schafften es kaum, alle Nachfragen zu befriedigen. Nach diesen beiden Wochen ging ich damit in einen Laden, und sie fragten mich nicht einmal nach dem Preis. Der Ladenbesitzer fragte mich gleich: »Manny, hast du Traumfänger dabei?«

»Ja, einen ganzen Schwung.«

»Wir nehmen alle«, meinte er.

Es überraschte mich nicht. Sie waren ungeheuer beliebt. Natürlich war ich glücklich und dankbar, daß mir der Schöpfer eine so phantastische Möglichkeit gegeben hatte, Geld zu verdienen. Es war besonders gut für mich wegen meines hohen Blutdrucks, denn die Arbeit war sehr entspannend und nicht besonders anstrengend.

Auf meinem Rückweg nach Kalifornien parkte ich meinen Van vor dem Haus meines Freundes Wolfhawk, der in Torrance lebte. Ich nahm mir vor, mindestens zehn Traumfänger pro Tag anzufertigen. Die Größe oder die Farbe spielten keine Rolle. Ich stellte sie in allen Größen her – von zehn Zentimeter großen hölzernen Ringen bis zu 45 Zentimeter Größe. Am Ende jeder Woche hatte ich siebzig Traumfänger fertig. Kein schlechter Verdienst für einen Kerl, der in seinem Van lebt und keine großen Ausgaben hat. Alles lief recht gut für mich.

In Torrance blieb ich den ganzen Winter über. Dann sagte ich meinen Freunden, ich wollte zurück nach Tucson in Arizona, denn dort sollte im Februar eine große Edelstein- und Mineralienmesse stattfinden – die größte der Welt. Jedes Hotel und jedes Motel in der Stadt würden ausgebucht sein. Viele Motelzimmer würde man für die Aussteller zu Verkaufsstätten umfunktionieren, wo sie ihre Waren an Groß- und Einzelabnehmer aus der ganzen Welt absetzten. Es war eine großartige Gelegenheit für mich, meine Erzeugnisse anzubieten.

Nichts war mir so wichtig, wie gelegentlich Geld nach Hause zu schicken, damit meine Kinder gut leben konnten. Natürlich wollte ich nicht zu viel Geld schicken, denn soweit ich hörte, wurde nicht alles Geld für die Kinder ausgegeben. Offensichtlich wurde einiges davon auch dazu benutzt, die neuen Trinkgewohnheiten meiner Ex-Frau zu finanzieren.

Ich fuhr ins kalifornische Julian, um meinen Kumpel Emmanuel zu besuchen. Ich hatte Emmanuel, der ein guter Freund war, zum Sonnentanz gebracht. Er freute sich sehr, als ich kam, und fragte mich, wie es mir ginge.

»Es geht mir großartig. Ich ziehe herum und mache Traumfänger.«

»Schau mal«, meinte er, »ich bin gerade in ein anderes Haus gezogen, und diese Hütte hier steht jetzt leer.« Und er fuhr fort: »Wenn du Lust hast, kannst du gerne hier wohnen. Die Miete für den nächsten Monat ist bereits bezahlt. Du hast hier ein Bett, einen Farbfernseher, einen Videorecorder, einen Kühlschrank und eine Dusche. Du kannst hier bleiben und deine Handarbeiten anfertigen, damit du endlich mal ein paar Tage aus deinem Auto rauskommst und etwas gemütlicher wohnst. Wenn du länger als einen Monat bleiben möchtest, ist das auch kein Problem, ich zahle dir die Miete.«

Emmanuel hat ein Herz von Gold. Er ist immer bereit, jemandem zu helfen, der es nötig hat. Ich dankte ihm und nahm sein großzügiges Angebot an. Direkt gegenüber dem Haus, auf der anderen Straßenseite, war ein einfaches Restaurant, und nicht weit von diesem Lokal war eine Videothek mit über fünftausend Filmen.

Jeden Morgen stand ich jetzt früh auf, überquerte die Straße und bestellte mir ein Frühstück. Dann ging ich in die Hütte zurück und arbeitete. Pro Tag schaffte ich etwa fünf bis zehn Traumfänger. Zum Lunch ging ich wieder hinüber, und wenn ich zurück war, machte ich noch ein paar weitere Traumfänger.

Um diese Zeit kam meistens Emmanuel vorbei, und dann gingen wir oft zum Abendessen in ein gutes Restaurant in der Nähe. Abends schaute ich mir Videos an. Ich genoß dieses Leben. Manchmal kamen Einheimische zu mir, weil sie gehört hatten, daß ich Traumfänger herstelle. Ich zeigte ihnen dann, was ich hatte, und konnte einen oder zwei am Tag verkaufen.

Zwanzig, dreißig oder vierzig Dollar am Tag ist ein ordentlicher Verdienst, wenn du keine großen Kosten hast. Ich verdiente Geld mit meiner Produktion von Traumfängern, und ich mußte nicht einmal Miete bezahlen. Ich war etwas einsam, aber alles in allem lebte ich recht gut.

Doch eines Sonntagmorgens stand ich auf und hatte das ganz starke Gefühl, daß ich unbedingt nach Tucson müßte. Ich bin immer meinen Eingebungen gefolgt und habe mich meist auf meine Empfindungen und meine Gebete verlassen.

Innerhalb von Minuten veränderte sich alles. Im einen Augenblick war ich noch völlig zufrieden mit mir und meinem Leben. Und dann, ganz plötzlich, veränderte sich die Energie total. Innerhalb von zwanzig Minuten war ich zur Abfahrt bereit.

Als ich gerade alles in den Van geladen hatte, fuhr Emmanuel vor und fragte: »Manny, was ist los? Was machst du da?«

»Ich muß unbedingt nach Tucson.«

»Du hast ja alles eingeladen«, bemerkte er. »Du brauchst hier doch keine Miete zu zahlen, warum bleibst du nicht hier?«

»Oh, ich wäre nicht abgefahren, ohne mich zu verabschieden«, sagte ich, »ich muß nur unbedingt dorthin fahren.«

»Und wieso ist das so dringend?« fragte er.

»Ich weiß es wirklich nicht, ich muß nur einfach losfahren, und zwar sofort.«

Als ihm klar wurde, wie ernst es mir war, gab er mir zum Abschied die Hand und wir umarmten uns ganz herzlich. Ich versprach ihm, daß wir uns bald wiedersehen würden. Ein paar Minuten später saß ich in meinem Auto und fuhr die Straße hinunter. Ungefähr vier Stunden später erreichte ich das Haus meiner Eltern.

Die Beziehung zu meinen Eltern hatte sich verbessert. Ich hatte mich vor Weihnachten mit meiner Mutter in Verbindung gesetzt, und sie hatte mich gefragt, ob ich nicht die Feiertage bei ihnen verbringen wolle, damit ich nicht allein sei. Ich wandte ein, daß meine Haare immer noch lang seien. Mein Vater war am Nebenapparat, und sie sagte zu ihm: »Hast du das gehört?«

Und mein Vater sagte: »Und wenn dein Haar bis zum Fußboden reicht, komm nach Hause, mein Sohn.«

Endlich waren meine Gebete erhört worden.

Als ich am Weihnachtstag vor dem Haus meiner Eltern hielt, kam mein Vater heraus, um mich zu begrüßen. Meine Mutter weinte vor Glück, daß ihr eigensinniger Sohn nach fünf Jahren endlich wieder zu Hause war. Auch mein Vater freute sich sehr, mich zu sehen. Es war das erste Mal, daß er mich mit den langen Haaren sah, aber er machte nicht eine einzige Bemerkung darüber. Später besuchten wir meine Schwester Norma, und als wir von ihr weggingen, hörte ich meinen Vater meiner Mutter zuflüstern: »Findest du nicht auch, daß ihm die langen Haare eigentlich ganz gut stehen?«

Meine Mutter drehte sich um und blickte ihn völlig überrascht an, sie konnte gar nicht glauben, was sie hörte.

Sie hatten jetzt akzeptiert, daß ich Sonnentänzer war, und sie wußten inzwischen, was das bedeutete. Mein Vater schien mir jetzt mehr Achtung entgegenzubringen. Andere Leute hatten ihm von den Sonnentänzen erzählt und wie mühevoll und bewundernswert es war, Sonnentänzer zu sein. Einmal hatte er einem Freund gegenüber, der einiges über den Sonnentanz gelesen hatte, erwähnt, was ich machte. Der hatte ihn völlig überrascht gefragt: »Manny ist Sonnentänzer?« Als mein Vater bestätigte, daß ich schon mehrere Male teilgenommen hätte, erklärte ihm sein Freund, daß er vieles darüber wußte und daß es eine sehr schwierige Sache war und sehr schmerzhaft und daß nur sehr engagierte Leute dieser Spiritualität folgen würden.

Ich glaube, daß diese Unterhaltung großen Anteil daran hatte, daß mein Vater seine Meinung änderte.

Auch den nächsten Tag verbrachte ich noch bei meinen Eltern. Am folgenden Morgen stand ich früh auf. Meine Mutter wollte mir Frühstück machen, aber ich lehnte ab. Sie bat mich, noch ein paar Tage zu bleiben.

»Nein danke, Mom«, bedauerte ich, »aber ich muß nach Tucson.«

Sie fragte: »Warum mußt du unbedingt dorthin? Ich

202

habe noch nie erlebt, daß du unbedingt dorthin mußtest.«

»Mom, irgend etwas drängt mich, dort sofort hinzufahren. Ich weiß nicht, was es ist.«

Ich erreichte Tucson an diesem Tag ungefähr um die Mittagszeit und fuhr zu meiner Freundin Anna, sie ist Managerin. Sie betreut eine große Ausstellung in Tucson und hatte ein großes Zelt aufgestellt mit vielen Ständen, innen wie außen. Wir gingen eine Weile herum und unterhielten uns, aber sie hatte zu tun, und so verabschiedete ich mich und ging meine eigenen Wege.

Ich hatte keine Ahnung, daß ich am nächsten Tag herausfinden sollte, was mich dazu getrieben hatte, nach Tucson zu fahren. Es sollte sich als ein großer Wendepunkt in meinem Leben erweisen.

Am nächsten Morgen wachte ich früh auf, frühstückte und machte mich auf den Weg zu Annas Zelt. Als ich um das Zelt herumging, liefen mir Nan und Dave über den Weg, die ich von früher kannte und die einen Stand hatten, an dem sie Handgefertigtes verkauften. Wir unterhielten uns eine Stunde lang, und ich erzählte ihnen, daß ich Traumfänger machte.

Nan zog mich beiseite und sagte geheimnisvoll zu mir: »Heh, komm her. Alle versuchen mit den indianischen Sachen Geld zu machen, vor allem mit den Traumfängern.«

Ich fragte sie: »Was meinst du damit?«

»Komm mit, ich möchte dir etwas zeigen.«

Sie führte mich in das Zelt und brachte mich zu

einem Tisch voller primitiv zusammengeschusterter Traumfänger! Hinter dem Tisch stand eine ziemlich kleine Frau, eine Weiße. Nan drehte sich um und ging, aber ich blieb. Ich blickte der Frau drohend entgegen, und sie schaute mich mit ihren unschuldigen braunen Augen an und fragte: »Hi, kann ich Ihnen irgendwie helfen?«

Ich fragte sie: »Wer hat diese Traumfänger gemacht?«

Sie erwiderte: »Eine Choctaw-Indianerin aus Arkansas.«

»Nun, echte, authentische Traumfänger werden von Medizin-Leuten gemacht«, knurrte ich ärgerlich.

Mein aggressiver Tonfall machte sie betroffen. Es war ihr anzusehen, daß sie sich unbehaglich fühlte. Sie sagte, sie habe niemanden beleidigen wollen, und fragte mich, ob ich mich mit Traumfängern auskennen würde.

»Natürlich kenne ich mich damit aus. Ich mache sie schließlich. Wußten Sie, daß ...« Und ich belehrte sie darüber, wie es von alters her eine Tradition gewesen sei, und daß nur die Ältesten sie anfertigten für Menschen, die Schlafprobleme hatten. Ich war wirklich empört, daß eine Weiße sie in meinem Gebiet zu verkaufen versuchte!

Sie fragte mich: »Sie fertigen sie selber an?«

»Ja, natürlich.«

»Ich würde sie gern sehen.«

Das Ganze hatte sich von einer Standpauke in eine Verdienstmöglichkeit verwandelt, und da Geschäft Geschäft ist, wandte ich mich ihr zu und sagte: »Gut, ich werde welche holen.«

204

»Ich komme mit zu Ihrem Auto«, meinte sie. »Meine Freundin paßt solange auf meinen Stand auf.«

Wir gingen hinaus, und jetzt lag mir daran, Eindruck zu schinden. Ich zeigte ihr alle meine Traumfänger, in den unterschiedlichsten Größen und Farben.

»Mein Gott, die haben Sie gemacht?« staunte sie.

»Hey, ich mache sie alle, und ich brauche dazu keine Hilfe.«

»Wissen Sie was, wenn Sie die für mich herstellen, kann ich sie lastwagenweise verkaufen.«

Ich konnte es kaum glauben, wollte es mir aber nicht anmerken lassen. »Das können Sie wirklich?«

Sie antwortete: »Ich habe so gute Verbindungen nach Kanada, das können Sie sich nicht vorstellen.«

Sie erzählte mir, daß sie lastwagenweise Traumfänger von mir kaufen wollte. Allerdings fand ich später heraus, daß sie eine ziemlich kühne junge Frau war. Sie engagierte sich finanziell für Unternehmungen, ohne eine Sicherheit zu haben, und bemühte sich dabei, immer positiv zu denken. Wie sich herausstellte, hatte sie überhaupt kein Geld, einen Lastwagen voll zu kaufen! Dennoch mußte ich sie für ihren Mut und ihren Unternehmungsgeist bewundern. Es war einfach wunderbar.

Wir gingen zum Zelt zurück, machten Pläne und besprachen alles. In meinem Kopf überschlugen sich die Gedanken. Ich versuchte zu berechnen, wieviel Geld ich auf diese Weise verdienen könnte, und überlegte, daß ich Leute anheuern müßte, die mir dabei halfen.

Dann stellten wir uns einander vor. Ihr Name war

Melody. Wir beide waren über unser Zusammentreffen recht erfreut. Ich sagte ihr, ich sei jetzt mit ein paar Freunden verabredet, würde aber später wiederkommen.

Und so verließ ich sie und traf Thelma und ihren Mann. Sie haben Läden in New York und Long Island und kauften eine ganze Menge Sachen von mir, genauer gesagt kauften sie alles, was ich hatte. Thelma bat mich, noch mehr Traumfänger zu fertigen, bevor die Messe zu Ende ginge. Sie wollten welche nach Hause mitnehmen. Als wir unser Geschäft abgeschlossen hatten, sagte Thelma: »Manny, wir wollen heute abend bei ›Carlos Murphy‹ essen gehen. Möchtest du mitkommen?«

»Tut mir leid«, erwiderte ich, »ich würde gerne mit euch essen gehen, aber ich hab gerade eine junge Frau kennengelernt und wollte sie fragen ...«

»Verdammt, was soll's«, meinte Thelma, »bring sie mit.«

»Habt ihr wirklich nichts dagegen?«

»Nicht das geringste, wir schreiben es sowieso als Geschäftsausgabe ab.«

Ich rief: »Großartig! Oh, aber Thelma, ich weiß ja nicht mal, ob sie überhaupt Lust hat mitzukommen. Ich werde sie fragen und sehen, was sie sagt.«

Ich fühlte mich phantastisch. Ich hatte eine Einladung zum Abendessen, ich hatte eine nette junge Frau getroffen, und meine Taschen waren durch meine Verkäufe gut gefüllt. Inzwischen hatte ich den größten Teil des Tages mit Melody verbracht und festgestellt, daß ich mich in ihrer Gesellschaft sehr wohl fühlte.

Ich ging zu Melodys Stand zurück und sagte ihr, daß ich jetzt erst mal zur Post müßte, um meinem Sohn etwas Geld zu überweisen. Es war sein dreizehnter Geburtstag, und an den Geburtstagen schickte ich den Kindern immer etwas zusätzliches Geld. Und danach mußte ich mir ein Motelzimmer suchen, um duschen zu gehen.

»Wenn eine Dusche alles ist, was du brauchst«, bot sie mir an, »dazu kannst du in mein Zimmer gehen, da ist jetzt niemand. Hier ist der Schlüssel. Bring ihn einfach wieder, wenn du fertig bist. Um diese Zeit ist es so gut wie unmöglich, in Tucson ein Motelzimmer zu finden.«

Nun, ich war eigentlich ein völlig Fremder für sie, aber offensichtlich hatte sie das Gefühl, daß sie mir vertrauen konnte. Ich fand ihr Motelzimmer und ging dort unter die Dusche. Ich brauchte ziemlich lange, um fertig zu werden, so daß ich erst wieder bei ihrem Stand war, als es schon Zeit war, zu schließen.

Obwohl sie nie etwas darüber gesagt hat, denke ich, daß sie doch etwas unruhig war, daß sie ihren Zimmerschlüssel jemandem gegeben hatte, den sie gar nicht kannte. Sie muß sich schon Vorwürfe gemacht haben, daß sie so vertrauensselig war, denn als ich hereinkam, war die Erleichterung ihrem Gesicht deutlich anzusehen.

Dann fragte ich sie: »Nun, weißt du, ich bin heute abend zum Essen eingeladen in ›Carlos Murphy's‹. Hast du schon etwas vor? Gehst du mit Darren und Sheila aus?« Inzwischen hatte ich ihre Freunde kennengelernt, mit denen sie hier war.

»Nein, eigentlich nicht«, war ihre Antwort, »sie haben zwar etwas vor, aber ich wäre sowieso nicht mitgegangen. Ich würde gerne etwas mit dir unternehmen.«

Thelma und ihr Mann warteten bereits, als wir ankamen. Während des Essens unterhielten wir uns gemütlich und sprachen auch über das Geschäft. Wir hatten einen netten Abend und aßen lauter gute Sachen.

Danach fuhren wir zu ihrem Motel zurück, stellten das Auto ab und machten noch einen Spaziergang. Wir spazierten die Straße entlang und kamen zu einem Schnellrestaurant, in das wir gingen. Dort begannen wir uns an den Händen zu halten und über Kanada zu sprechen und über die Orte, an denen ich schon gewesen war. Ich kam mir etwas dumm vor. Hier saß ich, ein zweiundfünfzigjähriger Mann, und hielt Händchen wie ein Teenager. Es schien mir etwas lächerlich zu sein, aber irgendwie kam es mir auch nicht falsch vor. Obwohl unser Interesse aneinander ursprünglich nur geschäftlich war, hatte unser Zusammensein allmählich einen anderen Charakter bekommen.

So kam es, daß ich ihr schließlich bei der Messe half. Dann verließen wir zusammen Tucson und fuhren Richtung Norden nach Flagstaff. Ein paar Wochen lang reisten wir zusammen herum, fertigten und verkauften Handarbeiten. Nach einer Weile meinte Melody, sie müsse jetzt wirklich wieder nach Kanada zurück.

Inzwischen war ich der Meinung, daß ich diese Frau wirklich liebte und ihre Gesellschaft nicht missen wollte. Es fiel mir ausgesprochen schwer, sie gehen zu lassen, und so dachte ich: »Nun, vielleicht gehe ich ja mit ihr nach Kanada. Und wenn sich alles gut entwickelt, bleibe ich vielleicht dort. Wenn nicht, kann ich immer wieder zurückkommen.« Ich erzählte ihr, was ich vorhatte, und sie freute sich sehr darüber, daß ich mitkommen wollte.

Es war ein ziemliches Abenteuer, in den Norden hoch zu fahren. Wir landeten dort schließlich auf einer New-Age-Messe, was sehr interessant war. Es öffnete mir die Augen für viele Dinge, denen ich zuvor noch nie begegnet war. Diese Messe war meine erste Begegnung mit einer völlig anderen Lebensweise und einem neuen Kreis von Freunden.

Als der Sommer seinen Höhepunkt erreicht hatte, kehrte ich mit Melody wieder in die Vereinigten Staaten zurück, um am Sonnentanz teilzunehmen.

Für Melody war es der erste Sonnentanz. So wie mir ihre Welt für vieles erst die Augen geöffnet hatte, so öffnete der Sonnentanz ihr die Augen für völlig andere Dinge. Sie sah, wie die Menschen um ihrer Überzeugungen willen beteten und litten. Das überzeugte auch sie. Seit damals hat sie den indianischen Weg akzeptiert und weiß, daß es ein guter Weg ist, ein spirituelles Leben zu führen.

Bevor sie mich kennenlernte, waren Melodys spirituelle Erfahrungen sehr unterschiedlich. Als Kind wuchs sie im katholischen Glauben auf, und als Teenager hatte sie Kontakt mit dem Evangelismus. Dann glaubte sie eine Zeitlang als junge Erwachsene an gar nichts. Erst als sie Mitte zwanzig war, entdeckte sie die Lehren und Überzeugungen der Esoterik. Sie hatte die richtigen Vorstellungen: sich anderen gegenüber freundlich zu verhalten, zu versuchen, den Planeten zu heilen, positiv zu denken. Als ich sie kennenlernte, hatte sie ein eigenes Geschäft, einen Handel mit Kristallen unter dem Namen »CrystalEyes«, durch den sie mit vielen neuen Philosophien und Glaubensrichtungen in Kontakt kam. Schließlich entwickelte sie ein eigenes Strickmuster von Glaubensvorstellungen und tanzte nur nach ihrer eigenen Weise. Sie glaubte an einen Gott und betete regelmäßig zu ihm, aber auf ihre eigene Art.

Ironischerweise hatte sie ein paar Monate, bevor wir uns kennenlernten, einem Freund gegenüber bemerkt, es sei eigentlich merkwürdig, daß sie so viele indianische Waren verkaufe. Nun wissen wir, warum: Es führte zu unserem Treffen.

Melodys erster Sonnentanz war für sie ein ganz besonderes und inspirierendes Erlebnis. Der Sonnentanz fand in der Rosebud Reservation statt, und sie war von den Dingen, die sie dort sah, überwältigt und angerührt. Es war eine sehr intensive Zeremonie, aber es war für sie besonders mühevoll, weil sie im fünften Monat schwanger war. Noch dazu hatten wir gerade vom Arzt erfahren, daß wir Zwillinge erwarteten! Endlich konnte Melody viele meiner Freunde kennenlernen, mit denen ich seit ein paar Jahren den Sonnentanz ausführte.

Und zwei Freunde von Melody, Joe und Mieke, machten eine 1500 Meilen lange Pilgerfahrt vom kanadischen Ontario bis hierher, nur um mit uns zu beten und uns zu unterstützen. Sie opferten ihre Zeit, ihre Mühe und ihren Schlaf, um uns auf jede erdenkliche Weise zu helfen. Mieke hielt für jeden, der daran interessiert war, kostenlos Sitzungen ab, in denen sie die Zukunft deutete. Viele Indianer machten von diesem großzügigen Angebot Gebrauch. Joe machte sich im Küchenschuppen nützlich, wusch Töpfe und Pfannen und übernahm öfter die Wache am Haupteingang. Für Melody war es ein großer Trost, daß sie Freunde aus ihrer Heimat bei sich hatte, die ihre Hand halten konnten, während sie mir beim Sonnentanz zuschaute.

Dieser Sonnentanz begann wie alle anderen. Der Sonnentanzhäuptling hielt sich an die Tradition: Wir nahmen Schwitzbäder, sprachen unsere Gebete und tanzten intensiv. Aber aus verschiedenen Gründen war es auch eine ganz besondere Zeremonie.

Im letzten Jahr hatte ich auch meinen Rücken durchbohren lassen wollen, um Büffelschädel zu ziehen. Ich wollte es für meine Kinder tun.

Wir glauben ganz fest daran, daß uns der Büffel eine Fülle spiritueller Energie bringt, so daß wir mit dem alltäglichen Leben und den Realitäten unserer Welt besser zurechtkommen. Das ist der Grund, wieso wir uns den Rücken durchstechen lassen und so viele Büffelschädel ziehen, wie wir es ertragen können. Je mehr Schädel es sind, um so mehr Kraft erhalten wir vom Büffel.

Allerdings hatte ich es im letzten Jahr doch nicht ausgeführt, weil ich niemanden hatte, der mir danach beim Anziehen geholfen und sich um meine Wunden gekümmert hätte. Doch dieses Jahr hatte ich Melody dabei. Sie versprach mir, sich um meine Wunden zu kümmern.

Am Samstagmorgen zeichneten sie mir auf meiner Brust und meinem Rücken die Stellen an, wo ich durchbohrt werden sollte. Melody stand unter der Laube, die den Arbor umgab, und schaute dem Tanz zu. Als sie erkannte, daß ich Markierungen auf der Brust und auf dem Rücken hatte, wußte sie, daß etwas passieren würde. Sie weinte und klammerte sich an Miekes Hand. Ich hatte ihr bisher noch nichts über das Ziehen der Büffelschädel erzählt, so daß sie noch nicht wissen konnte, was die Zeichen auf meinem Rücken bedeuteten.

Ich wußte, wenn ich Melody im voraus erzählt hätte, was ich tun wollte, wäre sie beunruhigt gewesen, und ich wollte nicht, daß sie sich in ihrem Zustand aufregte.

Als ich zum Baum ging, um zu beten, band ich meinen Strick los und zog ihn straff ihn Richtung auf die nordwestliche Seite des Arbors. Meine Freunde wußten alle, daß ich dort tanzen und beten würde, solange ich an den Baum gebunden war, und so stellten sich alle möglichst nahe an Melody. An diesem Samstagmorgen war ich der erste, der durchbohrt werden sollte.

Nachdem meine Brust durchstochen war, stand ich an meinem Platz und tanzte und betete. Ich schaute hinüber und sah meinen Freund Harold. Er war direkt nach mir durchbohrt worden. Wir tanzten zum Baum hin und wieder von ihm weg, die traditionellen vier Male. Beim letzten Mal, als ich nach hinten rannte, sah ich, wie sich Harold den Bruchteil einer Sekunde vor mir losriß. Als ich mich befreit hatte, nahm mich einer der Sonnentanzführer bei meinem

Armband und lief mit mir um den Arbor bis zur Westseite.

Dort hatten sie vier Büffelschädel zusammengebunden, die jetzt auf mich warteten. Der Gedanke an das Gewicht und den Schmerz beim Ziehen der Büffelschädel wird zu etwas Gutem und Freudigem und nicht zu etwas, das man fürchtet. Gleichzeitig ist es für uns ein Weg, auf eine ganz besondere und heilige Weise Dank zu sagen.

Dies ist auch der Grund, warum ich für das Durchbohren Spieße aus dem Beinknochen des Büffels nehme. Es ist, als ob dieser Beinknochen jedes Jahr von selbst zu mir kommt. Ich schneide einen Teil aus der Mitte heraus. Dann spalte ich ihn der Länge nach. Ich feile und schmirgle die Knochenteile bis zur Größe eines Kugelschreibers. Die Enden schärfe ich, bis sie ganz spitz sind, damit das Durchbohren bei der Zeremonie leichter geht. Danach schenke ich sie immer Menschen, die mir wichtig sind, die ich gern habe.

Sie durchbohrten meinen Rücken und befestigten die vier Büffelschädel. Mit Hilfe des heiligen Stabes (unsere spirituelle Fahne oder spirituelles Symbol) begann ich mich langsam vorwärts zu bewegen. Der Schmerz in meinem Rücken war ungeheuerlich. Ich biß die Zähne zusammen und begann ganz intensiv zu beten, bat um Mut und Stärke. Bei jeder Himmelsrichtung, die ich erreichte, hielt ich an, um sie zu ehren, und vollendete eine vollständige Runde um den Arbor. Auf meiner zweiten Runde, gleich hinter dem Haltepunkt der nördlichen Himmelsrichtung, riß auf der linken Seite der Knochenspieß aus.

Ich hielt an, ohne daß ich wußte, was überhaupt passiert war. Ich hatte nur ein heftiges Rucken in meinem Rücken gefühlt und schneidenden Schmerz. Aber der Schmerz schien sich jetzt mehr auf die rechte Seite zu konzentrieren, und ich wußte nicht, warum.

Mein Sonnentanzbruder Henry tanzte neben mir. Er beugte sich herüber und berichtete: »Mach weiter, Manny, eine Seite ist schon freigerissen.«

Ich verlagerte mein Gewicht mehr auf die andere Seite und dachte, der zweite Spieß würde sich auch gleich losreißen. Aber diese einseitige Belastung erschwerte es erheblich, die Büffelschädel zu ziehen.

Es gelang mir, wieder in Gang zu kommen, und ich umrundete den Arbor, bis ich vier vollständige Runden gegangen war. Die ganze Zeit hatte der Spieß auf der rechten Seite gehalten. Aber jetzt war es Zeit, freizukommen. Ich ging rückwärts ein bißchen näher an die Büffelschädel heran. Ein paar meiner Sonnentanzbrüder hatten sich auf die Schädel gesetzt, und ich rannte los. Das Seil spannte sich, und mühelos riß ich mich los. Obwohl ich noch große Schmerzen hatte, war ich dankbar, daß es vorbei war. Melody strömten die Tränen über das Gesicht, und ich konnte ihr ansehen, wie schwer es ihr gefallen war, zuschauen zu müssen. Ich hatte sie vor dem Sonnentanz darum gebeten, um meinetwillen stark zu sein, und wenn man alles bedachte, war sie sehr tapfer.

Am Sonntagmorgen tanzte ich nicht mit, denn das zweimalige Durchbohren hatte mich sehr mitgenommen, und ich fühlte, daß ich meine Verpflichtung erfüllt hatte. Gegen Mittag ging ich zum Arbor, in der Hand meine alte Pfeife und eine andere, wunderschöne Pfeife, die ich gerade von Todd bekommen hatte, einem Pfeifenmacher aus Pipestone. Die heilige Pfeife, die ich seit fünf Jahren hatte, war prachtvoll. Sie war ganz mit geschliffenen Perlen bedeckt, und die Muster waren geometrisch. Meine Ex-Frau hatte sie für mich gemacht, deshalb hatte sich meine Einstellung zu ihr geändert. Sie weckte in mir nicht mehr dieselben besonderen Gefühle wie früher. Es war Zeit, sie weiterzugeben. Ich hatte die letzte Nacht gebetet und die Geister gefragt, was ich tun sollte. Die Botschaft fand ich in meinen Gedanken.

Als ich hinter dem Arbor ankam, die anderen Sonnentänzer ruhten sich gerade zwischen den Runden aus, rief ich nach Harold und Henry.

Sie freuten sich beide, mich zu sehen, und lächelten und lachten, als sie näher kamen. Harold fragte mich: »Was ist los, Manny, bist du heute faul?«

»Kommt her«, erwiderte ich, »ich habe etwas für euch.«

Als sie vor mir standen, überreichte ich Harold meine alte Pfeife mit der Perlenverzierung.

Er schaute mich verwundert an, als wolle er mich fragen: »Warum gibst du mir das?« Ihm fehlten die Worte, er wußte nicht, was er zu dieser Geste sagen sollte.

»Harold, erinnerst du dich, wie ich sagte, falls ich jemals diese Pfeife nicht mehr haben wollte, dann würde ich sie dir schenken? Nun, Bruder, hier ist sie. Sie gehört dir.«

Henry fragte beunruhigt: »Was ist passiert? Warum machst du das?«

Ich wandte mich zu ihm, hielt ihm die andere Pfeife entgegen und sagte: »Henry, es wird Zeit, daß du eine neue *Chanupa* bekommst. Bitte, nimm diese, sie ist mein Geschenk an dich.«

Ich konnte es ihren Gesichtern ansehen, daß sie dachten, ich würde aus irgendeinem Grund mit dem Sonnentanzen aufhören. Sie hatten Tränen in den Augen und schüttelten verzweifelt die Köpfe, als wollten sie sagen: »Nein, Manny, das darfst du nicht tun.«

Dann erklärte ich ihnen, für mich sei der Zeitpunkt gekommen, mein neues Leben auch mit einer neuen Pfeife zu beginnen. Ich hörte nicht mit dem Sonnentanz auf, ich wollte nur meine zwei Sonnentanzbrüder ehren. Beide schauten mich nur an, und weil sie nicht wußten, was sie sagen sollten, umarmten sie mich. Uns allen dreien kamen die Tränen. Es war für uns ein ganz besonderer Augenblick.

Am Montagmorgen verließ ich mit Melody den Sonnentanz, und wir fuhren nach Rapid City, um uns ein paar Tage auszuruhen. Wir freuten uns beide auf das mehr als notwendige Duschen.

Als wir uns wieder erholt hatten, verließen wir Rapid City und fuhren nach Süden in die Badlands von South Dakota, auf jener Straße, die direkt zu David Swallow jrs. Sonnentanz in Porcupine führte. Ich mußte noch drei Jahre mit David und seinen Leuten tanzen.

Wir wurden herzlich begrüßt, als wir auf dem Sonnentanzgelände ankamen. Die Menschen dort gaben

216

jedem das Gefühl, willkommen zu sein. Ich stellte Melody allen vor, und sie gewann viele neue Freunde.

Nicht lange nach unserer Ankunft mußten wir losziehen, um den Heiligen Baum zu fällen. Melody blieb im Lager und bereitete das Abendessen vor. Es fiel ihr langsam schwer, viel herumzugehen, und es war glühend heiß.

Alle sammelten sich hinter Davids Lastwagen, um ihm zum Heiligen Baum zu folgen. Der Konvoi bewegte sich gemächlich vorwärts, bis wir von der Hauptstraße abbogen. David lenkte den Laster bis an die Uferböschung eines Flusses und hielt an.

Dann öffnete er die Tür mit den Worten: »Wir sind da, Jungs.«

Ich sah ihn über den Fluß zeigen und fragte David: »Können wir nicht näher heranfahren? Wie sollen wir den Baum hierher bekommen?«

Er erwiderte: »Näher kommen wir nicht heran ... und wir werden ihn auf unseren Schultern hertragen.«

Mir entfuhr nur ein: »Oh!«

Ich blickte mich um und sah, daß die Leute aus ihren Autos stiegen. David zog seine Stiefel aus und ging ins Wasser. Als ich mit bloßen Füßen in den Fluß watete, fühlte ich meine Verbindung zu Mutter Erde. Ein gewöhnliches Ereignis wurde plötzlich ein ganz besonderer Augenblick meines Lebens.

Etwas regte meine Sensitivität an, etwas geschah mit meiner Seele. Ein sanftes, intensives Gefühl des Friedens und der Zufriedenheit überkam mich. Ich fühlte das warme Wasser an meinen Füßen und spürte den kühlen, weichen Schlamm zwischen mei-

nen Zehen hochquellen, beides schien meine Füße
zu massieren.

Es war, als wolle mir Mutter Erde mitteilen, daß die
nächsten vier Tage für meine Füße sehr hart werden
würden, und gleichzeitig zeigte sie mir, daß sie auch
sehr sanft zu ihnen sein konnte. Der Fluß war ungefähr dreißig Zentimeter tief, aber er war sehr breit
und der Flußgrund glitschig und schlammig. Als alle
den Fluß durchwatet hatten, sammelten wir uns um
den Heiligen Baum.

Nachdem wir den Baum gefällt hatten, legten wir ihn
uns auf die Schultern und wateten wieder durch den
Fluß. Zum Glück war der Baum dieses Jahr nicht so
groß. Alles lief problemlos, bis wir auf dem schlammigen Boden ins Rutschen kamen. Jetzt wurde es
sehr schwierig, ihn so zu tragen, daß er weder den
Boden noch das Wasser berührte. Langsam durch-
querten wir den Fluß und begannen die steile Bö-
schung am anderen Ufer hochzusteigen. Mehr als
einmal rutschte ich aus und fiel hin, als ich hinauf-
zuklettern versuchte. Es war ausgesprochen schwierig. Einmal mußte ich beim Fallen den Baum mit
meinem Körper abfangen, damit er nicht auf den Boden fiel. Schließlich, nach mühevoller Anstrengung,
hatten wir den Baum auf dem Anhänger.

Ungefähr zweihundert Meter vor dem Sonnentanzgelände hoben wir den Baum vom Anhänger und
trugen ihn zum Osteingang des Arbors. Inzwischen
waren wir alle verschwitzt und müde, und es wurde
bereits Abend. Wir legten ihn sanft auf den Boden.
Sein unteres Ende lag am Rand der Grube im Zentrum. Melody wartete dort mit vielen anderen. Sie

hielten die Gebetstücher und die Fähnchen bereit, die wir in die Krone des Baumes hängen wollten. Es war ein wundervoller Anblick: all diese Menschen, die sich dem Baum näherten, Gebete sprachen und die Wimpel an ihn banden.

Der Sonnentanzhäuptling band die traditionellen Silhouetten in die Zweige: von einem Büffel, einem Mann und einem Adlerflügel, damit der Schöpfer die Menschen erkennen konnte, die dort beteten. Der Büffel wurde dort angebracht, weil er uns so heilig war, und der Flügel stand für den Adler, der unsere Gebete zum Schöpfer bringen würde. Der Mann stand für die ganze Menschheit.

Von allen Seiten kamen Sonnentänzer, um ihre Seile an den Baum zu binden. Langsam wurde es ruhiger um den Baum. Jeder, der fertig war, stellte sich in einiger Entfernung vom Baum im Kreis auf, um den anderen nicht den Zugang zum Baum zu versperren.

Schließlich verkündete der Sonnentanzhäuptling: »Packt eure Seile, wir wollen ihn jetzt aufrichten.«

Wir begannen an den Seilen zu ziehen, dann krochen ein paar Männer unter den Baum und richteten ihn immer weiter auf, bis er aufrecht stand. Sobald die Blätter sich vom Boden hoben, blieben die Menschen ganz ruhig und bewegten sich so lange nicht, bis der Baum gerade dastand. Die einzige Bewegung war das Zittern der Männer, die angestrengt kämpften, den Baum aufzurichten. Als er gerade und aufrecht dastand, war es, als sei ein Bann gebrochen. Die Blätter bebten und wogten. Es ging eine Brise, so leicht, daß sie die Blätter gerade zum Tanzen brachte. Es war wunderschön und majestätisch.

Der Baumstamm saß jetzt in einem tiefen Loch von einem guten Meter Durchmesser. Wir stellten ihn so gut wie möglich in dessen Mitte. Noch hielten nur die Seile den Baum aufrecht. Sie sahen wie Spinnweben aus, die vom Baum nach unten liefen. Jetzt begannen zwei oder drei Männer Erde in das Loch zu schaufeln und sie festzutrampeln. Und schließlich stand der Baum von selbst in all seiner Pracht.

Nun ging einer nach dem anderen zum Baum, suchte sein Seil und band es um den Baum. Man sicherte die Taue, damit sie nicht herumschlugen, wenn wir am nächsten Tag tanzten.

Als der Baum aufgerichtet war, gab es erst einmal eine Pause, als alle für einen Augenblick den Atem anhielten. Es war so eindrucksvoll und so ehrfurchtgebietend, diesen prächtigen Baum zu sehen und zu beobachten, wie er wieder lebendig wurde. Nun stand er wieder von allein, wie er es getan hatte, bevor er gefällt wurde.

Melody und ich kehrten zum Auto zurück. Wir aßen eine Kleinigkeit, dann zog ich meine schlammigen, schmutzigen Sachen neben unserem Van aus und kroch hinein. Die Decken waren eine willkommene Wohltat. Ich muß sehr müde gewesen sein, denn die Nacht verging mir viel zu schnell.

Am nächsten Morgen nahmen wir unser traditionelles Schwitzbad und tanzten in den Arbor. An diesem Vormittag wurde es sehr heiß, dennoch war es wunderbar. Alle waren in Hochstimmung. Dies war Melodys zweiter Sonnentanz innerhalb von zwei Wochen.

Nachdem wir die Sonne begrüßt und unsere Heiligen

Pfeifen auf dem Altar niedergelegt hatten, zogen wir uns zu den Ruheplätzen der Tänzer zurück. Wir saßen zusammen, unterhielten uns und stellten uns den Tänzern vor, die wir noch nicht kannten. Es war ein guter Zeitpunkt, sich mit den neuen Brüdern bekanntzumachen. Und es war eine gute Gelegenheit, die neuen Sonnentänzer zu ermutigen, damit sie ihre Nervosität überwanden. Wir machten Scherze, um die Ängste der neuen Tänzer zu zerstreuen, denn für manche ist dies wirklich eine furchterregende Sache.

Vor dem Sonnentanz war es Al gelungen, einen Büffel aufzutreiben. Er hatte ihn von einer Stammesherde der Reservation gekauft, geschlachtet, und der Schädel lag hinter dem Arbor.

Al fragte: »Lionel, möchtest du diesen Büffelschädel haben?«

Lionel sah überrascht aus. »Ich? Doch, ich finde ihn wirklich gut, und er würde sich in meinem Wohnzimmer prächtig ausmachen. Ich nehme ihn gern.«

Ich schaute fragend zu Al und dann zu Lionel: »Al, du willst Lionel diesen Büffelschädel schenken?«

»Ja.« Er wunderte sich, worauf ich hinauswollte.

Und ich fuhr fort: »Und du hast ihn angenommen, stimmt's, Lionel?«

»Ja, ich bin sehr dankbar. Insgeheim hatte ich gehofft, daß er mir das anbieten würde.«

»Nun, Al, du weißt doch, wozu du Lionel gerade verpflichtet hast, oder?«

Überraschung und Verwirrung zeichneten sich auf ihren Gesichtern ab. Dann begann Al zu verstehen, wovon ich sprach.

»Richtig, Al«, meinte ich, »du hast ihm den Schädel

geschenkt. Er hat ihn angenommen. Nun muß er sich den Rücken durchbohren lassen und diesen Schädel ziehen.«

Al erklärte: »Eigentlich weiß ich das, aber so hatte ich das nicht gemeint, als ich ihm den Schädel geschenkt habe.«

Ich fuhr fort: »Ich weiß, und ich bin sicher, daß du das nicht getan hast, um ihn zu verletzen. Ich möchte nicht, daß er Schmerzen durchleiden muß, aber das ist der traditionelle Weg. Er muß sich das Recht verdienen, diesen Büffelschädel nach Hause mitnehmen zu können.«

Al schaute Lionel an und sagte: »Das ist wahr, Lionel. Es tut mir leid, ich habe nicht daran gedacht.«

Lionel erwiderte: »Oh, Mann, die nehmen hier wirklich alles sehr ernst!« Dann lachte er. »Wenn ich das gewußt hätte, dann hätte ich mir einen für fünfzig Dollar bei der Handelsniederlassung geholt!«

Alle brachen in schallendes Gelächter aus.

Ein erfahrener Tänzer hatte das alles mitbekommen und schlug vor: »Hey, Lionel, gib mir fünfzig Dollar, dann ziehe ich den Schädel für dich. Ich laß mich durchbohren und ziehe ihn, du gibst mir fünfzig Dollar und kannst ihn mit nach Hause nehmen!«

Dann sprang ein anderer auf und sagte: »Nun, ich will dafür nur vierzig Dollar!«

Da fiel ich ein: »Gut, dann tue ich es für fünfundzwanzig Dollar. Mir macht es nichts aus, mich durchbohren zu lassen.«

Alle lachten und machten sich einen großen Spaß daraus, weil es anfangs so ernst gewesen war. Dann fragte Lionel ruhig: »Höre ich zwanzig?«

Eine neue Lachsalve erhob sich.

Als das Gelächter verebbt war, sagte Lionel schließlich: »Nun, Al«, und gab ihm die Hand, »ich habe den Schädel angenommen. Wenn ich mich dafür durchbohren lassen und ihn ziehen muß, dann mache ich das.«

Al fragte: »Meinst du, er sollte es jetzt tun?«

»Es ist egal, wann er das tut, solange er den Schädel zieht. Du hast ihm den Schädel geschenkt, also kannst du entscheiden, wann.«

Al zögerte. »Na ja, ich meine, er stinkt inzwischen fürchterlich. Er ist seit drei Tagen tot, und es ist immer noch die Haut und alles andere dran. Er ist weder gekocht worden noch sonst etwas.«

»Vielleicht ist das ja gerade gut«, wandte ich ein, »er hat noch das ganze Fleisch und ist entsprechend schwer. Wenn der Schöpfer möchte, daß er ihn die ganzen vier Runden hinter sich herzieht, wird Lionel das nicht so schnell vergessen. Und wenn der Schöpfer das nicht will, wird er sich losreißen, bevor er ihn allzu weit gezogen hat.«

Doch am Ende beschlossen sie, Lionel solle bis zum nächsten Jahr warten, bevor er seinen Schädel zöge. Er wollte lieber einen Schädel hinter sich herziehen, der nicht gar so unangenehm roch.

Der Tanz ging den ganzen Tag weiter. Am späten Nachmittag kam Lionel und brachte mir Tabak, während wir gerade eine Pause machten. Er sagte: »Bruder, ich wäre sehr stolz, wenn du das Durchbohren bei mir durchführen würdest.«

Das war eine große Ehre, besonders, da ich bisher noch nie jemanden durchbohrt hatte. Es rührte mich. Ich nahm den Tabak und antwortete ihm: »Ja, ich werde es für dich tun, es ist mir eine Ehre, Bruder.«

Gehst du zu einem Ältesten und bittest ihn um einen Rat oder einen Gefallen, dann ist der traditionelle Weg, ihm Tabakgaben mitzubringen. Hast du keinen Beutel mit Tabak, kannst du auch mal eine Zigarette dafür nehmen. Wenn der Älteste nicht anderweitige Verpflichtungen hat, kann er diese Bitte kaum zurückweisen.

Deshalb erklärte ich Lionel: »Wann immer du einem Ältesten Tabak bringst, sage ihm zuerst, was du von ihm möchtest. Gib ihm die Gelegenheit, nein zu sagen, bevor du ihm den Tabak schenkst. Wenn du ihn um etwas bittest, was er nicht tun kann oder möchte, läßt es ihm die Möglichkeit, sich dem zu entziehen.« Lionel mußte wie jeder andere – auch ich – noch viel lernen.

Das Piercing-Lied begann und signalisierte, daß in dieser Runde das Durchbohren stattfand. Wir stellten Lionel an einen Platz, wo jeder, der aus der Ruhezone in den Arbor ging, ihm die Hand geben konnte. Dann brachte ich ihn zum Baum in der Mitte und sagte: »Lionel, es wird ein gutes Durchbohren sein. Alles wird gutgehen. Mach dir keine Sorgen, kleiner Bruder.«

Er lächelte nervös. »Ich mache mir keine Sorgen.«

Ich ließ ihn eine Weile beten. Dann ging ich zu David und erklärte ihm, daß ich meine Brille aufsetzen müßte. In den letzten Jahren waren meine Augen immer schlechter geworden, und ich brauchte eine Lesebrille für alles, was sich dicht vor meinen Augen befand. Er riet mir, Salbei an die Brille zu binden, damit die Geister sie akzeptieren könnten. Als ich Lionel zur Büffelhaut brachte und er sich hinlegte, gab er mir sein Skalpell, das ich zum Durchstechen benützen sollte. Ich schloß die Augen, als ich meine Hände auf den Baum legte. Ich bat *Tunkashila*, mir sein Erbarmen zu geben und meine Hand zu führen. Ich bat ihn auch um ein gutes Sehvermögen, damit ich sehen konnte, was ich tat.

Als ich die Augen wieder öffnete, war meine Sehkraft besser als je zuvor, als ob die Helligkeit der Sonne sich um das Zehnfache gesteigert hätte. Die ganze Welt wurde für mich heller.

Ich kniete mich neben Lionels linke Seite, während David auf seiner rechten Seite war. David führt das erste Durchbohren durch. Ich hielt ihm dabei die Hautfalte und steckte dann die Spieße aus Kirschholz durch Lionels Fleisch. Während David das Seil daran festband, packte ich die Haut auf der anderen Seite und kniff sie zusammen. David griff herüber, um mir dabei zu helfen, die Hautfalte hochzuhalten. Ich nahm das Messer und schnitt langsam in das Fleisch. Ich spürte einen kleinen Widerstand, bevor die scharfe Spitze des Skalpells durch die Haut drang, und dann noch einmal, als das Messer auf der anderen Seite wieder durchbrach. Ich wollte meinem Bruder Lionel nicht mehr weh tun als unbedingt nötig.

Ganz langsam zog ich die Schneide auf meiner Linken hin und her, um das Loch, das ich gemacht hatte, zu erweitern. Sofort quoll Blut aus der Wunde. Ich konnte kaum noch sehen, was ich tat. David nahm Lionels Spieße und versuchte sie durch die Wunde zu schieben. Uns wurde sofort klar, daß die Öffnung nicht groß genug war. David schüttelte den Kopf, um mir zu bedeuten, daß ich sie mit dem Messer noch erweitern sollte. Wenn wir jetzt versuchten, den Spieß durchzuschieben, würde sie aufreißen. David zog den Spieß wieder heraus, ich setzte das Messer an und erweiterte die Wunde auf einen guten Zentimeter Breite. Jetzt ergriff David wieder den Spieß und schob ihn durch den Schnitt, durch jene Wunde, die ich der Brust meines Bruders zugefügt hatte.

Ich sah in sein Gesicht, und es war ausdruckslos, nur ein bißchen blaß. Ich kannte den Schmerz, den er durchlitt. Ich hatte ihn schon viele Male verspürt. Aber ich wußte auch, daß er ein Krieger war. Ich band ihn an dem Seil fest und schlang dabei eine Acht um den Holzstab. Als wir mit unserer Arbeit fertig waren, halfen wir ihm aufzustehen.

Ich gab ihm die Hand und sagte feierlich: »Bruder, du bist jetzt fertig.«

Ich konnte am glasigen Ausdruck seiner Augen erkennen, daß er große Schmerzen hatte und im Schock war, deshalb sorgte ich dafür, daß er sich bewegte und redete. Nach ein paar Minuten konnte man sehen, daß er sich besser fühlte.

Es gibt viele Menschen, die den Schmerz und den Schock, die die Zeremonie des Durchbohrens begleiten, nicht ertragen können. Genauso viele Menschen haben Probleme, sich beim Arzt eine Spritze geben zu lassen. Das Durchbohren wird unter den denkbar härtesten Bedingungen durchgeführt, so wie es die Tradition vorschreibt. Es mag anderen Menschen grausam erscheinen, aber in unserer Sicht tun wir das zum Besten des Betroffenen, etwas Besseres können wir uns nicht vorstellen. Wir tun es mit dem Segen des Schöpfers und mit soviel Mitgefühl wie möglich.

Ich half Lionel, mit seinem Seil zurechtzukommen. Ich wollte es meinem Bruder so leicht wie möglich machen. Ich wußte, daß er Schmerzen litt, aber ich wußte auch, daß er aus freiem Willen hier war. Niemand hatte ihm befohlen, hier zu sein. Und ich bemerkte auch, daß er seine Spiritualität, seinen Weg gefunden hatte und sehr glücklich und zufrieden damit war. Genau das ist das Wundervolle am Sonnentanz, es ist allein deine Entscheidung, ob du mitmachst.

Als Lionel zurückging, spannte sich sein Seil. Ich riet ihm, tief durchzuatmen und angestrengt zu beten – je intensiver er betete, desto weniger Schmerz würde er spüren. Immer wieder redete ich ihm sanft zu: »Lege dich in das gespannte Seil und dehne deine Haut. Je mehr du sie jetzt spannst, desto leichter wird sie durchreißen, wenn es an der Zeit ist. Ich weiß, daß das weh tut, Bruder, aber du mußt dich ins Seil legen.«

Er ging am Seil zurück, bis es straff gespannt war. Seine Brust sah völlig deformiert aus. Ich sagte: »*Ho ka!* Komm, Bruder, geh zum Baum und bete.«

Er tanzte auf den Baum zu, kniete sich dort auf den Boden und betete zu unserem Gott, einem Gott, den wir berühren können, zu dem wir beten und mit dem wir weinen können. Er stand auf.

Wieder ging Lionel zurück und zog an dem Seil, streckte es immer weiter. Plötzlich riß sich der Spieß auf der rechten Seite los. Er sah mich überrascht an.

»Er ist abgefallen«, sagte er, »er hat sich losgerissen!«
»Heh, das ist prima, Bruder. Nun mußt du dich nur noch auf einer Seite losreißen. Die Geister meinen es gut mit dir. Sei dankbar, dankbar, daß sie es so gut mit dir meinen. Sie wollen es dir leichtmachen. Das ist gut.«
Er lächelte mir zu. Sein Schritt war jetzt etwas leichter, aber auch entschlossener.
Inzwischen war er bereits dreimal zum Baum getanzt. Ich sagte ihm: »Wenn du das nächste Mal beim Baum bist und zurückwillst, dann renne so schnell du kannst. Mach dir keine Sorgen, ich werde hier sein, um dich aufzufangen.«
Als Sonnentanzhäuptling wacht David darüber, wie oft die Durchbohrten schon zum Beten an den Baum gegangen sind. Er winkte Lionel in die Mitte. Wir begleiteten ihn.
»Du bist bereit, dich zu befreien. Du brauchst dich nur noch auf einer Seite loszureißen.« David sprach mit sanfter Ruhe und gab ihm Worte der Ermunterung für die letzte Runde, bevor er sich befreien sollte.
Ich sah, wie David Lionel mit seinem Fächer zuwinkte und ihm bedeutete, sich loszureißen. Ich konnte nicht glauben, daß dieser kleine Kerl so schnell rennen konnte. Er drehte sich um und rannte wirklich pfeilschnell vom Baum weg. Als er das Ende des Seils erreicht hatte, drohte er hinzufallen, aber ich griff ihm unter die Arme und fing ihn auf.
»Alles in Ordnung, Bruder, du hast dich befreit.«
Er war unbeschreiblich glücklich. »Manny, ich habe es getan!«

»Darauf kannst du wetten, Bruder, du hast es geschafft.«

Ich führte ihn um den Arbor herum zu seinem Platz, und alle berührten ihn. Jeder wollte seine Energie spüren, diese ungeheure Energie, die ein Sonnentänzer gewinnt, wenn er sich durchbohren läßt, eine Energie, die so wundervoll und ansteckend ist. Es tat gut, zuzusehen, wie er langsam und sanft von seinem spirituellen Höhepunkt wieder herunterkam.

Zwischenzeitlich war Melody sehr müde geworden und hatte beschlossen, sich ein bißchen im Van hinzulegen. Sie war doch ziemlich erschöpft von den vielen Tagen, in denen sie getanzt hatte, erst in Rosebud und dann in Porcupine. Langsam kletterte sie in das Auto, ließ die Türen offen, um jede noch so schwache Brise zu nützen, legte sich hin und schlief ein, obwohl es unerträglich heiß war.

Als sie eine Weile geschlafen hatte, wachte sie auf und konnte die Trommeln hören. Plötzlich spürte sie eine Bewegung. Es waren ihre Babys, die sich zum ersten Mal in ihr bewegten. Dann fühlte sie sie wieder. Sie stand auf und konnte es nicht glauben. Es war der aufregendste Moment ihres Lebens. Sie war so überwältigt von ihren Gefühlen, daß sie zu weinen anfing und sich nach jemandem sehnte, mit dem sie das Wunder teilen konnte. Sie stand auf, kam zum Arbor herüber und bat mich mitzukommen, damit sie mit mir reden konnte.

»Was ist passiert?« fragte ich sie. Ich war verwirrt, denn sie weinte, doch zur gleichen Zeit lächelte sie.

»Die Babys haben sich zum ersten Mal ganz deutlich spürbar bewegt«, berichtete sie. »Sie haben die Sonnentanztrommeln gehört und angefangen, sich zu bewegen.« Dann fuhr sie fort: »Ich habe so etwas Ähnliches schon ein paarmal gespürt. Es ist fast so, als ob sie jedesmal zu tanzen anfangen, wenn sie die Sonnentanztrommeln hören.«

Natürlich war ich begeistert. Es war ein so wunderbares Ereignis, dessen Besonderheit noch verstärkt wurde, weil es beim Sonnentanz geschehen war.

Ich glaube, daß es von Bedeutung ist, wo sich Kinder befinden, wenn sie ihre ersten Geräusche hören. Meiner Meinung nach ist das Wunderbarste, was einem Menschen passieren kann, daß die ersten Töne, die er hört und auf die er reagiert, das Schlagen der Sonnentanztrommeln ist.

Das Unten – die Farbe Grün
»Mutter Erde«

Lebensspenderin

Nachdem der Sonnentanz vorüber war, fuhren Melody und ich zurück nach Buffalo im Staat New York und zu den Niagarafällen, wo wir einen Vorratsschuppen hatten. Nördlich von Toronto, in dem Städtchen Richmond Hill, hatten wir gerade ein Haus mit drei Schlafzimmern gemietet. Wir boten unsere Waren weiterhin bei Messen an und verkauften unsere Handarbeiten in ganz Kanada. So wie die Dinge sich entwickelten, wurde das Leben für uns beide etwas leichter.

Eines Morgens trafen wir gerade Vorbereitungen, an einer der größten New-Age-Messen Kanadas, wenn nicht ganz Nordamerikas, teilzunehmen, als das Telefon klingelte. Es war ein alter Freund aus Oklahoma.

Erstaunt fragte ich ihn: »Woher weißt du meine Telefonnummer, Bob?«

»Das war nicht einfach. Ich habe in ganz Kalifornien rumtelefoniert. Mein Freund, du solltest dich lieber hinsetzen.«

»Was soll das heißen?«

Er fuhr fort: »Es geht um deine Ex-Frau. Sie ist gestern abend bei einem Verkehrsunfall ums Leben gekommen.«

Es war schon eine ganze Weile her, daß wir uns getrennt hatten und geschieden waren, so daß es mich gefühlsmäßig nicht sehr berührte. Ich hegte ihr gegenüber keine Gefühle mehr. Mein erster Gedanke war, wie es den Kindern ging, und ich fragte Bob nach ihnen.

»Es geht ihnen gut. Sie sind bei mir. Was soll mit ihnen geschehen?«

Noch im Schock versuchte ich meine Gedanken zu ordnen, wie es weitergehen könnte. »Nun, im Augenblick habe ich kein Geld. Aber morgen beginnt eine viertägige Verkaufsschau. Wenn du solange auf sie aufpassen könntest, hole ich sie gleich nach dieser Messe ab.«

»Ist in Ordnung«, meinte er, »aber du solltest mir telegrafisch deine Erlaubnis rüberschicken, daß ich so lange die Verantwortung für die Kinder übernehmen darf, sonst mischt sich die Fürsorge ein und nimmt sie mit. Und wenn sie das tun, dann wird es sehr schwer für dich werden, sie wiederzubekommen, wenn du dann kommst. Dann haben sie sie längst ins Waisenhaus gegeben.«

Ich flehte ihn an: »Bob, bitte laß keinen an meine Kinder ran, halte sie für mich zusammen. Ich danke dir für deine Fürsorge und deine Freundschaft. Ich rufe dich an, sobald ich losfahren kann.«

In solchen Zeiten erfährt man eine Menge über seine Freunde. Ich dankte Gott für Bobs Eingreifen und betete, daß die Schau für mich erfolgreich sein möge, damit ich es mir leisten konnte, meine Kinder zu holen.

Melody hatte mich in eine Welt eingeführt, die mir Dinge zeigte, von denen ich nicht einmal gewußt hatte, daß es sie gibt. Auf der ersten Messe, zu der sie mich mitnahm, verkaufte sie ihre Kristalle und Edelsteine, und ich versuchte so zu tun, als sei ich gewohnt, mich unter solchen Leuten aufzuhalten. Melody mußte über mich lachen. Sie wußte, daß ich mich in der Gegenwart von manchen dieser Leute nicht gerade wohl fühlte. Wir sahen einige wirklich merkwürdige Typen, darunter Leute, die angeblich schon einmal von UFOs entführt worden waren, sowie Handleser, Sterndeuter und Hypnotiseure. Diese Messe öffnete meine Augen für Dinge, mit denen ich in gewisser Weise vertraut war, aber nicht in der Weise, wie ich sie dort sah.

Nach dieser Einführung erzählte ich Melody, wie seit Tausenden von Jahren unser Volk die Geistwesen um Führung befragt hatte. Manche älteren Medizinmänner wandten unterschiedliche Methoden an, um den Menschen zu helfen. Einige benutzten Federn, Stöcke, kleine Knochen und sogar Steine. Andere heilten und halfen durch Handauflegen. Dazu gehörte das Trommeln und Singen, während sie die Verbindung zu den Geistwesen aufnahmen, um von ihnen Weisungen zu bekommen.

Daher war dies keine fremde Welt für traditionelle Mitglieder der Ur-Völker Amerikas. Ich wüßte nur nicht, daß wir einen besonderen Namen dafür haben. Ted Silverhand, ein guter Freund und ein Indianer, nennt sich einen Seher und deutet den Menschen die Zukunft. Man hat mir erzählt, er sei sehr gut darin.

Für mich ist das etwas, was schon mein ganzes Leben lang da war. Immer hatten mich Leute um Rat gefragt und mir ihre Probleme erzählt. Offensichtlich hatte ich immer tröstliche Worte für sie und wußte, was ich ihnen in ihrer Zeit der Not sagen mußte. Ich half einigen Paaren, ihre Probleme zu lösen, als sie kurz davor standen, sich zu trennen.

Das alles war so sehr ein Teil von mir, daß ich gar nicht bemerkte, daß ich eine besondere Gabe hatte. Ich bin sehr dankbar dafür. Ich war nie auf die Idee gekommen, daß jemand bereit sein könnte, für meinen Rat Geld zu bezahlen. Da hatte ich mich gründlich geirrt. Es ist alltäglich, daß die Menschen Ratgeber und Berater für ihre Hilfe bezahlen.

Der Schöpfer verlieh mir eine Gabe, mit der ich den Menschen helfen und meine Kinder ernähren konnte. Es ist ein fairer und guter Austausch. Das hat mir Melody klargemacht. Ich weiß heute, daß ich ein Seher, ein Deuter, ein Ratgeber und Berater bin, und daß ich darin sehr gut bin. Ich habe eine Menge Erfahrung, und ich habe Zeugnisse meiner Fähigkeit, die Zukunft der Menschen vorherzusagen und sie dabei zu beraten, wie sie diese Informationen am besten nutzen können. Ich bin stolz, daß ich ein Teil dieser alten und ehrwürdigen Praktik bin.

Da meine Kinder allein waren, wollte ich sie zu mir holen, aber das würde eine größere Summe kosten.

Unerwartet riefen plötzlich meine Freunde Barry und Carol an und fragten, ob wir vielleicht Geld bräuchten. Georgina, eine andere Freundin, wollte uns etwas Geld schenken. Auch Ted Silverhand gab uns Geld, um uns zu helfen. Dann boten Carl, Shawna und Melva ihre finanzielle Hilfe an. Diese Großzügigkeit von allen schnürte mir die Kehle zu. Meine Worte reichten nicht aus, um auszudrücken, was ich fühlte. Ich war dem Schöpfer sehr dankbar, daß er mir in meiner Zeit der Not diese großartigen Menschen geschickt hatte.

Ich kann gar nicht jeden erwähnen, der es verdiente, denn es waren so viele. Menschen, die ich nicht einmal kannte, kamen von überall her, um uns zu helfen. Jeder, der uns Geld gab, tat das, ohne Bedingungen und ohne eine zeitliche Begrenzung zu nennen, wann wir es zurückzahlen müßten. Ich weiß nicht, was wir ohne ihre Hilfe gemacht hätten. So war es für mich viel einfacher, meine Kinder zu holen.

Direkt nach der Messe brachte mich Melody zum Flughafen in Toronto. Mit dem, was wir auf der Messe verdient hatten, waren dreitausend Dollar zusammengekommen, die ich mitnehmen konnte. Gegen Abend war ich in Tulsa, wo mich mein Freund abholte und zu seinem Haus brachte.

Meine vier Töchter und mein Sohn warteten bereits, als wir bei Bobs Haus ankamen. Die Zwillinge waren kurz zuvor zehn Jahre alt geworden. Der Unfall war direkt vor ihrem Geburtstag passiert. Freunde der Familie, Barbara, Mildred und Sherry, hatten ihnen ein paar Geschenke gekauft. Ich war ihnen sehr dankbar dafür.

Meine Kinder zum ersten Mal seit zwei Jahren wiederzusehen, war ein großartiges Erlebnis für alle, die dabei waren. Sie hatten mir unendlich gefehlt, und ich hatte viel für sie gebetet. Ich hatte mich durchbohren lassen, damit sie beschützt und sicher waren. Ich hatte gebetet, sie eines Tages zurückzubekommen, aber ich habe nicht im Traum daran gedacht, daß es auf diese Weise geschehen würde.

Jetzt wußte ich, warum mir die Geistwesen beim Sonnentanz im Vorjahr übermittelt hatten, daß ich jeden Tag für meine Kinder tanzen und mich jeden Tag für sie durchbohren lassen sollte. Sie wollten sehen, ob ich wert und willens sei, für meine Kinder Opfer zu bringen. Meine Brust war rot geschwollen, verursachte stechende Schmerzen und brannte von den vielen Durchbohrungen. Nun war sich Gott sicher, wenn sie bei mir wären, würde ich dafür sorgen, daß diese Kinder in jeder Hinsicht beschützt würden.

Ich glaube fest daran, daß der Schöpfer meine Ex-Frau gewarnt hat, unsere Kinder nicht zu vernachlässigen, wie sie es wohl seit einiger Zeit schon getan hatte. Sie ließ sie öfter für längere Zeit allein in diesem heruntergekommenen Haus, in dem sie lebten. Vielleicht hat der Schöpfer sie ja gewarnt, wenn sie damit nicht aufhöre, würden drastische Schritte unternommen, um diese Kinder zu schützen.

Obwohl die Kinder nicht gerade begeistert waren, daß man sie so konsequent vor den neugierigen Nachbarn abgeschirmt hatte, hoffte ich, daß sie eines Tages verstehen würden, daß Bob und Dee Dee ihnen und mir einen großen Gefallen damit getan hatten. Sie hatten sie von der Schule abgeholt, bevor die Nachricht vom Unfall ihrer Mutter in der Stadt bekannt wurde, und so die Kinder vor sogenannten Freunden und Nachbarn geschützt – vor ihrem Klatsch, dem Anstarren und dem Mit-dem-Finger-auf-sie-Zeigen –, bis ich da sein konnte.

Ich nahm meine Kinder und brachte sie von alldem weg. Die ganzen »Freunde« meiner Ex-Frau hatten im Haus gewütet wie ein Tornado. Sie hatten alles mitgenommen: meine Gewehre, mein Werkzeug zum Silberschmieden, meine Kleider, die Kettensägen – alles, was meiner Ex-Frau und mir gehört hatte, selbst die Kleidung der Kinder. Zum Glück hatten ein paar gute Freunde, die früher für uns gearbeitet haben, ein paar der wichtigen persönlichen Sachen meiner Frau sichergestellt, Dinge, die sie an die Kinder weitergeben wollte. Das war gut, und ich war dankbar dafür.

Die ganze Zeit hatte ich ein flaues Gefühl im Magen und fragte mich, wie ich damit fertig werden sollte, daß meine Kinder wieder in mein Leben zurückgekehrt waren. Zwar hatte Melody versichert, sie würde sich um sie kümmern und wir würden das schon hinkriegen, aber wie würde das in der Praxis aussehen? Melody hatte überhaupt keine Erfahrung mit Kindern, sie war ein Einzelkind. Und wie wollte sie mit diesen vielen Kindern fertig werden, besonders da sie auch noch zum ersten Mal schwanger war?

Ich wußte, es würde für uns alle sehr schwierig werden und unser Leben grundlegend verändern, aber es tat mir jedesmal in der Seele weh, wenn ich daran dachte, wie die ganze Welt meiner Kinder über Nacht auf den Kopf gestellt worden war. Ich fragte mich, wie sie sich wohl fühlten, plötzlich in der Obhut eines Vaters zu sein, den sie zwei Jahre lang nicht gesehen hatten – festzustellen, daß sie kein Heim, keine Mutter, keine Kleider und keine Annehmlichkeiten hatten. Das einzige, was ihnen geblieben war, war der Glaube in ihren Vater. Sie taten mir so leid, wegen ihres Verlusts und ihrer Verwirrung. Sie klammerten sich alle an mich, ihre einzige Hoffnung auf Schutz vor dem Sturm in ihrem Leben.

Bob fuhr mich nach Claremore, einem Städtchen in der Nähe, und wir kauften vom Fleck weg einen großen Kombi. Ich achtete nicht einmal darauf, ob er in einem guten Zustand war. Bei meiner augenblicklichen Geistesverfassung konnte ich nur auf *Tunkashila* – Gott – bauen und auf dessen Hilfe. Also kaufte ich diesen Kombi, setzte die Kinder hinein und fuhr nach Kanada. Mein Aufenthalt in Oklahoma hatte nicht einmal vierundzwanzig Stunden gedauert.

Auf der Heimfahrt wollten alle fünf Kinder neben mir auf der Vorderbank sitzen. Es war, als sei der Rücksitz zu weit weg von mir. Ich war alles, was sie jetzt noch hatten. Den ersten Stopp legten wir in Joplin, Missouri, ein. Wir hielten vor einem Motel, damit alle Kinder duschen konnten. Dann hielten wir an einem Laden, und ich kaufte allen Kindern zwei Garnituren Kleidung. Nachdem alle sauber und frisch angezogen waren, lud ich sie zum Abendessen ein. Sie konnten gar nicht genug essen. Sie sahen so dünn und unterernährt aus, daß ich mich fragte, wie ihr Leben wohl gewesen sein mochte, nachdem ich gegangen war. Es brach mir das Herz, wenn ich nur daran dachte.

Langsam, aber beständig arbeiteten wir uns immer weiter nach Norden vor bis nach Kanada. Als wir mein Haus erreichten, hatte sich Melody auf die Veränderung in ihrem Leben bereitwillig eingestellt. Sie hatte unser Haus umgemodelt in ein Heim für die Neuankömmlinge. Sie hatte für die Kinder Etagenbetten, Matratzen, Bettücher, Kissen und Bezüge aufgetrieben. Das war eine großartige Leistung für eine Frau, die im siebten Monat schwanger war, und es war überhaupt eine eindrucksvolle Leistung, sich von der Ausrichtung auf eine Kleinfamilie darauf umzustellen, für fünf Kinder zu sorgen, die man nie zuvor gesehen hatte. Ich war sehr stolz auf sie und dankte oft Gott und den Geistwesen, die sie zu mir geführt hatten. Das war alles geschehen, um die jetzige Situation vorzubereiten. Melody hatte um einen Menschen gebetet, mit dem sie ihr Leben teilen konnte, und ihre starken Gebete hatten mich von Kalifornien nach Tucson gerufen. Der Ruf war sehr mächtig. Gott wußte, daß ich – und auch meine Kinder – sie acht Monate später brauchen würden.

Als die Kinder eingetroffen waren, kamen von allen Seiten Freunde, um Melody bei der Ausstattung zu helfen. Tüten über Tüten von Vorräten wurden täglich abgegeben – Kleidung, Schuhe, Spielzeug, Bücher, alles mögliche, was sie vielleicht brauchen könnten. Die Großzügigkeit der Menschen überwältigte mich. Die Nachricht über das, was den Kindern zugestoßen war, verbreitete sich rasch, und alle boten Hilfe und Unterstützung an.

Nicht lange nachdem die Kinder angekommen waren, heirateten Melody und ich. Sie war zwar schon im siebten Monat schwanger, aber ich wollte, daß sie verheiratet und in rechtlich klaren Verhältnissen war, wenn das Kind zur Welt kam. Mein Sohn Rockie machte bei der Trauung den Brautführer, und alle meine Töchter waren Trauzeugen und sahen einfach wunderschön aus. Sie hatten Melody und die Liebe, die sie ihnen entgegenbrachte, vom ersten Augenblick, in dem sie in die Tür trat, akzeptiert. Ich war darüber sehr glücklich.

Die Hochzeitsvorbereitungen und die Eingewöhnung in das Leben in Kanada halfen dabei, sie von dem Trauma abzulenken, das sie gerade erlitten hatten. Ich glaube, sie fühlten sich dadurch geborgener in ihrem neuen Heim und ihrer neuen Umgebung.

Wir hatten einen wunderbaren Empfang im Haus von Melodys Mutter Lynne und vergossen eine Menge Freuden- und Lachtränen dabei.

Ende Dezember, ein paar Wochen nach der Hochzeit, bekam Melody eines Abends nach dem Essen Schmerzen. Wir riefen das Krankenhaus an, und sie rieten ihr zu einem warmen Bad und einem Bier, damit sie sich entspannte, was sie auch machte. Doch die Schmerzen wurden schlimmer, und so riefen wir das Krankenhaus noch einmal an. Melody hatte sich inzwischen schon hingelegt, und die Hebamme bat mich, Melody den Hörer zu geben. Als ihr Melody die Schmerzen beschrieb, die sie hatte, meinte die Hebamme, wir sollten sie ins Krankenhaus bringen,

240

die Wehen hätten offensichtlich angefangen! Sie würden alles für sie vorbereiten.

Es lagen gut zehn Zentimeter Neuschnee, was problematisch war, da unsere Einfahrt eine leichte Neigung hatte. Ich schaufelte den Schnee weg und säuberte sie so gut wie möglich, während meine Tochter Stormy Melody half, ihre Sachen zusammenzupacken. Sie konnte kaum gehen, aber es gelang uns, sie ins Auto zu bringen. Ich hatte immer noch Schwierigkeiten, rückwärts herauszufahren, und fürchtete schon, in unserer Einfahrt steckenzubleiben. Auch hier wachte Großvater über uns.

Wir fuhren los zum Krankenhaus, und inzwischen schneite es heftig. Die Schneeflocken waren groß und naß. Die Scheibenwischer hatten Mühe, die Windschutzscheibe freizuhalten. Das York-Central-Hospital war nur acht Meilen von unserem Haus entfernt, aber wegen des Schnees brauchten wir über eine halbe Stunde, bis wir dort waren.

Im Krankenhaus brachten die Schwestern Melody direkt in den Kreißsaal. Stormy und ich gingen mit und blieben bei ihr die ganzen sieben Stunden, die ihre Wehen dauerten. Man sagte uns, das sei nicht sehr lange für eine Erstgebärende, aber mir kam es vor, als seien es Tage. Es tat mir weh, Melody so leiden zu sehen. Ich wünschte, es gäbe für mich eine Möglichkeit, ihr diesen Schmerz abzunehmen. Stormy war erst dreizehn, aber die ganze Zeit half sie Melody beim Atmen und hielt ihre Hand. Sie war ein paarmal zu Melodys Geburtsvorbereitungskurs mitgekommen. Als älteste Tochter war Stormy immer für die anderen Kinder verantwortlich gewesen, wenn ihre Mutter nicht da war, und so war sie viel reifer als in ihrem Alter üblich.

Ein paar Monate zuvor hatten wir erfahren, daß es doch nur ein Baby war, und nicht zwei, wie wir erst gedacht hatten. Die Geburt verlief vollkommen natürlich. Keine Medikamente, kein Schnitt, das Baby kam einfach auf die Welt. Die Geburt selbst ging dann so schnell vor sich, daß Stormy plötzlich ein Bein in der Hand hatte und ich das andere. Obwohl ich schon mehrfach Vater geworden war, war dies das erste Kind, das ich je zur Welt kommen sah. Es war ein faszinierender Anblick.

Auf dem letzten Sonnentanz hatte ich darum gebetet, daß das Baby gesund sein möge, und es stellte sich heraus, daß meine kleine Tochter wunderschön und in jeder Hinsicht vollkommen war. Ich gelobte Großvater, meinen Rücken durchbohren zu lassen und Büffelschädel zu ziehen, um ihm dafür zu danken, daß er sie uns gesund und vollständig gebracht hatte.

Wir gaben ihr den Namen *Oriona* nach dem Sternbild Orion. Ihr zweiter Name ist Estrella, das spanische Wort für »Stern«.

Nach der Geburt brachten sie Melody und das Baby in einen Raum im oberen Stockwerk, und Stormy und ich verließen das Krankenhaus. Es war ungefähr sechs Uhr morgens. Als ich mit Stormy aus der Tür trat, war das erste, was ich auf dem Boden sah, drei kleine Schneespatzen – Snow Sparrows –, die auf den Stufen ein paar Brotkrumen wegpickten. Die Geistwesen hatten mir einen indianischen Namen für meine kleine Tochter übermittelt: Little Snow Sparrow.

Nachdem Melody mit dem Baby wieder zu Hause war, spielte sich alles ein, beherrscht natürlich von den Launen und Eigenheiten eines Säuglings. Die Energie dieses kleinen Babys reichte, uns als Familie zusammenzuschmieden, und die Kinder verliebten sich sofort in ihre neue Schwester.

Der Frühling kam, bevor wir uns versahen, und wir begannen über den Sonnentanz nachzudenken. Es wurde langsam Zeit für mich, aufzubrechen und meine Dankbarkeit zu zeigen für all das Gute, was uns im vergangenen Jahr gegeben wurde.

Die Zeit des Sonnentanzes rückte näher, und wir machten uns bereit. Geld schien immer dann aufzutauchen, wenn wir es brauchten. Wir kauften einen Wohnwagen mit versenkbarem Dach, in dem wir zu acht schlafen konnten, packten das Auto, das wir damals in Oklahoma gekauft hatten (erstaunlicherweise lief es immer noch), und fuhren nach South Dakota. Nachts schliefen wir im Wohnwagen am Straßenrand.

Gerade diese Reise war für mich etwas ganz Besonderes. Obwohl meine Kinder bei allen vier Schoschonen-Sonnentänzen in Wyoming dabei gewesen waren, würde das ihr erster Lakota-Sonnentanz sein. Endlich würden sie das Durchbohren zu sehen bekommen, das ihrer Mutter so viel Furcht eingejagt hatte.

Unterwegs machten wir halt in Pipestone, Minnesota, wo ich meine Pfeifen für den Sonnentanz kaufte. Dort trafen wir uns mit ein paar Freunden, die aus Maryland zum Sonnentanz anreisten. Zusammen gingen wir zu den Steinbrüchen und trafen

Todd, Ray und andere, die ich als gute Steinschneider kannte.

Im Handel sind viele Arten von »Friedenspfeifen« zu haben, die im ganzen Land verkauft werden. Doch mit einer Pfeife aus Pipestone bekommt man eine Urkunde, die bestätigt, daß es eine authentische Pfeife ist, die nur von Indianern gemacht wurde. Manchmal kaufe ich gleich mehrere Pfeifen und gebe sie dem Sonnentanzhäuptling, damit er sie jenen Sonnentänzern schenken kann, die er dessen für würdig hält.

Eine Pfeife zu verschenken ist von großer Bedeutung, und man sollte sorgfältig darüber nachdenken. Wenn der Sonnentanzhäuptling jemandem eine Pfeife schenkt und ihn damit zum Pfeifenträger macht, übernimmt der Sonnentanzhäuptling dadurch die Verantwortung für denjenigen, der die Pfeife trägt, und für das, was mit der Pfeife passiert. Der Tradition nach darfst du dir deine Pfeife nicht selbst kaufen, du mußt sie geschenkt bekommen. Ein Pfeifenträger zu sein ist eine heilige Verantwortung und sollte nicht auf die leichte Schulter genommen werden.

Ich glaube nicht, daß eine Pfeife als heiliger Gegenstand betrachtet werden sollte, solange sie noch nicht in einer Schwitzhütte war und kein Medizinmann ihr Leben eingehaucht hat. Wenn sie den Atem des Lebens erhält, die Macht zu heilen, dann, so glaube ich, ist es ein Sakrileg, diese *Chanupa* zu kaufen oder zu verkaufen. Sie wird zu einem lebenden Wesen, und man verkauft keine Lebewesen. Das ist

244

der Grund, warum ich keinen Teil eines Adlers kaufe oder verkaufe und warum ich keine Heilige Pfeife verkaufen würde. Es gibt eine Menge unterschiedlicher Meinungen darüber, was dabei recht und was unrecht ist. Ich persönlich denke, eine Pfeife ist einfach ein Gegenstand wie jeder andere, bis sie die Zeremonie durchlaufen hat. Es gibt viele Touristen, die im Zentrum von Pipestone Pfeifen kaufen.

Ich bin der Meinung, nur die Indianer, die dort seit Generationen den Pfeifenstein abbauen, sollten diese Pfeifen auch verkaufen dürfen. Es ist eine Gabe, die ihnen der Schöpfer verliehen hat. Damit ernähren sie ihre Familien. In alter Zeit haben sie sie zwar nicht verkauft, aber sie tauschten sie gegen Ponys ein oder Pemmikan oder getrockneten Büffel-Jerky, sie nahmen dafür Hirschhäute oder Perlen – eben alles, was als Tauschware in Frage kam. Deshalb meine ich, wenn irgend jemand diese Pfeifen verkaufen darf, dann sollten es diese Menschen sein. Sie sind die einzigen, von denen ich eine Pfeife kaufen werde. Ich würde auch etwas für eine Pfeife eintauschen, wenn sich die Gelegenheit ergibt und der Handel fair ist. Soweit es mich betrifft, ist das annehmbar und ich hätte Spaß dabei.

Nachdem wir die anderen Sonnentänzer in Pipestone getroffen hatten, setzten wir unsere Fahrt nach South Dakota fort. Unterwegs geschah etwas Bemerkenswertes. Meine zehnjährige Tochter Rebecca sagte zu mir: »Papa, ich möchte beim Sonnentanz mitmachen. Ich möchte mit dir dort zusammensein und alles mit dir teilen. Ich möchte das erleben.«

Ich setzte mich mit ihr zusammen, und wir redeten lange darüber. Auch mein Sohn Rockie, der fünfzehn war, erklärte, er wolle während des Sonnentanzes bei mir sein. Es machte mich verlegen und glücklich, daß meine beiden Kinder mich auf diese Weise ehrten, daß sie sich dafür entschieden hatten, mir in den Sonnentanz zu folgen und damit den Weg der *Chanupa* und der Roten Straße *(Red Road)* gehen wollten. Wir setzten uns zusammen und redeten darüber, und ich stellte ihnen Fragen – warum sie tanzen wollten, was die Heilige Pfeife für sie bedeute und so weiter –, damit ich ihre Beweggründe verstehen konnte. Ihre Antworten überzeugten mich, so daß ich ihnen Erlaubnis gab, mit mir zu tanzen. Ich erklärte ihnen auch, daß sie erst einmal vier Jahre tanzen müßten, bevor sie in Erwägung ziehen könnten, ob sie sich durchbohren lassen. Ich denke, mein Sohn war recht froh darüber. Er fühlte sich noch nicht bereit dafür. Er wollte nur bei mir sein im Sonnentanz.

Wir erreichten das Gelände des Sonnentanzes und trafen dort auf Auseinandersetzungen, weil der Ironwood Hilltop Sundance sich aufgelöst hatte. Der Grund dafür war ein Familienstreit darüber, auf wessen Besitz der Arbor lag. Deshalb hatte man den Sonnentanz nach Hollow Horn Bear verlegt. Dessen Sonnentanzhäuptling hatte uns die Erlaubnis gegeben, unseren Sonnentanz so lange auf ihrem Gelände abzuhalten, bis wir wieder einen ständigen Platz gefunden hatten.

Im Jahr zuvor hatte ich den Schöpfer gebeten, mir ein gesundes, normales Baby zu schenken. Wenn meine Gebete erhört würden, hatte ich gelobt, würde ich mir zu Ehren des Schöpfers und meines Babys den Rücken durchbohren lassen und Büffelschädel ziehen. Der Schöpfer hatte meine Gebete erhört, und nun war es Zeit, meine Verpflichtung zu erfüllen. Der Arbor in einem Lakota-Sonnentanzkreis ist nicht sehr groß, aber er kommt dir so vor, wenn du Büffelschädel hinter dir herziehst. Melody hat mir später erzählt, wenn die Menschen, die den Arbor umstanden, merkten, daß ich mich durchbohren lassen wollte, dann seien mindestens fünfzig herübergekommen, um hinter mir und meiner Familie zu stehen. Es war, als ob jeder wüßte, daß etwas ganz Besonderes geschehen würde und daran teilhaben und mich unterstützen wollte.

Zuerst wurde ich vorn durchbohrt, einmal auf jeder Seite. Als ich mich losgerissen hatte und im Arbor herumtanzte, kehrte ich sofort zu den Sonnentanzführern zurück, damit sie mich auf dem Rücken durchbohrten. Ich bat Lessert, dieses Mal besonders tief zu stechen, denn ich wollte nicht freikommen, bevor ich nicht meine vier Runden um den Arbor gemacht hatte.

»In Ordnung«, antwortete er, »das ist deine Entscheidung.« Als er fertig war, beugte er sich zu mir hinüber und flüsterte mir ins Ohr: »Manny, das hält garantiert bis Weihnachten!« Er hatte dieses Mal sehr tief gestochen.

Manchmal wollen sie dir möglichst wenig Schmerz zufügen und durchbohren dich nicht sehr tief. Und weil die Büffelschädel so schwer sind, kommen die Männer dann schon frei, bevor sie das vollendet haben, wozu sie gekommen sind. Ich wollte unbedingt tief genug durchbohrt werden, damit mein Fleisch nicht ausriß, bevor ich meine Runden beendet hatte.

Als ich so dastand und durchbohrt wurde, war mein Geist in Hochstimmung. Es war ein gutes Gefühl, etwas von dem zurückgeben zu können, was mir der Schöpfer gegeben hatte. Henry kam zu mir herüber und stellte sich vor mich hin, um mir seine persönliche Energie und Unterstützung zu geben. Er schaute mir direkt in die Augen und hielt meine Oberarme fest, als das Messer in mein Fleisch schnitt. Er achtete darauf, ob es mir gutging und ich den Mut hatte, dies durchzustehen.

Nachdem Lessert mich durchbohrt hatte, meinte er: *»Ho-ka.«* Dann lächelte er mich an: »Okay, Manny, alles in Ordnung.«

Sie banden mich an die Büffelschädel. Ich glaube, ich hatte Glück, daß es nur vier Schädel waren, und jeder wog nur gut zehn Kilo.

Ich bat darum, mir meine jüngste Tochter zu bringen, und erklärte dann: »Ich werde sie mit mir herumtragen.«

Sie brachten mir Oriona, meine Little Snow Sparrow, und ich nahm sie auf den Arm. Das muß ein merkwürdiger Anblick gewesen sein: ich, ein älterer, sonnengebräunter Indianer – und meine Tochter, ein blondes, versonnenes Baby, das für die Zeremonie in einem weißen Anzug steckte. (Manchmal nannte ich sie auch Little Jellyfish [Kleine Qualle].) Es war ein wunderbares Gefühl, mein Kind zu tragen, das Gott mir gegeben hatte mit allen Gliedern und so normal, wie ein Kind nur sein konnte.

Später berichtete mir Melody so gut sie konnte, was vor sich gegangen war, als ich das Baby herumtrug. Kein Auge war trocken geblieben. Männer, Frauen und selbst einige Sonnentänzer weinten. Auch meine Töchter, Stormy, Dory und Mary weinten und hielten sich umschlungen. Es muß die Herzen der Menschen sehr berührt haben, einem Mann zuzusehen, der für seine Tochter litt. Vielleicht fühlten sie auch, daß ich einen Teil von ihnen trug. Als ob das Baby jeden einzelnen repräsentierte, der dieser besonderen Zeremonie beiwohnte.

Da mein Freund das Durchbohren so ausgeführt hatte, wie ich es erbeten hatte, hielten beide Durchbohrungen, als ich im Kreis tanzte. Ich konnte den Kies unter meinen Füßen spüren. Ich fühlte die sanfte Brise. Ich konnte den Salbei riechen. Ich hatte langsam im Westen begonnen, hielt zuerst im Norden, um mein Baby den Geistwesen des Nordens entgegenzuhalten, damit sie es segneten, und dann tanzte ich weiter.

Das Gewicht der Schädel, die ich zog, erzwang, daß ich mich nach vorne lehnte, manchmal fast parallel zum Boden. Die Schädel rollten hin und her, und manchmal landeten sie auf der Stirn und den Zähnen. Dann gruben sich die Zähne in den Boden, und ich wurde zurückgerissen. Der Schmerz war unerträglich.

Ich tanzte weiter. Ich bot mein Baby dem Osten dar, und als ich zum Süden kam, bot ich meine Tochter dem Süden dar. Jedesmal, wenn ich anhielt und sie in einer Richtung darbot, war es sehr schwierig, wieder in Gang zu kommen. Wenn du Büffelschädel ziehst, bekommst du normalerweise in jede Hand einen heiligen Stab, der dir hilft, dich vorwärtszukämpfen. Doch als ich das Baby auf den Arm genommen hatte und man mir den Stab anbot, meinte der Sonnentanzhäuptling: »Du wirst ihn nicht brauchen.« Er nahm ihn aus meiner Hand, als ob er wußte, daß ich die Stärke haben würde, mich ohne ihn vorwärtszuschleppen. Schließlich hatte ich die Runde vollendet und hielt an, um mein Baby dem Westen darzubieten. Nun mußte ich noch vier Runden vollenden.

Ich wurde zurückgerissen und lehnte mich wieder nach vorne, nach hinten und nach vorne. Langsam bewegte ich mich wieder vorwärts, und dann begann ich etwas schneller zu gehen. Ich fühlte mich so gut, aber ich merkte auch, daß ich schnell ermüdete. Mein Mund und meine Kehle waren so trocken, dennoch fühlte ich mich voller Energie. Ich hatte das Gefühl, als zöge ich die ganze Welt hinter mir her, aber hätte auch die Energie von allen Menschen im Arbor, die mir dabei halfen.

Das Baby war ruhig und schaute sich um. Es spielte mit den Federn an meinem Adlerflügelfächer. Das Blut von den zwei Durchbohrungen auf meiner Brust hatte seinen weißen Anzug befleckt. Später entschied Melody, diesen Anzug zu behalten, damit sie eines Tages unserer Tochter erklären konnte, was es damit auf sich hatte.

Ich ging zum zweiten Mal herum und rang nach Luft. Als ich die dritte Runde begann, fühlte ich mich plötzlich wieder kräftiger. Ich war sicher, daß das Baby mir Energie gab. Die Unterstützung all jener, die mir zuschauten und für mich beteten, gab mir Stärke. Der Mut vom Schöpfer half mir, weiterzumachen.

Alle fühlten meinen Schmerz mit mir. Als ich die Westseite des Arbors erreicht hatte, hielten sie mich an. Ich dachte, ich hätte noch eine Runde zu gehen, aber sie meinten: »Das war's, Manny. Du bist viermal herumgegangen.«

Ich blieb stehen. Ich fühlte mich sehr erschöpft, und mein Herz klopfte heftig. Schwitzen konnte ich nicht, weil ich so ausgetrocknet war.

Jemand nahm mir das Baby ab, und dann sagte Henry: »Okay, Manny, es ist jetzt Zeit, dich loszureißen, Zeit, dich von diesen Büffelschädeln zu befreien.«

Einer meiner Freunde, ein rothaariger, sommersprossiger Sonnentänzer namens Don aus Olympia im Staat Washington, ein mächtiger Kerl, bot mir an: »Manny, ich bin bei dir, Bruder. Was kann ich für dich tun?«

Ich bat ihn, sich auf den ersten Schädel zu setzen. Ich lächelte ihm zu und sagte: »Halt dich fest, Don, ich ziehe dich eine Runde.« Er erwiderte mein Lächeln, drehte sich um und ging zu den Schädeln.

Dann setzten sich meine Kinder Rockie und Becky auf den zweiten und dritten Schädel, um sie an Ort und Stelle zu halten, damit ich mich losreißen konnte. Als jeder an seinem Platz und bereit war, stellte ich mich so dicht wie möglich vor die Schädel. Ein anderer Sonnentänzer machte sich bereit, mich aufzufangen.

Ich lief in vollem Galopp los. Ich rannte schnell und mit letzter Kraft. Ich wollte sichergehen, daß die Durchbohrungen beim ersten Mal ausrissen. Gelingt dies einem Sonnentänzer nicht, dann muß er es immer weiter versuchen, bis er es endlich schafft.

Im letzten Moment, direkt bevor ich mich losriß, schaute ich zu Lessert hinüber, der meinen Rücken durchstochen hatte. Er stand da und schaute. Aber er beobachtete nicht mein Gesicht, sondern schaute auf meinen Rücken, und als ich mich losriß, sah ich ungläubiges Staunen auf seinem Gesicht. Er war überrascht, daß ich mich so leicht befreien konnte.

Ich hatte meine Verpflichtung gegenüber Großvater erfüllt. Ich hatte mein Baby viermal herumgetragen und den Schöpfer dabei um Hilfe gebeten.

Meine Aufgabe war erfüllt, und ich hatte sie mit Ehre, Achtung und vielen Gebeten vollbracht. Der Große Geist hatte keinen Sinn darin gesehen, mich noch länger an diese Schädel zu ketten, deshalb hatte er mir erlaubt, mich schon beim ersten Versuch loszureißen.

Wir beendeten den Tag voller Freude und mit guten Wünschen von anderen Menschen. Es war ein langer und heißer Tag gewesen, aber ein guter. Für mich war es ein harter Tag.

Bei diesem Sonnentanz durften wir abends in unsere Lager zurückkehren. Als ich bei meinem ankam, war es noch nicht ganz dunkel. Viele besuchten sich gegenseitig, sprachen über den Tag. Ich setzte mich in eine geschützte Ecke.

Ein anderer Sonnentanzhäuptling war gekommen, um mich zu unterstützen. Er setzte sich, und meine

Mädchen brachten ihm einen Becher Kaffee und ein Milchbrötchen. »Manny, wann kommst du zu meinem Sonnentanz?« fragte er mich ganz ruhig.

»Ich nehme an diesem Sonnentanz teil, und dann muß ich zu einem anderen fahren, bei dem sie mich um Hilfe gebeten haben.«

Enttäuscht wandte er ein: »Du könntest dasselbe bei uns machen. Du könntest uns helfen. Ich hätte dich wirklich gern dabei. Du hast sehr mächtige Medizin.«

Ich kam ins Schwanken, denn er war es gewesen, bei dem ich mich so gut aufgehoben gefühlt hatte, als ich mich zum ersten Mal durchbohren ließ. Er versuchte mich zu überreden, mit ihm mitzukommen. Dann mußte ich an die Meinungsverschiedenheiten denken, die in bezug auf den Sonnentanz herrschten. Und dieser Sonnentanzhäuptling leitete einen davon. Er ließ nur Lakotas oder andere Indianer zu seinen Sonnentänzen zu.

Bei manchen Sonnentänzen kommen zwiespältige Gefühle auf. Selbstdarstellung und Politik drängen sich in den Vordergrund, weil die Sonnentänze zunehmend von Menschen aus allen Ecken der Erde akzeptiert werden, Menschen aus verschiedenen Kulturen und mit unterschiedlichen Glaubensvorstellungen. Unter den Indianern gibt es Streit darum, ob man Außenseiter beim Sonnentanz akzeptieren soll oder nicht. In manchen Sonnentanzkreisen will man den Sonnentanz ausschließlich als indianische Zeremonie erhalten, und immer ist es der Sonnentanzhäuptling, der die Linie festlegt.

Wenn ich auch kein Sonnentanzhäuptling bin, so

habe ich doch eine Meinung dazu, und ich denke, ich war oft genug beim Heiligen Baum, um das Recht zu haben, sie auch auszudrücken. Manche Häuptlinge lassen Außenseiter bei ihren Sonnentänzen zu, damit sie mit uns tanzen und zu Gott beten. Doch andere wollen nur Indianer oder eingeborene Amerikaner bei ihrem Sonnentanz dabeihaben. Dann wieder gibt es Sonnentanzführer, die darauf bestehen, daß nur Lakotas (Sioux) bei ihnen tanzen dürfen. Ich habe schon Sätze gehört wie »Wir wollen keine Weißen dabeihaben« oder »Wir wollen hier keine Mexikaner«. Die würde ich gerne fragen: »Was ist ein Mexikaner? Ist er nicht eine Mischung aus Europäer und Indianer? Und wie ist der Abstammungsverlauf der sogenannten ›Vollblut‹-Indianer?« Ich bin mir ziemlich sicher, falls es noch sogenannte Vollblutindianer gibt, dann sind es nicht mehr viele. Die meisten haben in ihrem Stammbaum unterschiedliche Rassen, ob wir das nun wahrhaben wollen oder nicht. Dadurch lieben wir *Tunkashila* und den Sonnentanz kein bißchen weniger als die sogenannten Vollblutindianer.

Und dann ist da noch das Problem mit dem Geld. Wer hat schon genug Geld, um uns welches zu geben, damit wir den Sonnentanz abhalten können? Die Weißen. Wir Indianer mit Sicherheit nicht. Die Weißen sind es, die uns bereitwillig helfen, und sie verlangen dafür nichts anderes, als mit uns beten zu dürfen. Ich gebe zu, daß darunter auch Leute sind, die mit unserem Weg Geld schinden wollen und die unsere Spiritualität mißbrauchen. Aber Großvater weiß schon, wie er mit ihnen umgeht. Wir können nicht alle Weißen für die Handlungen von wenigen verantwortlich machen. Sie mögen es genausowenig, in Schubladen gepackt zu werden, wie wir.

Einer der Sonnentanzhäuptlinge, Norbert, drückte das einmal sehr gut aus: »Die Sonnentanzfahne beinhaltet vier Farben. Sie gehört nicht nur uns, sie gehört jedem, der bereit ist, unsere Glaubensüberzeugung zu ehren, zu respektieren und sich für sie zu opfern. Wenn jemand bereit ist, zu lernen, dann sollten wir auch bereit sein, es ihn zu lehren, und nicht andere Menschen nach ihrer Hautfarbe beurteilen.«

In meinem Gespräch mit dem Sonnentanzhäuptling versuchte ich ihm zu erklären, daß ich mich dieses Jahr schon genug engagiert hatte. Vielleicht könnte ich ja später einmal an seinem Sonnentanz teilnehmen.

Dann übermittelte er mir noch eine Botschaft, die ihm die Geistwesen für mich aufgetragen hatten. Er solle mir verkünden, daß ich – angesichts meines Engagements beim Sonnentanz und der vielen Durchbohrungen, die ich schon durchgemacht hatte – jetzt bereit sei, Leuten zu helfen. Man würde mir zwei besondere Steine geben, mit denen ich den Menschen helfen könnte. Es wären keine Kristalle, sondern ganz normale Steine, aber eben besondere Heilsteine, in denen mächtige Medizin steckte.

Dies schien mir nicht ohne Ironie, denn – was er nicht wußte – einen Teil meines Lebensunterhalts verdiente ich mit Steinmenschen-Medizin. Der Arbeitsvorgang für die Herstellung dieser kleinen Steine war mir auf sehr ungewöhnliche Weise übermittelt worden, und nun verkaufte ich sie in die ganze Welt. Was er mir hier mitteilte, schien mir ein erstaunliches Zusammentreffen zu sein.

Er gab mir zu verstehen, daß ich sofort erkennen würde, wenn diese Steine zu mir kämen, da es unter außergewöhnlichen Umständen geschehen würde. »Manny, ich weiß nicht, warum ich dir das sage oder dies tue. Man hat mir nur gesagt, ich soll es dir mitteilen, und das habe ich getan.«

Verunsichert erwiderte ich: »Ich weiß nichts über das Heilen. Ich hätte keine Ahnung, was ich sagen oder tun soll.«

Er beruhigte mich: »Nein, das weiß keiner von uns. Wir alle müssen lernen. Wenn du bereit dazu bist, wirst du es wissen, und man wird dir den Weg zeigen. Auf dieselbe Weise hat man dich wissen lassen, daß du zum Sonnentanz kommen und dich durchbohren lassen sollst. Wenn es soweit ist, wirst du wissen, was du sagen und tun sollst. Es wird eine gute Sache für dich sein. Denk daran, nicht du vollbringst das, sondern die Geistwesen vollbringen es durch dich. Mit den Steinen wirst du Menschen helfen.«

Hier war also die Botschaft, die mir der gefleckte Adler bei dem Schoschonen-Sonnentanz schon verkündet hatte: daß man mir ein Zeichen geben würde, wenn ich bereit sei, Menschen zu helfen, und wie ich es tun sollte. So wie der Adler mir diese Botschaft gegeben hatte, wurde sie mir jetzt wieder überbracht durch einen Medizinmann. Diese Botschaft hätte von keiner überzeugenderen Quelle kommen können. Und so glaubte ich fest, daß die

Botschaft dieses Sonnentanzhäuptlings vom Geist des gefleckten Adlers stammte.

Ich hatte immer Schwierigkeiten mit Wörtern wie »Heiler«, »heilen« und damit zusammenhängenden Begriffen. Es gibt zu viele Menschen, die von sich behaupten, sie könnten heilen, und deren einziger Beweggrund möglicherweise ist, damit viel Geld zu verdienen. Deshalb benutze ich diese Wörter sehr vorsichtig. Die Botschaft, daß ich Menschen heilen sollte, wurde mir von einem Sonnentanzhäuptling überbracht, der sie von den Geistwesen erhalten hatte, und so glaubte ich von ganzem Herzen daran. Keiner von uns hatte davon einen Vorteil, denn für diese Art von spirituellem Heilen wird kein Geld verlangt. Ich halte niemals meine Hand auf für das, was ich tue.

Es ist auch allgemein bekannt, daß du dir nach vierjährigem Leiden beim Sonnentanz die Auszeichnung und das Recht verdient hast, die Menschen im Namen des Schöpfers zu segnen. Du kannst Häuser reinigen, Menschen reinigen, Namen verleihen, was immer die Menschen von dir verlangen. Diese Auszeichnung und dieses Recht hast du dir verdient.

Wir verließen den Sonnentanz. Mein Bruder Henry aus Maryland wollte noch zu einem anderen Sonnentanz, der in zwei Wochen stattfand, und ich sagte ihm, daß ich nicht mitkommen könne. Er bat mich: »Komm bitte mit, ich brauche dich wirklich.«

Ich antwortete: »Henry, wenn es möglich ist, dann werde ich kommen, und wenn es nicht möglich ist, dann soll es so sein.«

Wir fuhren Richtung Süden nach Oklahoma, damit

meine Kinder ein paar alte Freunde besuchen konnten. Von dort reisten wir nach Arkansas, um bei Freunden von Melody vorbeizuschauen, und dann weiter nach Memphis, wo wir uns zum Frühstück mit sehr alten und lieben Freunden trafen, John und Betty.

Nach diesem Frühstück geschah etwas sehr Interessantes. John nahm mich beiseite und erzählte mir, er habe etwas für mich. Es war das erste Zeichen seit meinem Gespräch mit dem Sonnentanzhäuptling. John überreichte mir einen wunderschönen, glatten Stein und erklärte, er wisse, daß ich diesen Stein für irgend etwas bräuchte – er wußte nicht genau, wofür. Es war für mich eine große Ehre und auch sehr aufregend, dieses Geschenk schon so kurze Zeit, nachdem man mir es angekündigt hatte, zu erhalten. Ich hatte John seit Jahren nicht gesehen. Er wußte nichts von dem, was mir der Sonnentanzhäuptling gesagt hatte, und dennoch gab er mir einen Stein. Nachdem er ihn mir überreicht hatte, erzählte ich ihm die ganze Geschichte. Er lächelte wissend.

Dann brachen wir gen Norden auf zu einem Powwow in Ohio. Ich fühlte mich sehr geehrt, als sie mich baten, das Gelände dafür zu segnen. Ich führte das auf sehr ungewöhnliche Weise aus: Ich nahm vier Veteranen, denn wir Indianer haben die Krieger immer geachtet und respektiert. In jeder Himmelsrichtung stellte ich einen auf, um die Eingänge zu bewachen. Als das Gebet beendet war, brachte ich sie wieder mit hinein. Es war eine wunderbare Zeremonie und ein phantastisches Powwow. Drei Tage blieben wir dort.

Während des Powwows hatte ich ein interessantes Erlebnis. Eine nichtindianische Frau richtete ihren Stand neben uns ein und kam mit einem Geschenk zu mir herüber, einem Stein. Sie erklärte mir, daß sie ihn seit zwei Monaten mit sich herumtrage und eigentlich nicht wisse, wieso. Sie hätte ihn bei einem Sonnentanz im Norden Ontarios aufgehoben, in der Nähe der Insel Manitoulin. Ihr Sohn hatte am Sonnentanz teilgenommen, und während sie dort war, hätten die Geistwesen sie angewiesen, diesen Stein nach Ohio mitzunehmen. Sie hatte keine Ahnung, für wen er war und warum sie ihn mitbringen sollte, man hatte ihr nur gesagt, er sei für jemanden bestimmt.

Als sie ihn mir überreichte, fühlte sie sich großartig und war gerührt. Sie wußte, daß er jemand anderem gehörte und nicht ihrer war. Ihre einzige Aufgabe war es, ihn zu der Person zu bringen, der er gehörte, und in der Minute, als sie mich sah, wußte sie, wer dieser Mensch war. Als sie mir den Stein reichte, wußte ich instinktiv, daß dies der zweite der beiden Steine war, auf die ich gewartet hatte.

Solche Dinge geschehen, wenn du in dieser spirituellen Welt bist oder mit den Geistwesen in Verbindung stehst. Die Geistwesen bestimmen den dramaturgischen Ablauf, damit du nicht vergißt, daß nicht du es bist, der das Heilen vollbringt, sondern sie. Sie lehren dich, die Zeichen, die sie dir zukommen lassen, auf die richtige Weise zu deuten. Es mag ungewöhnlich wirken, aber es ist sehr real.

Direkt nach dem Powwow machten wir Station auf einem Campingplatz. Wir riefen unsere Nachrichten von zu Hause ab und erfuhren, daß eine Kundin aus Baltimore angerufen hatte, weil sie eine große Ladung unserer Handarbeiten brauchte. Als Melody bei ihr zurückrief, nahm sie den Auftrag entgegen, und es war eine umfangreiche Bestellung – groß genug, daß es sich für uns lohnte, sie ihr selbst hinzubringen. Wir hatten immer noch ein paar Wochen Zeit, bevor die Kinder wieder in die Schule mußten.

Wir konnten dann auch meinen Sonnentanzbruder Henry und einige andere Freunde, die in dieser Gegend wohnten, besuchen. Auch Melody freute sich darauf, denn sie wußte, daß Henrys Sonnentanz schon am letzten Wochenende gewesen war, so daß ich nicht in Versuchung geraten konnte, teilzunehmen.

Als wir in Baltimore ankamen, war es heiß und feucht. Wir mieteten ein Zimmer im Motel und ruhten uns für den Rest des Tages aus. Am nächsten Morgen gingen wir zum Laden unserer Kundin. Im Verlauf der Unterhaltung erwähnte sie: »Ich kenne eine Frau, die immer an Henrys Sonnentanz teilnimmt. Sie hat mir erzählt, daß sie bald fertig sind. Soviel ich weiß, fangen sie heute damit an.«

Es war Donnerstag. Henrys Sonnentanz war offensichtlich verschoben worden. Ich sah meine Frau an.

Melody sagte: »Ich kann das nicht glauben. Er sollte doch schon letztes Wochenende stattfinden.«

Die Ladenbesitzerin sagte: »Das ist richtig. Aber aus irgendeinem Grund haben sie den Termin verlegt, warum, weiß ich nicht.«

Melody wollte nicht, daß ich schon wieder am Sonnentanz teilnahm, einmal wegen meines Sonnenbrandes und auch weil es mein zweiter Sonnentanz in wenigen Wochen wäre. Ein bißchen viel für einen alten Mann. Wir besuchten noch einen anderen Kunden, und dann fuhren wir zu dem Gelände, wo Henrys Sonnentanz stattfand.

Als wir ankamen, fanden wir eine singende und tanzende Menge vor. Sie hatten diesen Morgen angefangen.

Henry und Harold waren überglücklich, als sie mich sahen. Wir waren alle sehr gerührt. Hier war ich, wo ich gebraucht wurde, ohne es zu wissen. Wieder hatten die Geistwesen mein Leben geleitet, um mich dorthin zu führen, wo man mich brauchte und wo ich sein sollte. Nach unserer Begrüßung versprach ich ihnen: »Hört mal, ich habe meinen Wohnwagen drüben auf einem Campingplatz stehen. Wir werden morgen früh herüberkommen, und dann tanze ich mit euch.«

Alle freuten sich sehr, bis auf Melody. Sie war etwas ungehalten, denn sie wußte, daß Henrys Gebete mich hergebracht hatten. Sie sorgte sich um meine Gesundheit seit dem vorhergehenden Sonnentanz.

An diesem Abend saßen wir zusammen beim Essen, als Melody eine Bombe platzen ließ: »Ich werde morgen mit dir zusammen am Sonnentanz teilnehmen. Ich möchte dort bei dir sein und für dich dasein.«

Wir beide begannen zu weinen. Mir war, als sei der ganze Speisesaal verstummt. Es war das letzte, was ich von Melody zu hören erwartet hatte. Kurz nachdem wir uns in Tucson kennenlernten, hatte Melody einmal erklärt, wenn ich jemals aus gesundheitlichen Gründen nicht am Sonnentanz teilnehmen könne, würde sie an meiner Stelle teilnehmen. Es beschämte mich, daß sie in Erwägung zog, mitzumachen, besonders jetzt. Meine Tochter Becky wollte auch mittanzen.

Am nächsten Tag holten wir unseren Wohnwagen und stellten ihn bei Henry auf. Becky, Melody und ich schlossen uns am späten Vormittag dem Sonnentanz an. Mein Sohn Rockie kam nicht mit, er fühlte sich so kurz nach dem anderen Tanz noch nicht wieder bereit dazu.

Sie brachten uns zu einer Schwitzhütte, und dann betraten wir den Arbor von Osten und begannen zu tanzen. Es war einfach wunderbar, Melody dabeizuhaben und auch, daß Becky wieder bei mir war. Es war ein kleiner Sonnentanz, aber ein guter und mächtiger.

Am Tag zuvor hatten wir einen jungen Indianer namens Jim auf dem Boden liegen sehen. Er litt seit einem Tag unter einer schweren Migräne. Melody hatte mich gebeten, ihm zu helfen.

Ich wehrte ab: »Nein, es ist nicht die Zeit dazu. Er begleicht eine Art Karma-Schuld oder er leidet aus anderen Gründen. Auf jeden Fall ist es nicht die Zeit. Wenn es ihm morgen nicht bessergeht, dann helfe ich ihm.«

Am nächsten Tag sah ich Jim wieder; er war immer noch sehr krank. Ich ging direkt zu ihm und forderte ihn auf: »Komm, steh auf.«

Er antwortete: »Ich kann nicht. Es geht mir zu schlecht. Mein Kopf tut so schrecklich weh.«

Ich bat ihn, mit mir in die Schwitzhütte zu kommen. Ich rief noch andere hinzu, damit wir vier Krieger wären. Ich hatte das Gefühl, ich bräuchte sie, um meinen Heil-Kreis zu bilden: einen Krieger für jede Himmelsrichtung. Wir nahmen ihn für etwa eine halbe Stunde hinein. (Was die Geistwesen einem Menschen bei dieser Zeremonie bringen, ist nicht für die Öffentlichkeit bestimmt, deshalb kann ich es hier nicht preisgeben.) Nachdem wir herauskamen, legten wir Jim wieder an den Platz, wo er vorher gelegen hatte. Dort blieb er eine Weile. Während einer Pause ging ich hinüber und unterhielt mich mit ein paar Freunden. Nicht lange danach kam Jim zu mir. Seine Augen, die vorher so voller Schmerz und Anspannung gewesen waren, schauten wieder so klar wie nur möglich.

Mit einem breiten Lächeln meinte er: »Manny, ich wollte dir dafür danken, was immer es war, was du getan hast. Ich weiß nicht, was für eine Medizin du hast, aber es ist eine gute Medizin. Du wirst einer Menge Menschen helfen können.«

Er gab mir die Hand und ging zu seinem Platz unter dem Arbor zurück. Er war wirklich dankbar, und ich war überrascht, daß ich etwas so Positives bewirkt hatte. Die Geistwesen hatten Jim zu mir gebracht, damit ich an ihm erkennen konnte, wie dieses Heilen ablief.

Mit der Zeit fand ich heraus, daß ich aus verschiedenen Gründen hier war. Der erste war, daß Henry gern auf seinem eigenen Sonnentanz das erste Mal durchbohrt werden wollte. Bisher hatte er sich noch nicht durchbohren lassen, weil sonst nie ein dafür Befähigter dabeigewesen war. Er bat mich darum, und natürlich konnte ich ihm das nicht abschlagen.

Wir tanzten am nächsten Tag, und ich durchbohrte ihn.

An diesem Morgen ruhten Melody und ich jeweils unter einer eigenen Decke zwischen den Runden. Als ich aufstand, um meine Salbeikrone aufzusetzen, fielen meine Knochenspieße heraus. Ich hatte sie in meine Krone seitlich hineingesteckt, damit ich sie zur Hand hatte, wenn ich sie brauchte. Melody sah mich an, aber ich sagte nichts. Sie wußte, daß ich der Meinung war, sie seien herausgefallen, weil ich sie wieder benutzen sollte. Sie sah aus, als sei ihr schlecht.

Am nächsten Tag erzählte ich Henry, daß ich mich in der letzten Runde durchbohren lassen wollte. Während der Pause kam Harold auf mich zu und sagte: »Manny, ich möchte mich für dich durchbohren lassen. Du hast schon genug für uns getan.«

Bewegt von dieser Geste erwiderte ich: »Harold, du mußt das nicht für mich tun. Ich bin diese Verpflichtung eingegangen.«

»Manny, bitte, gestatte mir diese Auszeichnung.«

Ich schaute ihn lange, sehr lange an und dachte nach. Ich fragte mich, ob dies etwas war, was man einem anderen übertragen konnte. Harold ließ mir keine Zeit, in Ruhe darüber nachzudenken. Er bat mich um meine Knochenspieße.

Melody bedankte sich tränenüberströmt bei Harold, weil sie sich wirklich große Sorgen um meine Gesundheit machte. Sie ehrte Harold mit einem besonderen Geschenk, um ihren Dank auszudrücken. Sie gab ihm etwas, was ihr sehr viel bedeutete. Es war eine lange Halskette aus Obsidian-Pfeilspitzen, die ich für sie angefertigt hatte, als wir uns zum ersten Mal begegnet waren.

Diese Geste meines Bruders Harold rührte mich wirklich zutiefst. Sie ließ ein noch stärkeres Band zwischen uns entstehen. Es war schon seltsam. Als Harold durchbohrt war, fielen in der Mitte des Liedes die Spieße auf beiden Seiten plötzlich ab. Es war erstaunlich. Weder Harold noch ich konnten das glauben, aber wir waren beide froh darüber.

Dieser Sonnentanz war wunderbar. Viele Leute kamen zu mir und erwiesen mir ihre Achtung und brachten meiner Familie viele Sachen. Diese Erfahrung beschämte mich. Es war mein zweiter Sonnentanz in einem Jahr, und ich dachte: »Vielleicht werde ich langsam ein bißchen zu alt dafür. Ein halbes Jahrhundert schon auf dem Buckel, und dann tanze ich immer noch so?«

Meine Frau sagte, daß es die jüngeren Leute dazu anrege, ebenfalls mitzumachen. Zu sehen, wie ein Kerl wie ich, der Diabetes und Bluthochdruck hat, tanzt und leidet, ermutigt sie, auch durchzuhalten.

Wir erfüllten unsere Verpflichtung für Henrys Sonnentanz, packten unseren Wohnwagen und fuhren zurück nach Kanada.

Das Innen – die Farbe Purpur
»Innerer Geist«

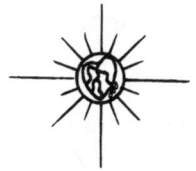

Erfüllung der Spiritualität

Das Leben in Kanada war wunderschön. Als wir ankamen, war es zwar erst Anfang September, aber dennoch begann sich der Herbst bereits über die sanften Hügel der Landschaft zu legen. Die Bäume strahlten, ihre grünen Sommerblätter abwerfen zu können. Sie schienen vor Freude zu tanzen, als sie ihr Herbstkleid aus goldenen und kupfernen Blättern zur Schau stellten.

Etwas später im selben Jahr traf unsere Familie ein weiterer Schicksalsschlag. Wir waren auf dem Rückweg von einer Messe in Montreal, als ich heftige Schmerzen im Unterleib bekam. Ich tat es als Verdauungsstörung ab, aber es wurde allmählich immer schlimmer. Auf dem Rückweg beklagte ich mich über mein Gewicht und meinte zu Melody: »Wäre das nicht praktisch, wenn du einfach in ein Krankenhaus gehen und dein überflüssiges Gewicht verlieren könntest!« Das lehrte mich, in Zukunft vorsichtiger damit zu sein, um was ich bitte.

Nach vier Tagen ständiger Schmerzen war mir klar,

daß ich Hilfe brauchte. Ich zögerte, ins Krankenhaus zu gehen, weil ich nicht krankenversichert bin. In Kanada hat zwar jeder ein Anrecht auf kostenlose medizinische Versorgung, das galt aber nicht für mich als Amerikaner.

Eines Abends legte ich mich hin und wollte gar nicht mehr aufstehen. Melody und die Kinder machten sich große Sorgen. Während ich so dalag, fiel mir ein, daß ich versuchen könnte, mich selbst zu heilen mit den Steinen, die man mir gegeben hatte. Ich begann mit ihnen zu beten. Ich bat Gott, falls sie wirkungsvoll wären, möge er mich heilen – nicht nur um meinetwillen, sondern auch wegen meiner Familie. Kurz danach zwangen mich die Schmerzen, Melody nachzugeben und mich ins York-Central-Hospital fahren zu lassen.

In der Notaufnahme teilte mir der Arzt mit, daß ich sehr krank sei und dableiben müsse. Als sie mir sagten, wie hoch der Tagessatz war, wollte ich wieder gehen. Der Arzt beruhigte mich, man würde für das Finanzielle eine Lösung finden. Er sagte mir auch im Vertrauen, daß man mir die medizinische Hilfe und auch eine Operation nicht verweigern könne, wenn dies notwendig sei.

Nachdem man mich aufgenommen hatte, blieb ich dort zehn Tage. In dieser Zeit bekam ich eine Lungenentzündung, und wegen dieser Infektion konnten sie mir die Gallensteine nicht rausoperieren, die man in meiner Gallenblase gefunden hatte. Die ganze Zeit im Krankenhaus lag ich am Tropf und bekam Antibiotika. Kein Essen oder Trinken. Ich verlor gute zehn Kilogramm.

Die Lungenentzündung war so hartnäckig, daß sie beschlossen, mich erst einmal für ein paar Wochen zu entlassen. Ich sollte die Infektion ganz überwinden, bevor sie mich wegen der Gallensteine operierten. Am letzten Tag vor meiner Entlassung nahmen sie noch mehrere Untersuchungen an mir vor. Als der für mich zuständige Arzt mit den Röntgenbildern kam, sah er ziemlich erstaunt aus. Er konnte nicht glauben, was er sah: Die Gallensteine hatten sich aufgelöst. Sie waren einfach nicht mehr da, aber sie wußten, daß ich sie nicht ausgeschieden hatte. Er sagte, in all seinen Jahren als Arzt hätte er noch nie etwas Derartiges gesehen. Ich versuchte ihm zu erklären, wie das mit dem Heilen war, das ich auf mich selbst angewandt hatte, aber er schien es völlig abzutun.

Vielleicht ist diese Form der Medizin in unserer Zeit der hochentwickelten Technologie einfach zu verblüffend? Vielleicht fehlt auch der Glaube? Ich persönlich wußte genau, daß das Heilen, das ich auf mich selbst anwandte, meine Gallensteine aufgelöst hatte. Es war eigentlich nicht wichtig, ob er das glaubte oder nicht. Ich wußte, daß meine Medizin mir geholfen hatte, mich selbst zu heilen. Es ist wie der alte Spruch »Arzt, heile dich selbst«, der sagen soll, daß ein echter Arzt oder Heiler erst mal in der Lage sein sollte, sich selbst zu heilen, bevor er anderen seine Heilmethoden anbietet. Ich spürte, daß der Schöpfer mir den Weg zur Selbstheilung gezeigt hatte, damit mir klar wurde, daß ich auch anderen helfen könne. Es half mir, Vertrauen in die neue Heilweise zu entwickeln, die mir gegeben worden war.

Ich fuhr nach Hause, um mich wieder zu erholen. Die ganze Geschichte hatte nicht nur meine Familie sehr belastet, sondern auch unsere Finanzen. Den größten Teil des Monats grübelten wir darüber nach, was wir dagegen tun könnten.

In diesem Winter erlitt die kanadische Wirtschaft eine allmähliche, aber spürbare Rezession. So schlecht wie die Geschäfte gingen, kauften unsere Kunden nur vorsichtig Waren ein und vermieden es, größere Vorräte anzulegen. Unser Geschäft geriet in Schwierigkeiten. Die Verkaufszahlen waren zurückgegangen.

Überall, wo wir hingingen, hörten wir dasselbe Lied: »Ihre Sachen sind wundervoll, aber im Augenblick kaufen wir nichts.« Das beunruhigte mich sehr. Wir konnten nichts verkaufen, und die Preise für die Nahrungsmittel stiegen täglich. Es war ein scheußliches Gefühl, Tag für Tag herumzufahren und mit wenig oder gar keinem Geld zurückzukommen.

Ich begann intensiv zu Großvater zu beten und bat ihn, mir Weisungen zu geben, mir einen Weg aufzuzeigen, meiner Familie eine bessere Lage zu ermöglichen. Wie durch ein Wunder erhielt ich in meinen Gedanken eine Antwort auf meine Gebete. Zuerst wollte ich zu niemandem etwas sagen. Ich wollte keine Hoffnungen wecken, solange ich nicht sicher war, daß meine Vorstellungen zu verwirklichen waren. Meine Gedanken rieten mir, in die Vereinigten Staaten zurückzuziehen.

Am Nachmittag des 30. November, als ich das schließlich Melody gegenüber erwähnte, strahlte ihr Gesicht.

»Wenn wir das doch tun könnten«, rief sie, »das wäre die Antwort auf alle meine Gebete.«

Der nächste Tag war ein Freitag, und wir wollten wieder herumfahren und versuchen, etwas zu verkaufen. Wenn wir wieder nichts verkauften, hätten wir ein sehr mageres Wochenende vor uns. Wir machten mehrere Besuche, aber ohne Erfolg. In meiner Verzweiflung fiel mir ein Laden ein, der mich vor einem Jahr angerufen hatte. Damals hatte mich der Eigentümer gebeten, mit meinen Handarbeiten vorbeizukommen. Ich weiß nicht warum, aber ich war nie zu ihm hingefahren. Nun war ich verzweifelt und suchte nach einem rettenden Engel, der uns aus der finanziellen Misere helfen konnte.

Wir fuhren auf den Parkplatz der Upper Canada Mall in Newmarket, wo sich sein Laden »Nature's Yard« befand, und riefen ihn über das Autotelefon an. Michael kam an den Apparat und war wirklich froh, daß wir uns gemeldet hatten. Er fragte uns, von wo aus wir anriefen, und als wir sagten, wir stünden auf dem Parkplatz, forderte er uns auf, gleich zu ihm zu kommen.

Er warf einen Blick auf all die Handarbeiten, die wir dabeihatten, und zögerte einen Moment lang. Dann kaufte er alles, was wir hatten, legte es zur Seite und sagte: »Ich nehme das alles und möchte noch einmal die doppelte Menge so schnell wie möglich für meine anderen beiden Läden.« Er bat uns, es so abzupassen, daß für jeden Laden dieselbe Menge zur Verfügung stand.

In meinem Kopf drehte sich alles. Wir begannen zusammenzurechnen, wieviel wir noch zu Hause hatten. Es war ein beträchtlicher Vorrat. Diese große Bestellung war die Antwort auf unsere Gebete um einen Weg, in die Vereinigten Staaten ziehen zu können. Melody war vollkommen sprachlos.

Am nächsten Tag sagten wir unserem Vermieter Bescheid, und etwas Seltsames geschah. Als hätte man einen Magneten aufgestellt, erschienen Leute, die unsere Arbeiten kaufen wollten. Alles regelte sich von selbst, damit wir aufbrechen konnten. Daran kannst du meist sehen, ob du bei einer Sache auf dem richtigen Weg bist. Wenn du feststellst, daß die meisten Dinge schiefgehen und, wo du dich auch hinwendest, lauter Hindernisse auftauchen, dann solltest du das, was du tust, noch einmal überdenken und etwas anderes versuchen. Daß du richtig liegst, merkst du daran, daß alles klappt. Wenn du auf dem richtigen Weg bist, verschwinden alle Hindernisse von selbst. Wir wußten, daß dieses Geld nicht dazu hereinkam, damit wir in Kanada blieben. Es war Großvaters Fingerzeig, um uns den Aufbruch zu ermöglichen.

Am 19. Dezember, genau zwanzig Tage nachdem wir uns entschlossen hatten wegzuziehen, waren wir auf dem Weg nach Arizona. In dieser kurzen Zeit hatten wir gepackt, unsere Möbel verkauft, unser Leben in Kanada abgeschlossen und waren aufgebrochen. Melody empfand diese Zeit sehr intensiv. Sie hatte sich immer gewünscht, in die Vereinigten Staaten zu ziehen, und nun geschah es wirklich. Sie ließ ihre Freunde und ihre Familie hinter sich, um einen neuen Anfang zu machen.

Am Weihnachtstag erreichten wir das Haus meiner

Mutter in Ajo, Arizona. Es war ein sehr schönes Weihnachten. Fast alle meine Kinder kannten ihre Großeltern noch gar nicht. Nachdem sie ihre Mutter verloren hatten, tat es ihnen sehr gut, wieder eine große Familie um sich zu haben. Meine Schwestern und mein Bruder ließen sie spüren, daß sie willkommen und geliebt waren. Auch Melody lernte erst jetzt meine Mutter und meinen Vater kennen. Nachdem wir ein paar Tage bei ihnen verbracht hatten, fuhren wir Richtung Phoenix, um uns eine neue Bleibe zu suchen.

Wir brauchten ungefähr ein Jahr, um uns häuslich einzurichten und unser Geschäft in Schwung zu bekommen. Als in diesem Sommer die Zeit der Sonnentänze kam, fehlte uns leider das Geld, um zu einem zu fahren. Vielleicht wollte Großvater ja nicht, daß wir teilnahmen, aus welchen Gründen auch immer. Es deprimierte mich sehr. Seit ich mit dem Lakota-Sonnentanz angefangen hatte, war es das erste Jahr, in dem ich ihn versäumen würde. Es fiel mir nicht leicht, damit fertig zu werden.

Den Rest des Jahres waren wir damit beschäftigt, unser Geschäft auszuweiten und unser Warenangebot zu vergrößern. Ich war viel unterwegs. Phoenix hatte nicht so viele Verdienstmöglichkeiten wie Toronto, und so mußte Melody oft allein die Stellung halten. Wir achteten darauf, nicht länger als drei Wochen am Stück voneinander getrennt zu sein. Wir wollten nicht, daß uns dasselbe passierte wie in meiner ersten Ehe.

Im Februar hatten wir unseren Stand in Tucson auf der Edelstein- und Mineralien-Messe aufgebaut, als wir die Nachricht vom Tod meines Vaters erhielten. Wir packten sofort alles zusammen und fuhren zur Beerdigung.

Im Frühjahr 1994 verpflichtete ich mich, zum Sonnentanz zu gehen, egal, was es mich kosten würde. Auch wenn ich allein dorthin fahren müßte, ich würde nicht noch einen versäumen.

Als Ältester gehörte es zu meinen Aufgaben, bei der Vorbereitung zu helfen, und so fand ich mich am ersten Juliwochenende im Haus von Marge und Mario in Altadena, Kalifornien, ein zu einem Planungstreffen für alle, die dabei mitmachen wollten. Bei dem Treffen erfuhren wir, daß noch ein anderer Sonnentanz in Colorado abgehalten werden sollte, der von demselben Sonnentanzhäuptling, David Swallow, veranstaltet wurde. Der Sonnentanz in South Dakota sollte Mitte August stattfinden, aber der in Colorado war für Mitte Juli angesagt. Nicht nur der Zeitpunkt war für uns günstiger, es würde für uns auch billiger werden, und deshalb beschlossen wir, nach Colorado zu gehen.

Wir hatten zwei Wochen für die Vorbereitung. Um noch etwas Geld für den Sonnentanz zu verdienen, mußte ich vorher einen schnellen Verkaufstrip nach Nordkalifornien unternehmen. Die Tour war sehr hart. Überall, wo ich hinkam, sagten die Leute, daß sie wegen der Wirtschaftslage sehr beunruhigt seien und kein Geld hätten. Es war sehr schwierig, etwas zu verkaufen, aber ich war entschlossen, zum Sonnentanz zu gehen. Nach und nach, hier ein kleiner Verkauf und da einer, sammelte ich das Geld, das wir dafür brauchten, und legte es beiseite.

An dem Tag, an dem wir Phoenix verließen, waren es 46 Grad im Schatten. Wir fuhren mit zwei Autos und hängten an das eine den Wohnwagen an. Es war ein Abenteuer! Die Energien und die Persönlichkeiten der Kinder waren so unterschiedlich, daß es eine interessante Reise war – und eine Herausforderung dazu. Für die Führung dieses Gespanns brauchte ich auf der einen Seite eine eiserne Faust und auf der anderen einen Glacéhandschuh.

Wir machten Station in Albuquerque, um Rose Marie abzuholen, die mit uns zum Sonnentanz wollte. Sie war eine Heilerin, die wir auf einer Messe zum Thema »Ganzheitliches Leben« in Albuquerque kennengelernt hatten (einer Mischung aus Psycho-Messe und Ausstellung zum Thema alternatives Heilen). Es war ihr Traum, einmal einen Sonnentanz zu sehen. Also nahmen wir sie mit, und sie löste uns öfter am Steuer ab.

Wir erreichten das Sonnentanzgelände, das in der Nähe des Städtchens Buffalo Creek lag, am nächsten Abend noch vor Einbruch der Dunkelheit. Die natürliche Schönheit des Campinggeländes rund um den Arbor war atemberaubend. Mutter Natur schien das Gebiet extra für uns angelegt zu haben. Der Arbor war groß und mit frischgeschnittenen Zweigen von Immergrün abgedeckt, die einen wunderbaren Schatten boten. Um uns erhoben sich die Rocky Mountains – es war ein idealer Platz zum Campen.

Der Sonnentanzhäuptling David Swallow freute sich sehr, daß ich mit meiner Familie gekommen war. Er bot mir an, mich in der Nähe von seinem Lager nie-

derzulassen. Nicht weit entfernt verlief ein klarer
Bach, es gab eine Menge Bäume und eine wunderschöne Landschaft. Die Natur hatte sich sehr angestrengt, den Treffpunkt von Geistwesen und Menschen unvergeßlich zu machen.

Der Sonntag war der Tag für den Baum. Rose Marie
und Melody waren in die Stadt gefahren, um Vorräte
und frische Lebensmittel einzukaufen. Als es Zeit
wurde, den Baum zu holen, machten sich die Menschen in unserem Lager aufgeregt bereit. Es waren
auch ein paar meiner angenommenen Neffen aus
Kalifornien dabei. Sie waren gekommen, um zu beten und allen anderen Tänzern ihre Unterstützung
anzubieten. Da war Big Jon aus Los Angeles, Little
John aus Benecia und Mario, der mit seiner Freundin
Taran aus Pomona gekommen war, um zu tanzen
und sich durchbohren zu lassen. (Ein weiterer Neffe,
Paul aus Cerritos, kam erst am nächsten Tag.)

Inzwischen hatte sich eine große Menge versammelt. Ich rief meine Mädchen und begann den anderen zu folgen. Ich hatte ein merkwürdiges Gefühl im
Magen, manche Leute nennen das »Schmetterlinge
im Bauch«. Mir kam es eher vor wie ein ruheloser
Geist in mir, der Aufmerksamkeit wollte, und zwar
keine distanzierte, sondern gefühlsbetonte.

Von allen Baum-Zeremonien, die ich bisher be-
schrieben habe, hat mich diese am meisten gefühlsmäßig berührt, und ich weiß nicht, ob das am Verlust
meines Vaters lag oder am Schmerz, den ich für
meine Mutter fühlte. Ich hatte seit dem Tod meines
Vaters keine Tränen vergossen, aber jetzt weinte ich
um die Schmerzen und den Kummer meiner Mutter.

Kurz bevor er starb, hatten sie gerade ihren 61. Hochzeitstag gefeiert.

Auf irgendeine Weise berührten mich die Worte, die David an diesem Baum sprach, so tief, wie es bisher noch nicht geschehen war. Irgendwie setzte ich diesen Baum, der sein Leben gab, damit wir den Sonnentanz durchführen konnten, in Beziehung zu meinem Vater, der fünf Kindern das Leben gegeben hatte. Plötzlich hatte ich das Gefühl, als wäre der Geist meines Vaters in diesem Baum und spräche zu mir. Als der erste Axthieb den Baum traf, fühlte ich tiefe Sorge für diesen Baum. Vielleicht spürte ich, daß er zu einem anderen Leben überging, so wie mein Vater es kürzlich getan hatte. Ich weiß tief in meinem Innern, daß es eine Beziehung zwischen diesen beiden Ereignissen gab.

Zum ersten Mal seit seinem Tod stiegen mir Tränen in die Augen, die nur ihm galten. Ein Teil meines Kummers hing mit den ungelösten Meinungsverschiedenheiten zusammen, die wir hatten. Es würde keine Gelegenheit mehr geben, darüber zu sprechen. Da waren so viele Empfindungen, Gedanken und Erfahrungen, die ich gern mit ihm geteilt hätte. Nun war das nicht mehr möglich. Die ganzen Jahre über schien jedesmal, wenn ich nach Hause fuhr, alles in Ordnung zu sein, aber nur für ein paar Tage, dann wurde unsere Beziehung zunehmend gespannter. Es hätte mir wirklich viel daran gelegen, herauszufinden, was an mir war, das ihn so reagieren ließ. Leider hatten wir nie die Gelegenheit. Die Möglichkeit, dies zu erfahren, gab es nicht mehr, und deshalb trauerte ich. In meinem Geist und meinem Herzen widmete ich diesen Sonnentanz dem Gedenken an meinen Vater.

Der Baum erhob sich so wundervoll und stolz wie alle anderen. Viele Menschen banden ihre Seile und ihre Gebetstücher daran. Es gab viele Dinge, um die man den Baum bat. Die Energie rund um den Arbor war sehr stark. Wir alle kehrten zu unseren Lagern zurück, um uns für den nächsten Tag vorzubereiten. Wir ließen den Heiligen Baum schließlich allein, als zögen wir uns respektvoll zurück, damit er sich auf uns und die nächsten vier Tage vorbereiten konnte.

Am Montagmorgen segnete uns Großvater mit einem warmen und wolkigen Tag. Lange vor Sonnenaufgang sammelten sich Sonnentänzer aus dem ganzen Land an der Feuergrube und machten sich bereit, in die Schwitzhütten zu gehen. Melody und ich standen auf, griffen nach unseren Handtüchern und brachen dorthin auf.

Der Geruch des aufgewirbelten Staubes machte sich allmählich bemerkbar. Er vermischte sich mit dem Holzrauch, der aus der Feuergrube aufstieg. Ein paar von Großvaters Steinen reckten ihre rotglühenden Gesichter aus den heißen Kohlen. Selbst Kohlen und Asche trugen ihren angenehmen und leisen Duft bei.

Als ich auf Händen und Knien in die Schwitzhütte kroch, empfand ich die heiße Schwitzhütte wie eine Umarmung. Welch tröstliches Gefühl. Wir saßen ruhig da und warteten darauf, daß die Schwitzhütten-Zeremonie ihren Anfang nahm, und ich fühlte eine ungeheure Erleichterung, als einer der Tänzer leise das Lied der »Vier Richtungen« zu singen begann.

In der Schwitzhütte war zufällig ein alter Sonnentanzbruder und -führer aus South Dakota, Bo. Alle waren aufgeräumter Stimmung. Als die Schwitzhütte voll war, begannen wir mit der ersten Runde. Sie war gut und heiß.

Sobald ich wieder an unserem Lagerplatz war, begann ich mich fertig zu machen. Als Melody zurückkam, sammelte sie ihre Sachen zusammen, auch ihr Bettzeug, und zog in das Frauentipi. Sie wollte vier Tage lang tanzen und durfte unter keinen Umständen ins Lager zurückkehren. Mir tat die Seele weh, wenn ich an sie dachte, denn ich kannte die Pein des Hungers und die quälenden Messerstiche des Durstes, die sie bald ertragen mußte.

Mein Herz flog ihr entgegen, aber sie wollte beten und war entschlossen, es auch zu tun. Ich konnte nichts für sie tun, als dort zu sein, für sie stark zu sein und ihr beten zu helfen. Sie betete für mich – das war sehr wichtig für sie –, und umgekehrt würde ich für sie beten. Für sich selbst kann man nichts erlangen durch seine Gegenwart beim Sonnentanz. Nur die anderen, für die man betete, gewinnen etwas davon.

Wenn ich daran zurückdenke, verging der erste Tag eigentlich recht schnell, aber damals schien er sehr lang und nur langsam zu vergehen. Es ist schon erstaunlich, wie schnell wir die Qual und den Durst vergessen. Mehrere Leute ließen sich am ersten Tag durchbohren, und wir alle tanzten voller Inbrunst.

Am zweiten Tag erfuhr ich, daß mein guter Freund Dick Smith, seine Frau Connie und ihr Vater aus Burbank, Kalifornien, gekommen waren, um mich zu unterstützen. Dieser Tag war mühevoller – alle waren noch durstiger und sehr hungrig. Ich war die Verpflichtung eingegangen, Büffelschädel zu ziehen, und hatte dafür eigentlich den letzten Tag vorgesehen. Doch als ich so darüber nachdachte, beschloß ich, es schon am zweiten Tag auszuführen, solange ich noch die Kraft dazu hatte.

An diesem Morgen nahm ich meine jüngste Tochter Oriona auf den Arm. Sie schmiegte ihr Gesicht an meins, gab mir einen Kuß auf die Wange und fragte: »Daddy, darf ich heute mit dir tanzen?«

Ich bin mir nicht sicher, ob sie sich daran erinnerte, daß ich sie vor zwei Jahren beim Sonnentanz getragen hatte, aber es war fast, als wüßte sie, daß ich Büffelschädel ziehen wollte. Ich war sehr gerührt. Ich umarmte sie und antwortete: »Natürlich kannst du das, Süße. Du wirst mit Daddy tanzen.«

Nachdem wir in den Arbor gegangen waren, legten wir unsere Pfeifen auf den Altar, und der Ernst des Tanzens begann. In der allerersten Runde des Durchbohrens wollte ich die Schädel ziehen. Ich ließ mir sofort den Rücken markieren, um zu zeigen, wo ich durchbohrt werden wollte. David und Bo machte ich klar, daß die Durchbohrungen lange halten sollten, damit das Gewicht der Schädel sie nicht gleich ausrissen. Sie mußten also tief stechen, damit ich die Schädel möglichst die ganzen vier Runden lang ziehen konnte. Es waren diesmal acht Schädel, und sie waren relativ groß.

Sie brachten mich zum Baum, damit ich beten konnte. Nach ein paar Minuten fragte mich der Sonnentanzführer, ob ich bereit sei. Ich nickte und ging zur Büffelhaut hinüber und stellte mich darauf. David kam an meine linke Seite, Bo auf die andere, und ich gab ihnen meine Knochenspieße. Ich merkte, daß David mein Fleisch auf dem Rücken packte, und spürte, wie das Messer in meinen Rücken schnitt, aber ich war so in meine intensiven Gebete versunken, daß ich kaum Schmerz fühlte. Als es an Bo war, meine rechte Seite zu durchbohren, waren meine Gebete um Stärke erhört worden – ich spürte nichts mehr.

Plötzlich, als hätte mich jemand geweckt, merkte ich, wie beide meine Arme packten und mich zur Westseite des Arbors brachten. Melody übergab mir Oriona. Sie lächelte und betrachtete alle um sich herum mit mehr Neugier als Furcht.

Acht Krieger trugen die acht Büffelschädel hinter mir. David glaubt, daß jeder, der Büffelschädel zieht, mindestens eine ganze Runde mit den Schädeln an seinem Rücken vollenden solle. Deshalb ließ er die Schädel von den Kriegern einmal rund um den Arbor tragen. Während wir tanzten, hörte ich jemanden rufen: »*Wamblee*, Adler!« Ich hob meinen Kopf und sah zwei prachtvolle gefleckte Adler, die direkt über dem Arbor kreisten. Da ich tanzte, konnte ich sie nicht weiter beobachten, aber man sagte mir, daß sie in Richtung Sonne verschwunden seien. Ich fühlte mich wirklich geehrt von ihrer Gegenwart, während ich tanzte und mich durchbohren ließ. Es bedeutete, daß alle meine Gebete erhört werden würden und daß das auch für alle anderen galt, die mit mir beteten.

Als die Krieger wieder auf der Westseite angekommen waren, legten sie die Schädel nieder. Nun war es Zeit für mich, sie selbst zu ziehen. Als ich begann, mich ins Seil zu legen, hatte ich anfangs das Gefühl, als versuchte ich die ganze Welt zu ziehen. Ganz allmählich begannen sich die Schädel langsam zu bewegen. Plötzlich riß meine Durchbohrung auf der linken Seite aus. Ich konnte nur daran denken, daß ich mich noch gar nicht befreien, sondern diese Schädel weiter ziehen wollte. Also bemühte ich mich, mit meiner rechten Seite so vorsichtig wie möglich weiterzumachen. Aber das Gewicht war zu groß, auch meine rechte Seite riß aus, als die Schädel sich wieder zu bewegen begannen. Ich denke, Großvater wollte nicht, daß ich den Schmerz und das Leiden auf mich nahm, das notwendig war, um ein solches Gewicht zu ziehen.

Als ich befreit war, schrie ich vor Freude und rannte durch den Arbor, das Kind im Arm. Es war mein drittes Schädelziehen gewesen, und ich war froh, daß ich es wieder geschafft hatte.

Ich gab Oriona meiner Frau zurück und ging in die Mitte des Arbors, zum Heiligen Baum. Nachdem ich dort gebetet und mich beim Baum bedankt hatte, warteten David und Bo darauf, daß ich mit meinen Gebeten fertig war. Dann drehten sie mich um. Die Fleischfetzen, die mir vom Rücken hingen, wurden abgeschnitten und in kleine Stückchen von rotem Stoff gewickelt. Das waren meine Fleischopfer, die an den Baum gebunden wurden.

Häufig werde ich gefragt: »Warum läßt du dich durchbohren? Warum verstümmelst du deinen Körper auf diese Weise?«

Es ist keine Verstümmelung oder Selbstfolter. Es ist

unser Weg, unser sehr heiliger Weg, ein kleines Stückchen von dem einzigen Gut zu geben, das uns wirklich gehört, von unserem Körper. Wir glauben, daß abgesehen vom Körper alles etwas Materielles ist, ohne das wir leben können, Fleisch, Blut und Schmerz ist alles, was uns wirklich gehört. Es ist das Fleisch des Körpers, das unseren Geist und unsere Seele beherbergt. Das Durchbohren ist ein Weg, unser lebendiges Fleisch der spirituellen Welt darzubringen, damit die Geistwesen unsere Gebete und unser Flehen erhören.

Noch mehr Männer ließen sich durchbohren, beteten und rissen sich los. Es war ein wundervoller Sonnentanz. Die Stimmen der Sänger waren immer noch kräftig, und wir hatten zwei Trommelgruppen, die all die heiligen Lieder für uns sangen. Wieder wurden wir mit Wolken am Himmel gesegnet. Wenn die Sonne zum Vorschein kam und es sehr heiß wurde, brachte uns Großvater immer wieder eine Wolke, die uns ein bißchen abkühlen ließ.

Seit mehreren Jahren nahm ich schon Tabletten wegen meines hohen Blutdrucks und gegen die Diabetes seit 1991. Meine Frau machte sich deshalb große Sorgen, denn wir hatten vergessen, die Blutdruckpillen mitzunehmen. In größeren Höhen stieg mein Blutdruck so hoch, daß mein Kopf zu summen anfing und ich sehr krank wurde.

Als wir tanzten, betete Melody mit einigen anderen dafür, daß ich diese Krankheit überwinden könne. All ihre Gebete für mich sind erhört worden. Seit diesem Sonnentanz brauche ich keine Blutdruckpillen mehr und nehme auch nur noch eine Diabetes-

Tablette am Tag (ein ganz schöner Unterschied zu den dreien, die ich zuvor nehmen mußte).

Am dritten Tag schloß sich uns eine meiner Zwillingstöchter, Becky, beim Sonnentanz an. Eigentlich hatte sie alle vier Tage tanzen wollen. Als alter erfahrener Sonnentänzer wußte ich, wie anstrengend das war, deshalb hatte ich sie davon überzeugt, nur die letzten zwei Tage mitzutanzen.

Am dritten Tag fand die Heil-Zeremonie statt. Alle Leute, die dort waren, um uns zu unterstützen, schienen sich um den Arbor versammelt zu haben, um Heilenergie von den Sonnentänzern zu bekommen. Wir glauben, daß innerhalb des heiligen Kreises jeder Sonnentänzer, der bereitwillig dort hineingeht, um zu leiden und sich zu opfern, das Recht hat, ein Werkzeug des Heilens zu sein. Der Sonnentänzer verdient sich das Recht, mit dem Segen des Schöpfers während dieses besonderen Tages Heilung zu schenken. Jeder Tänzer bewegte sich langsam um den Arbor und tat sein Bestes, um den Menschen zu helfen, die sich dort aufgestellt hatten. Diese Zeremonie dauerte etwa vier Stunden, und viele Menschen weinten, wenn die Sonnentänzer für sie beteten.

Als wir unsere Pfeifen vom Altar holten, schaute Melody nach oben und sah eine Wolke. Sie hatte exakt die Form eines Büffelschädels. Sie machte uns darauf aufmerksam, und einige andere Sonnentänzer sahen es auch. Es war ganz deutlich, ohne jeden Zweifel, es war ein Büffelschädel. Es war ein Zeichen von guter Medizin, das Stärke und Wohlergehen für alle bedeutete. Dieser Tag war länger als üblich. Wir kamen erst lange nach Einbruch der Dunkelheit aus dem Arbor.

Der dritte Tag war vorüber, und alle waren müde. Man merkte, daß der Durst uns allen seinen Tribut abverlangte. Ich sah, daß Melody ganz schön litt. Zufälligerweise war es Melodys Geburtstag, und sie war so froh, daß sie an ihrem Ehrentag anderen helfen und beim Sonnentanz sein konnte. Becky hatte eine ziemlich harte Zeit. Ihr war nicht klar gewesen, wie anstrengend Davids Sonnentanz sein würde. Am Ende des ersten Tages war sie froh, daß sie sich nur für zwei Tage verpflichtet hatte.

Der letzte Tag brach an, und es war der heißeste seit Beginn des Sonnentanzes. Der Morgen war wundervoll, strahlend und sonnig. Man sagte uns, dieser Tag würde kürzer sein als die anderen. Alle freuten sich darüber. Sie hatten sich alle einer herausfordernden Prüfung unterzogen und hatten sie bestanden. Viele andere, die sich nur für einen Tag verpflichtet hatten, schlossen sich dem Sonnentanz am letzten Tag wieder an.

Die Sonnentanzführer und -helfer (auch ich) mußten sich bei der letzten Runde des Durchbohrens durchstechen lassen. Als es dafür Zeit wurde, sammelten wir uns alle in der Mitte. Einer nach dem anderen ließen sich alle Sonnentanzführer durchbohren.

Ich wollte, daß Melody bei mir war, wenn ich durchbohrt würde, also bat ich die Sonnentanzführerin der Frauen, Pansy, Melody zum Baum zu bringen. Sie holte Melody ein paar Minuten zu früh und forderte sie auf, sich hinzuknien. Dabei landeten Melodys Knie auf den kleinen heißen Steinen. Sie verbrannte sich ihre Knie und bekam Brandblasen.

Als sie mich durchbohrten, zogen wir alle zur Südwestseite des Arbors. Ich freute mich, Rose Marie zu sehen, meine Töchter Stormy, Mary, Dory und Oriona, meine Neffen John, Jon und Paul. Sie alle wollten mir beistehen. Wir tanzten, bis es Zeit wurde, sich loszureißen. Wir waren in dieser letzten Runde vier Durchbohrte. Und alle rissen sich los.

Richard, der Sohn von Al und Bernice, wurde hereingerufen, um David zu durchbohren. Er tanzte kräftig und intensiv, während er die Schädel zog. Es ist sehr schwierig, Schädel so weit zu ziehen, wenn sie so schwer sind, und vor allem, wenn es so viele sind.

Während der letzten paar Runden denkst du hektisch darüber nach, wer wohl noch Gebete nötig hätte oder wen man vergessen haben könnte. Dir wird klar, daß der Sonnentanz gleich vorbei ist für ein Jahr. Obwohl du jederzeit zum Schöpfer beten kannst, ist es doch so, als ob deine Gebete während dieser heiligen Zeremonie viel stärker sind. Ich bin überzeugt, daß jeder innerhalb der vier Tage diese Erfahrung macht.

Da es für David das letzte Mal war, daß er im Arbor in Colorado tanzte, war es ein besonderes Jahr für ihn. Man merkte, daß er einen Teil von sich zurückließ, so wie andere vor ihm. Die Menschen hatten ihren vorigen Sonnentanzhäuptling an den Schöpfer verloren und David gebeten, den Sonnentanz zu leiten. Es war sein viertes und letztes Jahr. Seine Verpflichtung gegenüber dem Volk in Denver war erfüllt. Sie würden sich einen anderen Sonnentanz-häuptling erwählen müssen.

Am nächsten Morgen verließen wir Buffalo Creek und blieben für die nächsten Wochen in Colorado, und zwar in der Gegend um Boulder. Wir erholten uns, fertigten auf dem Campingplatz unsere Handarbeiten an und verkauften partienweise an die Läden für indianisches Kunstgewerbe.

Den Rest des Jahres 1994 verkauften wir unsere Waren und machten uns für den nächsten Sonnentanz bereit. Zu Beginn von 1995 ergaben sich einige Veränderungen. Mein Sohn Rockie wurde achtzehn und entschloß sich auszuziehen, um seine Schwingen zu erproben und vielleicht etwas erwachsener zu werden. Für Melody war das eine große Erleichterung, nun mußte sie sich nur noch um die Mädchen kümmern.

Unser Geschäft weitete sich aus und lief immer besser. Wir hatten viel Glück, daß wir soviel Erfolg hatten mit unserem spirituellen Kunsthandwerk – der Steinmenschen-Medizin, Medizinrädern, Geist-Kristallen, Traumbewahrern und Traumfängern.

Die Geistwesen schienen über meine Bereitschaft, mich selbst zu opfern, erfreut zu sein. Sie belohnten mich mit einer Verdienstmöglichkeit, bei der nicht nur anderen Menschen geholfen wurde, sondern die auch half, meine Familie zu ernähren. Da meine Gesundheit meine Arbeit beeinflußte, war ich froh, daß ich eine schöpferische Möglichkeit hatte, mir den Lebensunterhalt zu verdienen, die mich nicht physisch beanspruchte. Alles wird bei uns zu Hause in gemeinsamer Arbeit hergestellt. Alle Mädchen, sogar die kleine Oriona, helfen in der einen oder anderen Weise. Jeder hat seine Aufgabe. Die Mädchen lernen dabei, wie man sich seinen Lebensunterhalt verdienen kann, und es hilft ihnen, ihre Kreativität zu entwickeln.

Unsere Steinmenschen-Medizin hat so unglaublichen Anklang gefunden, daß wir inzwischen Kunden in Israel, Japan, Europa, Neuseeland und England haben. Wir bekommen häufig Briefe von Menschen, die uns für unsere Traumfänger, die Medizinräder und die Steinmenschen-Medizin danken. Sie bezeugen, daß wir das Richtige tun.

Bei verschiedenen Gelegenheiten sind Menschen zu mir gekommen, die auf die Traumfänger deuteten und meinten, sie würden nicht funktionieren. Sie sagten zum Beispiel, daß der Schlaf ihres Kindes noch mehr gestört würde und daß es überhaupt nicht gut schlafen könne. Die Traumfänger wirken sehr wohl, aber die meisten Leute wissen nicht, daß dies nur auf die Traumfänger zutrifft, die von Medizinmännern oder -frauen angefertigt werden. Traumfänger, die von Menschen gemacht werden, die nicht einmal ihre Bedeutung kennen, sind nur als Dekoration zu gebrauchen. Sie beinhalten keine spirituelle Medizin, so daß sie nicht so wirken können, wie man es von ihnen erwartet.

Wenn du dir einen kaufen möchtest, dann erkundige dich erst, wer ihn gemacht hat und was für ein Mensch das war. Frage nach seiner Spiritualität. Frage, ob derjenige sich das Recht erworben hat, solche spirituellen Gegenstände anfertigen zu dürfen. Dein Wohlergehen oder das deines Kindes steht auf dem Spiel. Vergewissere dich, daß derjenige, von dem du so etwas kaufst, dir sympathisch ist. Jedem Traumfänger, den wir herstellen, liegt eine Karte bei, auf der steht folgendes:

Der Traumfänger

Es ist ein alter indianischer Glaube, daß die guten oder schlechten Träume, die du hast, von dir gehen, um wahr zu werden. Sie werden von den Traumgeistern zum Netz des Traumfängers gezogen. Das Netz erlaubt den guten Träumen, durch das runde Loch im Netz durchzuschlüpfen und wahr zu werden. Die schlechten Träume bleiben im Netz stecken und verschwinden mit den ersten Sonnenstrahlen des neuen Tages.

Die Termine für den Sonnentanz 1995 waren der 9. August als Baum-Tag, während der Tanz selbst vom zehnten bis dreizehnten stattfinden sollte.
Mehrere Leute hatten mir schon angekündigt, daß sie zum Sonnentanz wollten, entweder um selbst zu tanzen oder um die Tänzer zu unterstützen. Das überraschte mich, denn es war eine ziemlich lange Reise. Die meisten brauchen sich nur innerhalb ihres eigenen Stadtgebietes zu bewegen, um beten zu können, und nun waren diese Menschen bereit, große Entfernungen zu überwinden, um uns bei unseren Gebeten zu unterstützen.
Wir waren sehr froh, nach South Dakota fahren zu können, denn der Sonnentanz in Porcupine ist ein sehr traditionsgebundener. Ich hatte Al, Bernice und Richard Tail seit 1991 nicht mehr gesehen, weshalb ich besonders froh war, daß wir wieder

dorthin fuhren. In den vier Jahren war eine Menge passiert.

Als der Zeitpunkt näher kam, beschlossen wir, in unserem Leben einige Veränderungen vorzunehmen. Ich ging für einen Monat an die Ostküste, um an vier Messen für indianisches Kunsthandwerk teilzunehmen. Während meiner Abwesenheit bereitete Melody mit den Mädchen alles für unseren Umzug vor. Sie veranstalteten jedes Wochenende einen Flohmarkt und verkauften unser ganzes Mobiliar und andere Dinge. Wir wollten für ein paar Monate in einem Wohnwagen leben. Das war eine sehr plötzliche Entscheidung gewesen, ausgelöst hauptsächlich durch die hohen Lebenshaltungskosten an dem Ort, wo wir wohnten. Melody hatte auch beschlossen, die Mädchen selbst zu unterrichten, denn sie war sehr unzufrieden mit dem Angebot der öffentlichen Schulen. Auch das machte uns beweglicher und gab uns die Möglichkeit, als Familie mehr Zeit miteinander zu verbringen. So wie die Situation bisher war, hatte ich ziemlich viel allein herumreisen müssen.

Melody schaffte es, nach Chicago zu fliegen, um mir bei der letzten Messe auf dem Gelände der Notre Dame University zu helfen. Das Ganze war sehr erfolgreich, aber ein Wirbelsturm von Aktivitäten war zu überstehen, als wir nach Phoenix zurückkamen. Wir mußten Lagerraum anmieten, den Rest unserer Sachen verkaufen, das Verbleibende packen und uns für den Umzug bereitmachen. Und nachdem wir den Klappwohnwagen verkauft hatten, erstanden wir einen anderen Reisewohnwagen, in dem wir zu acht schlafen konnten.

290

Als wir unsere Flohmärkte abhielten, war die Hitze unerträglich. Es war, als wären die Geistwesen mit Phoenix böse. Sogar der Boden stöhnte unter dem sengenden Wabern der Hitze. Es war schrecklich.

Endlich kam der Tag, an dem wir losfahren wollten, und es war der heißeste Tag des ganzen Jahres. Phoenix hatte Rekordtemperaturen, und die Spitze lag an diesem Tag bei 51 Grad (im Schatten!). Wir verließen das Haus endgültig ungefähr um 3.30 Uhr nachmittags. Melody hatte in ihrem Auto keine Klimaanlage, und ich konnte meine nicht anstellen, weil ich den Wohnwagen zog. Also war uns furchtbar heiß, und wir wollten so schnell wie möglich los. Dann passierte das Unglück.

Melody wollte noch einmal nach der Post sehen und wir hatten als Treff die Tankstelle vorgesehen. Ich war noch keine sechs Blocks von unserem Haus entfernt, als der Ventilatorschlauch platzte und ich anhalten mußte. Es gelang mir noch, auf den Parkplatz der Tankstelle zu lenken. Nach alldem, was wir hinter uns hatten, brachte mich dieses eine Hindernis an den Rand eines Nervenzusammenbruchs. Es war Berufsverkehr, und der Straßendienst brauchte mehr als zwei Stunden, da so viele Autos Pannen hatten wegen der Hitze. Wir hatten immer noch drei Stunden Fahrt zum Haus meiner Mutter in Ajo vor uns, und im Moment lagen wir fest.

Wir beide, Melody und ich, glauben, daß nichts ohne Grund geschieht, und so schwer es manchmal fällt, sich mit dieser Philosophie abzufinden, war es das einzige, was uns damals blieb. Ich rief Jerry, den Mann meiner Schwester Virgie, an und bat ihn um

Hilfe, und war sehr dankbar, als er uns helfen wollte. Er hilft allen in der Familie bei den Autos, und er war in etwa einer Stunde da. Nachdem wir ziemlich viel rumgelaufen waren, um das richtige Ersatzteil zu bekommen, waren wir schließlich gegen acht Uhr endlich wieder auf der Straße. Alle waren erschöpft, hungrig und bettreif, deshalb beschlossen wir, diese Nacht noch in Phoenix zu verbringen und erst am nächsten Morgen loszufahren. Keiner achtete auf Melodys Gesicht.

Am nächsten Tag hatten wir noch ein paar Besorgungen zu machen und waren dann um die Mittagszeit auf der Straße. Die Temperatur war schon wieder auf 46 Grad geklettert und stieg weiter. Keiner von uns dachte darüber nach, daß das Fahren mit offenem Fenster bei dieser Hitze nicht viel anders war, als wenn man sein Gesicht für Stunden vor einen heißen Ofen hält. Bis wir in Ajo waren, leuchtete Melodys Gesicht knallrot und war von der Hitze stark verbrannt. Sie hatte auch einen Sonnenstich und war richtig krank. Ihr Gesicht hatte richtiggehend Blasen bekommen von dem heißen Wind.

Wir beschlossen, noch ein paar Tage in Ajo bei meiner Mutter zu bleiben, bevor wir nach South Dakota weiterfuhren. Es war genau die Medizin, die wir alle brauchten. Das Haus meiner Mutter ist der einzige Platz auf Erden, an dem ich mich richtig entspannen und ausruhen kann.

Am Sonntag entdeckte ich, daß ich meine Knochenspieße für das Durchbohren in dem Lager in Phoenix gelassen hatte. So sehr ich es haßte, zurückzufahren, wenn ich mich einmal auf eine Reise begeben hatte,

blieb mir nichts anderes übrig. Meine Knochenspieße waren zu wichtig, um sie zurückzulassen.
Wahrscheinlich hätte ich andere machen können,
aber diese waren etwas ganz Besonderes, und ich
hatte lange und hart daran gearbeitet, sie für die
Zeremonie vorzubereiten.

Am frühen Montagmorgen brachen wir nach South
Dakota auf. Unsere erste Nacht unterwegs verbrachten wir in Truth or Consequences in New Mexico.
Melodys Gesicht war nur eine geschwollene Masse.
Sie litt unerträgliche Schmerzen, und ich wußte
nicht, wie ich ihr helfen konnte, außer es wie einen
starken Sonnenbrand zu behandeln. Wir rieben ihr
Gesicht mit Sonnenbrandlotion ein und sprühten
kaltes Wasser darauf. Die Verbrennung ging so tief,
daß es heiß blieb. Das einzige, was wir tun konnten,
war, es kühl zu halten.

Als wir Albuquerque erreichten, ging Melody in eine
Apotheke und war froh, daß sie eine Creme bekam,
die ihren Schmerz erheblich linderte. Innerhalb von
Stunden fühlte sie sich besser und sah auch so aus.
Sie hatte das Empfinden, als ob der Schöpfer vielleicht nicht wollte, daß sie am Sonnentanz teilnahm,
und sie wollte sich all den Leuten, die zum Sonnentanz kamen, nicht präsentieren wie eines der Wesen
aus *Krieg der Sterne*.

Am Freitag kamen wir in Rapid City an und ließen
uns auf dem KOA-Campingplatz nieder. Es war das
Wochenende, an dem auch die Motorrad-Rallye in
Sturgis, South Dakota, stattfand, die South Dakota
zu einem Motorrad-Staat machte. Hier waren Mo-
torradfans aus allen Teilen der Vereinigten Staaten

und aus Kanada. Ich war etwas unruhig, wenn meine Mädchen allein irgendwo hingehen wollten, aber wir überstanden die Zeit bis zum Sonntag ohne Zwischenfall. Alle Motorradfahrer, die wir trafen, verhielten sich sehr respektvoll. Viele hatten Familien und manche hatten ihre Frauen dabei.

In dieser Zeit machten wir die Einkäufe für unsere Geschenkfeste. Es war Beckys vierter Sonnentanz und mein vierter mit David Swallow jr. Wir wollten den Sonnentanz und all die Menschen ehren, mit denen wir getanzt hatten. Auch Lionel wollte ein Geschenkfest abhalten, und so trafen wir uns mit ihm in Rapid City und kauften zusätzlich die Dinge, die er brauchte. Die Menschen, die mit mir tanzten – Trommler, Sänger, der Sonnentanzhäuptling, die Sonnentanzführer –, alle mußten mit Geschenken geehrt werden. Einigen Familien der Sonnentänzer wollten wir Dinge schenken, die sie sonst vielleicht nicht bekommen konnten.

Die Menschen in der Pineridge Reservation haben die höchste Arbeitslosenrate in ganz Nordamerika, und das Leben ist für sie sehr schwierig. Die Regierung stattet sie nur mit stärkehaltigen Lebensmitteln und Billigkäse aus. Im Gegensatz zu vielen anderen unterprivilegierten Völkern neigen die Indianer Amerikas von Natur aus nicht dazu, sich zu beklagen. Sie sind sehr stolz. Es ist wie bei dem alten Sprichwort: »Das quietschende Rad bekommt das Fett.« Vielleicht würde ihnen mehr Hilfe zuteil werden, wenn sie sich, wie so viele andere Kulturen, laut über ihre Not beklagten und lamentierten. Es ist eine große Tragödie, daß man in einem Land, das so reich ist und aus so unterschiedlichen Gruppen besteht wie die Vereinigten Staaten, ausgerechnet das ursprüngliche Volk dieses Landes einer Lebensweise von Armut und Entbehrung überläßt.

Die Wintermonate sind besonders hart. Man kann sich kaum vorstellen, was diese Menschen machen, wenn ihnen das Propangas ausgeht oder wenn sie warme Kleidung benötigen. Immer bekommen sie getragene Sachen oder – noch schlimmer – gar nichts.

Es war Melody sehr wichtig, daß sie ein paar neue Sachen bekamen, also taten wir, was wir konnten. Wir kümmerten uns auch um Wassermelonen, die am letzten Tag des Sonnentanzes verteilt werden sollten. Wir wollten mindestens fünfzig Stück – mit Eis bedeckt und eßfertig – besorgen für die hungrigen und durstigen Sonnentänzer, wenn sie am letzten Tag aus dem Arbor kamen.

Als wir am Sonntagnachmittag auf das Gebiet der Reservation fuhren, beherrschte mich eine Mischung von Vorfreude, Nervosität und Erleichterung. Wir hatten es wieder geschafft. Es war Zeit für mich, dem Schöpfer zu danken, und ich war ihm dankbar, daß er es mir ermöglicht hatte, wieder herzukommen, um zu beten.

Die Badlands waren von ihrer Schönheit und ihren Farben her hinreißend, aber unbeugsam und abweisend in der Hitze. Die prächtigen Sonnenauf- und -untergänge erinnerten uns an das Werk des Großen Geistes. Doch das Sonnentanzen war auf diesem Land eine Pein, wenn es so heiß und der Boden voller Stacheln war.

Es gibt Zeiten, da beneide ich meine ruhigen Bluts-
verwandten, die auf diesem wundervollen Land leben. Sie scheinen die Ruhe dieses Landes in ihre See-
len aufgenommen zu haben. Aber dann muß ich an
das harte Leben denken, das sie Tag für Tag ertragen
müssen, und mir wird klar, wie froh ich bin, dort zu
sein, wo ich bin. Dennoch schmerzt mich ihr Schick-
sal zutiefst. Ich wünschte, ich könnte sie alle immer
bei mir haben.

Bei unserer Ankunft auf dem Sonnentanzgelände
waren ein paar Leute, die auf meine Einladung hin
gekommen waren, bereits da. Snowy und Conrado
aus San Diego waren ein paar Tage früher gekommen, um ihre Hilfe anzubieten, und ebenso war es
bei Billy aus Texas.

Wir schlugen unser Lager auf, und dann machten
Melody und ich eine Runde, um zu sehen, wer da
war. Das Gelände war so ruhig. Alle schienen sich in
ihrer eigenen, getrennten Welt für die bevorstehen-
den Tage vorzubereiten. Es gab noch eine Menge zu
tun, bevor der Sonnentanz anfangen konnte, und
David Swallow jr. war bisher noch nicht angekommen.

Bernice und Al Tail waren ein willkommener Anblick. Sie waren die ersten, die wir trafen, als wir unsere Runde machten.

Bald trafen noch mehr Leute ein, die ich eingeladen
hatte: Jon und Jodi aus Las Vegas, Phil aus Hemet
und Mario aus Pomona, beides in Kalifornien, Arthur aus Searchlight, Nevada, mit seinem Neffen
Mike; Bert (ein Kräuter- und Naturheilkundiger) und
Big Jon aus Los Angeles; Dale und Terry aus dem

kanadischen Ontario, Suzanne aus den Woodland Hills und Judy aus Santa Maria in Kalifornien; Karen aus Missouri, Jason aus Landers und Gil aus Riverside, beides in Kalifornien; seine Schwester Thelma und ihr Mann Raul aus Silver City, New Mexico; Rose Marie und ihr Mann Marshall aus Rio Rancho, auch in New Mexico, und Lauren (die erste Lektorin dieses Buches) aus New York City. Sie alle erwiesen mir große Ehre dadurch, daß sie gekommen waren, um zu helfen oder am Sonnentanz teilzunehmen. Alle erschienen auf unserem heiligen Boden, als würden sie von unsichtbaren Fäden gezogen, die an ihrem Herzen oder ihrer Seele befestigt waren. Es war bewegend, daß der Schöpfer mir die Weisheit geschenkt hatte, all diese wunderbaren Leute einzuladen. Diese Gruppe selbstloser Individuen zu sehen, die diese unglaubliche Reise auf sich genommen hatten, um zu leiden und zu beten, wärmte mir aufrichtig das Herz.

Es ist für mich von großer Bedeutung, all diese Menschen aufzuzählen, besonders weil sie alle eine lange Fahrt auf sich genommen haben und es sie persönlich viel gekostet hat. Sie wurden zu Verwandten und zu einem Teil meiner spirituellen Reise, einfach dadurch, daß sie sich anboten, mit mir und allen anderen Menschen auf dem heiligen Boden zu beten und zu leiden. Auch machte ihr Beitrag meinen dreizehnten Sonnentanz zu dem denkwürdigsten und interessantesten von allen.

Der Baum vom vergangenen Jahr stand noch immer da mit all seinen Gebetstüchern und Fähnchen. Aus irgendwelchen Gründen wurde der Baum am Sonntagabend, bevor David ankam, ausgegraben und zu Feuerholz zerkleinert. In all den Jahren des Sonnentanzens hatte ich das noch nie gesehen. Einige Sonnentänzer waren sehr empört darüber, ich auch. Meines Wissens hätte der Baum während des Tages in Gegenwart des Sonnentanzhäuptlings in einer Zeremonie ausgegraben werden müssen, und niemals dürfte er zu Feuerholz zerhackt werden. Vielleicht war das schon ein Zeichen, das auf die Dinge wies, die noch kommen sollten.

Am Montag wandte sich Conrado, den Snowy dazu ermuntert hatte, voller Ernst an mich und fragte, ob er für seinen Vater am Sonnentanz teilnehmen könne. Er wollte ein Versprechen erfüllen, das er vor längerer Zeit einmal gemacht hatte: Wenn sich der Gesundheitszustand seines Vaters besserte, dann würde er für ihn am Sonnentanz teilnehmen. Seine Aufrichtigkeit und seine Sorge um seinen Vater ließen uns die Tränen in die Augen steigen. Ich antwortete ihm, ich würde David fragen. Conrado war zum ersten Mal bei einem Sonnentanz, und man mußte ihm klarmachen, wie ernst diese Verpflichtung war.

Auch Arthur erzählte, er wolle für seinen Vater, der einen Gehirntumor hatte, am Sonnentanz teilnehmen. Dann sagte mir Suzanne, daß sie teilnehmen müsse, und Gil fragte, ob er mittanzen könne! Selbst Rose Marie bat darum, mitmachen zu können. Noch nie bin ich von so vielen Menschen gefragt worden. Ich setzte mich mit jedem einzelnen hin, und wir unterhielten uns intensiv, denn ich wollte, daß sie den Ernst der Sache verstanden, die sie mit meiner Hilfe

298

anfangen wollten. Es war ein wunderbares Gefühl, sie auf eine so unglaubliche Reise vorzubereiten.

Und in dieser Situation wurde mir klar, daß meine Aufgabe nicht darin lag, ein Sonnentanzhäuptling zu sein, sondern die Menschen mit dem Sonnentanz bekanntzumachen und sie auf den Weg zu bringen. Ich hatte mich oft gefragt, was der Schöpfer von mir wollte, und nun war es offensichtlich geworden. Vielleicht konnten mit meiner Erfahrung und unter David Swallow jrs. Leitung und spiritueller Führung viele andere aus der Spiritualität und der Selbstlosigkeit einen Gewinn ziehen, die der Sonnentanz bietet.

An diesem Montagnachmittag ging ich mit Melody zum Gemeindezentrum, um ein Paket abzuholen. Wir hatten einen unserer Freunde, Neill, gebeten, uns dünne Zedernzweige aus dem Bundesstaat Washington zu besorgen, und er hatte mir eine Zwanzig-Kilo-Kiste mit dünnen Zedernabschnitten geschickt. Sie waren sauber und frisch geschnitten. Eine kurze Mitteilung hatte er als Kunstwerk beigelegt, eingraviert auf ein handgeschnittenes Zedernbrett. Sie war an mich und die Leute von Porcupine gerichtet. Ich war von dieser Geste sehr gerührt, und wir waren alle sehr dankbar, daß wir sie hatten.

Am Dienstag, als wir in Rapid City weitere Vorräte und Wasser einkauften, kamen Sean und Jim aus Ohio an. Jim war so begierig darauf, beim Sonnentanz mitzumachen, daß er nicht warten konnte, bis ich zurückkam und David um seine Erlaubnis dafür bitten konnte. Sechs Jahre lang war Jim Hüter des Feuers gewesen und hatte Schwitzhütten-Zeremonien abgehalten, so daß er jetzt das Gefühl hatte, er sei für den Sonnentanz bereit.

Sean und Jim waren von Toledo in Ohio hergefahren, und ich denke, als sie hier ankamen, wollte Jim sofort wissen, ob er tanzen durfte. Da ich nicht da war, um ihn zu begleiten, ging er geradewegs zu David und erhielt eine enttäuschende Antwort. David verkündete ihm, er müsse erst vier Jahre lang beim Feuer, der Sicherheit oder was sonst zu tun war beim Sonnentanz, helfen, bevor er tanzen könne. Jim war am Boden zerstört, und sein Freund Sean litt mit ihm. Er wußte, warum Jim am Sonnentanz teilnehmen wollte und wieviel es ihm bedeutete.

Melody und ich kamen aus Rapid City zurück, und man erzählte uns die Geschichte. Anschließend hatte ich ein ausgiebiges Gespräch mit Jim. Ich sagte ihm, daß ich es zwar nicht verstehen könne, aber es stünde mir nicht zu, Davids Entscheidung in Frage zu stellen. Ich sagte ihm auch, daß er jetzt herausgefunden habe, daß eben nicht jeder am Sonnentanz teilnehmen dürfe. Offensichtlich hatte irgend etwas an Jim David dazu veranlaßt, ihn auf diese Weise abzuweisen. Ich habe keine Ahnung, was es gewesen sein könnte.

Den Rest des Tages und auch am Mittwoch ging Jim herum und half, aber er schien verloren. Er half den anderen, ihre Knochenspieße anzufertigen, und unterstützte sie dabei, sich für den Sonnentanz bereitzumachen. Ungefähr um die Mittagszeit kam Jim mit Tabak zu mir und bat mich, ob ich nicht noch einmal zu seinen Gunsten mit David sprechen könnte. Ich erklärte mich dazu bereit, aber wies ihn darauf hin, wenn David ihn wieder abweise, dann müsse er Davids Wunsch entsprechen.

Ich rief alle zu mir, die mit mir gekommen waren und teilnehmen wollten. Es waren sieben. Sie mußten lernen, den Tabak in ihre Pfeife zu stopfen, da das Füllen jedesmal eine Zeremonie ist. Ich sagte ihnen jetzt auch, daß ich nicht die letzte Entscheidung darüber hätte, ob sie die Erlaubnis zum Tanzen bekämen, sondern David. Wenn er einem von ihnen den Zutritt zum Sonnentanz verweigere, dann müßten sie ihm ihre Pfeife geben, damit sie von jemand anderem benutzt werden könne, der sie für seine Teilnahme am Sonnentanz bräuchte. Ich habe ihnen das erzählt, weil David es manchmal spürt, wenn jemand nicht aufrichtig genug oder nicht bereit dafür ist, das zu tun, um was er bittet.

Nachdem alle ihre Pfeifen fertig hatten, gingen wir zu Davids Lager hinüber. David und Gerald Ice, einer seiner Sonnentanzführer, erwarteten uns. Alle, die tanzen wollten, saßen in einem Halbkreis auf dem Boden David gegenüber. Ich setzte mich an seine rechte Seite, und wir stellten einen Stuhl vor ihn. Ich beugte mich zu David hinüber und sagte: »Dieser junge Mann, den ich dir hier bringe, Jim, sagt mir, daß du ihm die Teilnahme dieses Jahr verweigert hast. Er hat mich gebeten, ein gutes Wort für ihn einzulegen, und du möchtest doch bitte sein Gesuch einmal überdenken. Aber letztlich ist es deine Entscheidung, und ich habe jedem von ihnen erklärt, wenn du einen von ihnen abweist, muß derjenige dir seine Pfeife ›schenken‹, damit du sie anderweitig einsetzen kannst.«

David nickte mit dem Kopf und sagte: »In Ordnung, Manny, bring ihn her.«

Ich signalisierte Jim, herzukommen und sich auf den Stuhl zu setzen. Eine ganze Zeit lang saß David da und sah Jim an, als ob er auf die Weisung der Geistwesen wartete. Dann begann David: »Normalerweise habe ich einen guten Grund dafür, wenn ich so etwas sage, und ich ändere meine Meinung nicht. Normalerweise kommt derjenige auch nicht wieder, um ein zweites Mal zu fragen. Du bist ein kluger Mann. Du bist ein zweites Mal wiedergekommen, und du hast einen meiner Sonnentanzführer mitgebracht. Du bist aufrichtig, und dein Herz ist gut.«

Als er sich vorbeugte, um Jim die Pfeife abzunehmen, fragte er: »Wie viele Tage wirst du tanzen?« Nervös lehnte sich auch Jim vor – er hatte keine Ahnung, ob er ihm seine Pfeife geben sollte oder seine Hand schütteln oder was sonst von ihm erwartet wurde – und fiel fast vom Stuhl. David und ich hatten Mühe, unser Lachen zu unterdrücken, um den Ernst der Situation nicht zu gefährden.

Auch alle anderen wurden zum Sonnentanz zugelassen. Erleichtert, daß sie ihre Pfeifen nicht aufgeben mußten, gingen sie zu ihren Lagerplätzen zurück.

Melody und Jodi waren zwischenzeitlich in Rapid City gewesen. Sie kamen gerade rechtzeitig zurück, um mit allen anderen den Baum zu holen. Fast dreißig Autos und Vans hatten sich auf der Straße aufgestellt, um zum Heiligen Baum aufzubrechen. Es war inzwischen 5.30 Uhr, später Nachmittag. Bis wir mit allem fertig waren, würde es dunkel sein.

Und es ist nicht einfach, den Baum im Dunkeln aufzustellen, aber es hatte sich eben so ergeben.

Wir fuhren ungefähr dreißig Minuten und bogen
dann von der Hauptstraße auf das Gelände ab, in dem
der Fluß lag. Wir mußten eine steile Uferböschung
hinunterklettern und den Wasserlauf überqueren, um
zum Baum zu gelangen, aber der Fluß führte höch-
stens dreißig Zentimeter Wasser. Melody, Stormy und
Lauren blieben bei den Autos, weil sie keine Schals
hatten. Die Zeremonie verlangte von den Frauen
als Zeichen ihres Respekts gegenüber dem Baum
und dem Sonnentanzhäuptling, einen Schal über der
Schulter zu tragen.

David sprach ein paar Gebete, dann forderte er ein
junges Mädchen auf, den ersten Schlag gegen den
Baum auszuführen. Ein kleines indianisches Mädchen, etwa vier Jahre alt, half ihr bei dem ersten Hieb,
dann war ein kleiner Junge dran. Als nächsten bat
man einen Ältesten, einen Schlag auszuführen.

Schließlich halfen alle Sonnentänzer, den Baum zu
fällen. Vielleicht bildete ich mir das nur ein, aber
mir schien, als ob alle zu schnell und zu aggressiv
auf den Baum einschlugen. Vielleicht weil es auch
schon spät wurde, aber es wirkte, als seien die Männer fast wütend, als sie ihn fällten. Es unterschied
sich von allen anderen Baumfäll-Zeremonien, die
ich bisher mitgemacht hatte, und ich fühlte mich etwas unbehaglich. Ich fragte mich, ob das noch jemand anderem aufgefallen war. Dann war es soweit,
daß der Baum umfallen und wir ihn auffangen sollten. Da passierte etwas Schreckliches. Der Baum begann zu fallen und zerbrach in zwei Teile! Viele

Leute weinten ungehemmt. Alle waren geschockt, schauten sich fragend an und wunderten sich, was jetzt geschehen würde.

David sagte zu allen, die ihn hören konnten: »Der Tradition gemäß ist der Sonnentanz vorbei, wenn so etwas passiert. Doch ich weiß, daß viele von euch von weit her gekommen sind, um an diesem Sonnentanz teilzunehmen, deshalb werden wir es noch einmal versuchen. Jeder wird für diesen Baum leiden, und ich werde für diesen Baum Büffelschädel ziehen.« Dann fuhr er fort: »Wenn dieser zweite Baum zerbricht oder nur den Boden berührt, dann war es das. Dann wird der Sonnentanz für dieses Jahr vorbei sein.«

Meine Gefühle waren aufgewühlt. Wie konnte das passieren, fragte ich mich. Warum war es geschehen? In diesem Moment beschloß ich, alles in meiner physischen Macht Stehende einzusetzen, um zu verhindern, daß der zweite Baum den Boden berührte. Selbst wenn das heißen würde, ich müßte mich selbst unter ihn werfen, würde ich nicht zulassen, daß dieser Baum mit der Erde in Verbindung kam. Offensichtlich war ich nicht der einzige, der sich das vornahm. Vielleicht sollten wir alle geprüft werden; jeder Sonnentanz schien eine besondere Lektion zu beinhalten. Das war nur der Anfang, dachte ich und fragte mich, inwieweit das Geschehene wohl den Rest des Sonnentanzes beeinflussen würde.

Dem zweiten Baum wurde dieselbe Zeremonie zuteil, die David dem ersten schon erwiesen hatte. Und schon bald war es soweit, daß der Baum fallen sollte. Dieses Mal waren alle wachsam, und so fingen sie den Baum auf, ohne daß er den Boden berührte. Dieser Baum war ungefähr siebzehn Meter hoch und hatte vielleicht einen Durchmesser von sechzig Zentimetern. Es war ein großer Baum, und wir mußten alle unsere Kräfte einsetzen, um ihn von der Erde fernzuhalten. Langsam trugen wir ihn über den Fluß und die rutschige Uferböschung hinauf zum Anhänger, der ihn zum Sonnentanzgelände bringen sollte. Zum ersten Mal, seit ich mit dem Sonnentanzen begonnen hatte, bestand meine Hilfe dabei nur aus ermutigenden Worten für die jüngeren Leute.

Inzwischen sank die Sonne rasch hinter den westlichen Horizont. Was für ein prächtiger Sonnenuntergang! Bemerkenswerterweise stand über dem östlichen Horizont der Mond, so voll und rund, wie er nur sein konnte.

Mit großer Mühe und Anstrengung schafften sie es, den Baum auf den Anhänger zu legen und ihn mit Tauen zu sichern, damit er nicht herunterfallen konnte. Alle, die dabei zugesehen hatten, stiegen in die Autos und machten sich bereit, dem Anhänger hinterherzufahren.

Schwarz zeichneten sich die Silhouetten der über ihrem Heiligen Baum Wache stehenden Sonnentänzer ab gegen den westlichen Himmel mit seiner vielstufigen Mischung aus Orange, Gelb und Rot. Auch die Zweige des Baumes wirkten schwarz vor dem Hintergrund der leuchtenden Farben dieses August-Sonnenunterganges. Mir stockte bei diesem Anblick für einen Augenblick der Atem, und mir wurde klar, wenn ich die Sonne das nächste Mal sah, würden wir betend im Arbor stehen.

Bis wir auf dem Sonnentanzgelände zurück waren, war es tiefe Nacht. Viele Autos fuhren mit eingeschalteten Scheinwerfern bis zum Arbor, damit der Sonnentanzhäuptling und die Sonnentänzer etwas sehen konnten. Vorsichtig wurde der Baum vom Anhänger gehoben und durch das Osttor in den Arbor getragen. Das Erdloch war schon vorbereitet, so daß der Baum sofort aufgestellt werden konnte. Die Sonnentänzer legten den Baum so auf den heiligen Boden, daß sich seine Basis dicht neben dem Loch befand.

David sprach einige Gebete, und alle wurden aufgefordert, ihre Gebetstücher und Fähnchen anzubinden. Dann befestigten die Sonnentänzer ihre Seile für das Durchbohren an dem Baum und zogen die Stricke straff, um das Aufrichten des Baumes vorzubereiten.

Mit ungeheurer Anstrengung schoben die Sonnentänzer, von anderen Männern noch unterstützt, den Baum in Richtung auf das Loch und begannen ihn hochzuziehen. Alle Sonnentänzer, die ihre Seile gespannt hatten, bewegten sich um den Arbor, um den Baum im Gleichgewicht zu halten, während andere das Loch mit Erde auffüllten. Es dauerte nicht lange, und der Baum stand an seinem Platz und wiegte sich leise in der Dunkelheit.

Der Vollmond stand direkt hinter dem Baum und gab ihm einen geisterhaften Anstrich. Die Lichter der Autos ließen die prachtvollen Farben der Fähnchen und Gebetstücher aufleuchten. Schweigend stand der Baum, wartete majestätisch auf die Erfüllung seiner Bestimmung. Die Blätter schimmerten im Licht, als ob sie zitterten vor Erwartung des nächsten Tages, wenn der Baum zum Schöpfer werden würde.

Ausgepowert und todmüde machte ich mich mit Melody auf den Weg zu unserem Lagerplatz. Sie mußte ihre Sachen packen, denn die nächsten vier Tage würde sie im Tipi der Frauen verbringen, das nahe beim Arbor stand. Ich machte mir Sorgen um sie, denn sie hatte sich gerade erst von den schweren Verbrennungen im Gesicht erholt. Mir wäre wohler gewesen, hätte sie nur zwei Tage getanzt, aber sie war fest entschlossen, die gesamte Zeit durchzuhalten, und ich konnte sie nicht daran hindern.

Als ich endlich ins Bett kam, war es schon gegen elf Uhr. Es fiel mir schwer abzuschalten nach alldem, was geschehen war.

Meine innere Uhr weckte mich um fünf Uhr früh. Ich sprang auf und machte mich für mein erstes Schwitzbad fertig. Dann weckte ich Lionel und ging zur Schwitzhütte. Ich war der erste, also begann ich laut zu rufen, daß die Sonnentänzer aufstehen und zur Schwitzhütte kommen sollten. Einer muß das immer tun. Zwar wissen die Sonnentänzer, daß sie aufstehen müssen, aber dennoch wollen sie offenbar, daß ihnen jemand Bescheid gibt, wann sie das tun sollen. Überrascht sah ich, daß Melody bereits aufgestanden war und an der Schwitzhütte der Frauen wartete. (Eigentlich fällt ihr das Aufstehen morgens immer sehr schwer.)

Ehe ich mich's versah, waren wir für die Eingangs-Zeremonie aufgestellt. Die Sonne schob sich im Osten des Arbors über die Sandsteinfelsen. Da ich wegen meiner Diabetes Mokassins trug, konnte ich den Boden unter meinen Füßen nicht spüren. Aber die Luft war wundervoll und warm. Das leise Murmeln der Sonnentänzer, die herumstanden und sich unterhielten, und der Duft des brennenden Zedernholzes wirkten ruhespendend. Ich bin sicher, daß dieser Morgen vielen Menschen als wundervolle Erinnerung unvergeßlich blieb.

Wie bei meinen anderen Sonnentänzen empfand ich unsagbaren Stolz, als wir uns aufstellten, um den Heiligen Kreis zu betreten. Freudige Aufregung durchlief meinen Körper, und überall bekam ich eine Gänsehaut, als ich die Trommel und die ersten hohen Töne der Sängerstimmen hörte.

Nun waren wir innerhalb des Arbors, und wieder stand uns die Zeit der Selbstaufopferung bevor. Ich mußte daran denken, wie dankbar ich war, daß ich hier sein und Dank sagen konnte. Wir hatten ein sehr gutes Jahr gehabt, und es hatte vieles gebracht, für das man dankbar sein konnte.

Melody hatte noch nicht bemerkt, daß ich mir bereits Lehmmarkierungen auf den Rücken hatte zeichnen lassen. Ich wollte gleich bei der ersten Durchbohrungsrunde die Büffelschädel ziehen. Meine gesundheitlichen Probleme erforderten, daß ich es gleich zu Anfang tat. Es war für mich wichtig sicherzugehen, daß ich für das Schädelziehen stark genug war, bevor ich zu schwach wurde, um das noch gut zu machen. Dies würde mein viertes und damit letztes Schädelziehen sein.

Schließlich wurde es Zeit für mich, durchbohrt zu werden. Lionel brachte mich in die Mitte, und Melody stand neben mir, als sie meinen Rücken durchstachen. Ich wollte ihr zeigen, daß es mir gutging, und lächelte sie an. Ich wußte, wie schwer es ihr fiel, dabei zuzuschauen. Tränen strömten ihr über die Wangen. Sie wußte, daß ich darum gebeten hatte, besonders tief durchstochen zu werden, damit ich die Büffelschädel volle vier Runden ziehen konnte.

Die Sonne schien heißer, obwohl es noch mitten am Vormittag war. Sie banden die Schädel an meinen Rücken, und sechs Sonnentänzer trugen sie zum Westtor des Arbors. Die Durchbohrung auf meiner rechten Seite riß sofort aus, als wir uns bewegten. Das bedeutete, daß die Schädel nur noch an einer Durchbohrung hingen, mit der ich sie ziehen mußte.

Melody übergab mir Oriona. Die Kleidung, die sie trug, hatte sie sich für diese Gelegenheit selbst ausgesucht. Oriona fragte Melody, warum sie denn weinte, und sagte ihr, sie solle lieber froh sein für ihren Daddy. Sie zeigte viel Weisheit für eine Dreijährige.

Und wieder trug ich Oriona. Sie gab mir Stärke, während ich um den Arbor tanzte. Nachdem ich die vier Richtungen geehrt hatte auf meiner Reise um den Heiligen Kreis, erreichten wir das Westtor. Die Tänzer setzten die Schädel auf den Boden, während David mit mir betete.

Alle Menschen, die zu meinem Lager gehörten, und jene, die auf meine Einladung hin gekommen waren, schlossen sich mir an, als ich die Schädel zog. Viele Männer und Frauen, die den Arbor umstanden, weinten bei dem Anblick von mir mit Oriona auf meinem Arm.

Ich drückte Oriona eng an mich und lehnte mich nach vorne. Das Gewicht der sechs Schädel hielt mich fest. Langsam, ganz langsam legte ich mich immer weiter nach vorne und versuchte zu ziehen. Ich hatte Angst, daß auch meine andere Durchbohrung ausreißen würde und ich die Schädel nicht ziehen könnte. Ich wollte die Gelegenheit haben, zu leiden und zu beten. Ich hatte das ganze Jahr darauf gewartet und wollte es vollenden. Langsam begannen die Büffelschädel sich vorwärtszubewegen. Als wir vorwärtskamen, wurde ich von Dankbarkeit für die Geistwesen überwältigt, die mir erlaubten, die Schädel zu ziehen. Erst betete ich darum, mich nicht loszureißen, und um die Kraft, das durchzustehen. Dann betete ich für alle meine »Verwandten« und für den Baum, den wir verloren hatten. Als ich zum vierten Mal den langen Weg um den Heiligen Kreis begann, war mein Mund sehr trocken. Mir war fast keine Kraft mehr geblieben. Ich hatte Oriona die ersten drei Runden getragen, aber jetzt konnte ich es nicht mehr. Ich stellte sie auf den Boden und fragte sie: »Süße, möchtest du mit deinem Daddy tanzen?« Bo, der Sonnentanzführer, wedelte mir mit seinem Fächer Luft zu und flüsterte ein einziges Wort in mein Ohr: »Lauf.«

»Lauf?« dachte ich bei mir. »Ich habe Schwierigkeiten, auch nur zu gehen!« Ich beugte mich wieder zu meinem kleinen Mädchen herunter und sagte: »Süße, Daddy braucht deine Kraft. Daddy braucht deine Hilfe. Daddy muß unbedingt schnell laufen.«

Sie sah zu mir hoch und sagte lächelnd: »In Ordnung, Daddy.« Und sie begann vorwärts zu gehen, zog an meiner Hand, als wollte sie losrennen. Ich begann mich schneller zu bewegen. Ich lief ungefähr einundhalb Meter, und plötzlich riß die andere Seite aus. Was für ein herrliches Gefühl: daß meine Gebete wahrgenommen und erhört würden. Ich hatte die vier Jahre des Schädelziehens vollendet. In mir war ein Gefühl des Stolzes, ein Gefühl spiritueller Vervollkommnung, daß ich meine Verpflichtung erfüllt hatte.

Der Rest des Tages verging nur langsam und schien für jeden von uns äußerst mühsam zu sein. Es war kaum zu glauben, daß so viele so erschöpft und ausgetrocknet waren, obwohl es doch erst der erste Tag war. Es ging das Gerücht, mehrere Frauen, die um den Arbor standen, stünden in ihrem Mond [hätten ihre Tage; Anm. d. Übers.]. Wenn das zutraf, erklärte das, warum so viele Sonnentänzer so geschwächt waren.

Das Gerücht bestätigte sich. Ein paar Frauen gingen herum und fragten die Frauen in der Nähe des Arbors diese sehr persönliche Frage. Mehrere Frauen bejahten, daß sie in der Tat in ihrem Mond stünden. Sie wurden mit Bestimmtheit gebeten, den Bereich des Sonnentanz-Arbors zu verlassen. Die meisten gingen bereitwillig, als sie erfuhren, welche Folgen das für die Sonnentänzer in ihrem geschwächten Zustand hatte. Alle Sonnentänzer, auch die Frauen, leiden unter der starken Energie, die Frauen während ihres Mondes ausstrahlen. Die Wirkung auf die Sonnentänzer ist besonders dramatisch wegen ihres geschwächten Zustandes.

Der nächste Morgen glich dem ersten. Mario schloß

sich uns an diesem Tag an und verpflichtete sich für drei Tage. Dann kamen nacheinander Jason (der erst sechzehn Jahre alt ist), Arthur, Conrado und Mario zu mir und teilten mir mit, daß sie an diesem Tag durchbohrt werden wollten. Und im Laufe des Tages erfüllte einer nach dem anderen seine Verpflichtung gegenüber dem Schöpfer. Es war ein wundervoller Anblick, diese jungen Krieger beobachten zu können, die sich selbst opferten für ihre Mitmenschen.

Ich kann mich nicht mehr erinnern, bei welcher Runde Mario durchbohrt werden wollte, aber wir brachten ihn zum Baum, und nachdem er durchstochen war, trugen wir die Schädel eine Runde lang für ihn. Als er die zweite Runde begann, riß er sich ganz leicht los. Die Geistwesen waren ihm wohlgesinnt. Als er zum Heiligen Baum zurückkehrte, griff einer der Sonnentanzführer nach dem Adler-Stab, und Mario dachte, er hätte ihn fest, und ließ den Stab los. Er fiel zu Boden. Ich habe nicht gesehen, wie es passiert ist, aber David hat es mir erzählt und hat mir verkündet, weil Mario mein Neffe sei, müsse er noch einmal die Büffelschädel ziehen, da er den Stab fallen gelassen habe. Nachdem diese Runde vorbei war, berichtete ich Mario davon. Wenn er das nicht tun wolle, bot ich ihm an, würde ich die Schädel für ihn ziehen, weil er mein Neffe sei und ich ihn in den Sonnentanzkreis eingeführt hätte. Kaum hatte ich das gesagt, da kam Bo zu uns und erklärte sich bereit, die Schädel zu ziehen, wenn Mario nicht wolle, schließlich sei es sein Adler-Stab gewesen, den Mario losgelassen hätte. Mario war überrascht, daß zwei Männer bereit waren, die Schädel für ihn zu ziehen, und versicherte, daß er sie selber ziehen wolle und diese Verantwortung keinem anderen überlassen könne. Er war einverstanden, die Schädel am nächsten Tag zu ziehen, aber er bekam dann erst am letzten Tag Gelegenheit dazu.

David beschloß, das Heilen in der Mitte des zweiten Tages abzuhalten. Melody sagte mir, daß sie über diesen Zeitpunkt froh war. Sie hatte Probleme, mit der Hitze fertig zu werden, und ruhte sich gerade aus, als die Sonnentänzer für die Heil-Runde aufgerufen wurden. Sie erzählte mir, daß sie dankbar war, daran denken zu können, anderen zu helfen, wenn sie in ihrer eigenen Erschöpfung so versunken war. Die Heil-Runde ließ sie sich wirklich besser fühlen, weil sie an all die anderen denken mußte, die Heilung notwendig hatten. Es war eine gute Runde.

Kurz nach der Heil-Runde, und ohne mir vorher etwas zu sagen, verließ Melody den Sonnentanz. Ihre Mondzeit hatte begonnen, und aus Respekt vor den anderen Tänzern verließ sie auf der Stelle das Sonnentanzgelände.

Am dritten Tag schloß sich uns Gil aus Riverside an. Er arbeitet für die kalifornische Gefängnisverwaltung und kümmerte sich seit Jahren um die Insassen. Dank Gils Hilfe können sowohl die indianischen wie die anderen Männer und Frauen die Schwitzhütte besuchen. Nun war Gil an der Reihe, zu tanzen und zu beten. Er tat es mit Stolz und voller Mut.

Ein sehr geachtetes Mitglied unseres Lagers war ein guter Freund von mir, Bert aus Marina Del Rey in Kalifornien. Er ist philippinischer Abstammung, und ein großer Teil der Heilmethoden seiner Ahnen sind dieselben wie unsere: sie schwitzen, sie beten und sie heilen. Bert ist ein sehr erfahrener Heiler, der mit Akupunktur und Kräutern arbeitet. Er tanzte und betete mit uns und verzierte für die Leute Medizinbeutel mit Perlen. Er behandelte viele der Sonnentänzer, nachdem sie durchbohrt wurden, mit Kräutermedizin. Sowohl Sonnentänzer wie auch die Helfer waren ihm dafür sehr dankbar. Jedes Jahr unternahm Bert eine Pilgerfahrt nach South Dakota und besuchte Sonnentänze, um dort mit seiner besonderen Medizin und Erfahrung soviel wie möglich zu helfen.

An diesem Abend ging ich mit Lionel zum Lager zurück, und kaum waren wir angekommen, gingen Melody und Jodi. Sie wollten nicht riskieren, daß ihr Mond uns beeinflußte.

Später erzählte mir Melody von einem Gespräch, das zwischen Jodi, Judy (eine Lakota aus Kalifornien) und ihr stattgefunden hatte. Sie hatten verschiedene Fälle von schwerer Kindesmißhandlung diskutiert, die sie aus eigener oder aus der Erfahrung anderer Leute kannten. Während dieses Gesprächs hatten viele Heilungen stattgefunden. Melody, Jodi und Judy vergossen Tränen für all die Kinder, die mißhandelt worden waren.

Sie lösten nicht alle Probleme der Welt, aber einige mächtige Themen wurden an die Oberfläche gebracht, nicht nur bei diesem Gespräch, sondern während des ganzen Sonnentanzes. Wir hörten von vielen Leute, daß sie ernste persönliche Krisen durchmachten. Es war, als ob die Geistwesen dort wären, um uns selbst von Dingen in unserer Gegenwart und unserer Vergangenheit zu heilen. Viele Menschen wurden von dieser spirituellen Energie zu Tränen gerührt.

Am Sonntag sahen alle wieder ein bißchen besser aus und gingen etwas leichteren Schrittes. Es war der letzte Tag. Selbst Bob, der sich seit dem ersten Tag des Sonnentanzes jeden Tag hatte durchbohren lassen, begann seine Füße wieder etwas mehr zu heben.

Phil und eine andere Sonnentänzerin, Rose Marie, schlossen sich uns an. Sie hatte sich verpflichtet, sich am letzten Tag einmal durchbohren zu lassen, und sie war hier, um dieses Gelübde zu erfüllen. Der ganze Tag war hektisch, weil viele Tänzer für das Durchbohren bis zum letzten Tag gewartet hatten. Wir ermunterten die Leute, dies an den anderen Tagen durchzuführen, aber wenn sie eine Vision hatten, dann konnte man sie kaum zu einer Meinungsänderung bewegen. Am letzten Tag müssen sich auch alle Helfer und Sonnentanzführer durchbohren lassen für die Auszeichnung, daß sie helfen durften.

Es wird nun Zeit, die letzte Person zu erwähnen, die mit uns getanzt hat. Obwohl sie sich nicht durchbohren ließ, möchte ich doch, daß die Welt erfährt, daß Suzanne, eine Krankenschwester aus Kalifornien, mir und allen anderen bewiesen hat, daß sie eine der stärksten von allen Tänzerinnen und Tänzern dort war. Sie tanzte kraftvoll und intensiv die ganzen vier Tage lang und verlor das Ziel, dessentwegen sie da war, und ihre Verpflichtung keinen Augenblick aus den Augen.

An diesem Nachmittag war von Norden ein kalter Wind aufgekommen, so daß die hungrigen und durstigen Sonnentänzer nicht allzu sehr an den kalten Wassermelonen interessiert waren. Wir mußten die Leute fast bitten, sie entgegenzunehmen.

Der Sonnentanz endete an diesem Tag erst spät am Abend. Es war für mich eine Ehre und eine Auszeichnung, mit so vielen starken und hingebungsvollen Menschen zusammen getanzt zu haben. Jeder einzelne macht mich stolz, und es ist mir eine Ehre, ihn zu kennen.

Inzwischen ist wieder ein Jahr vergangen, und ein weiterer Sonnentanz ist vorüber. Manchmal wünsche ich mir, sie würden länger als vier Tage dauern. Dann wiederum bin ich froh, daß es nicht so ist. Ich glaube nicht, daß ich es auch nur in einem Jahr länger als vier Tage aushalten würde. Obwohl der Sonnentanz vorbei ist, leben die Erinnerungen, die Gerüche und vor allem die neuen Freundschaften, die man geschlossen hat, in meinem Herzen weiter, bis wir uns beim nächsten Mal wieder beim Sonnentanz zusammenfinden. Ich bin froh, daß ich von ihnen auserwählt wurde, ihnen die Straße zum Sonnentanz zu weisen.

Die indianische Spiritualität hat nichts mit Nehmen und dann noch mehr Nehmen zu tun. Wann immer wir etwas nehmen, dann geben wir auch, und wenn wir etwas geben, dann nehmen wir. Die indianischen Völker achten immer auf ein Gleichgewicht. Wenn du Autoaufkleber oder T-Shirts siehst, auf denen steht: »Gehe durch dieses Leben im Gleichgewicht«, dann meinen wir damit nicht das Gleichgewicht, das man braucht, um auf einem Seil zu balancieren. Wir meinen damit, im Gleichgewicht mit der Natur und den Mitmenschen durchs Leben zu gehen. Das beinhaltet Achtung vor allem: vor den Pflanzen, allen Tieren, unserer Mutter Erde, vor uns selbst und – vor allem – Achtung vor den Geistwesen. Wenn du einem Baum das Leben nimmst, dann pflanze bitte zwei neue, damit einer davon eine Chance hat zu überleben: Falls einer von ihnen sterben sollte, dann kann der andere immer noch jenen ersetzen, den du gefällt hast.

Menschen kommen aus der ganzen Welt, um dem Sonnentanz beizuwohnen, aus den Bergen Perus, aus Europa und aus Tibet. Es sind Azteken, Navajos, Dänen, Tohono O'Odhams, Apachen, Kanadier, Deutsche, Afroamerikaner, Japaner und sogar ein buddhistischer Mönch gekommen. Es gibt keine rassischen oder religiösen Barrieren für die Menschen, die mit uns zusammen dem Sonnentanz beiwohnen wollen, solange sie auf gute Weise und mit Respekt für unseren Weg kommen. Bei den verschiedenen Sonnentänzen sind Vertreter aller vier Rassen anwesend. Es ist etwas, das wir mit unseren Brüdern und Schwestern teilen wollen, und dabei spielt es keine Rolle, welche Hautfarbe sie haben. Wir alle sind eins, und wir sind zusammen auf diesem Planeten. Wir sollten alle zusammen beten, tanzen und dem Schöpfer danken. Und genau das ist es, was den Sonnentanz so wunderschön, so rein und so mächtig macht.

Wir, die eingeborenen Völker Amerikas, die Ureinwohner, sind die Hüter des Sonnentanzgedankens.

Wir sind die Lehrer dieser Glaubensvorstellungen. Es ist unsere Aufgabe, anderen den Weg zu unserer Spiritualität zu weisen. Was wir aus unseren Visionen lernen, müssen wir an die anderen weitergeben.

Nachdem ich jetzt dreizehn Sonnentänze in zehn Jahren überstanden habe und viele Male durchbohrt wurde, bin ich dankbar. Dankbar für die Gelegenheit und stolz auf das Sonnentanzen mit den Schoschonen, den Lakota und den Mitgliedern all der anderen Stämme, mit denen ich getanzt habe.

Der Sonnentanz wurde mir von Gott gesandt. Der Schöpfer gab mir etwas, das mich erfreuen und meine spirituellen Sehnsüchte erfüllen würde. Jeden Tag danke ich dem Schöpfer, daß er mir den Sonnentanz und die Zeremonien-Pfeife gebracht hat. Ich habe gefunden, was immer schon für mich bereit war. Ich mußte nur danach Ausschau halten und darum bitten. Überall habe ich danach gesucht und mich mit anderen Glaubensvorstellungen auseinandergesetzt, aber dabei übersehen, was ursprünglich mein war. Es erscheint mir heute so einfach.

Endlich hatte ich ein spirituelles Bewußtsein in mir selbst gefunden und war zufrieden mit dem, was ich gefunden hatte. Und ich fühlte, wie mir eine große Last von meiner Seele genommen war. Auch wenn der Geist selbst keine Materie oder körperliche Einschränkungen hat, glaube ich, daß es großen, fast körperlichen Streß unserem Leben auferlegt, wenn unser Geist ohne Führung oder Brennpunkt ist, und zwar so lange, bis wir unsere individuelle Spiritualität finden.

Und diese spirituelle Anspannung geht dann in unseren physischen Körper über und ruft eine unbehagliche Ruhelosigkeit hervor. Wir finden uns auf der ständigen Suche nach Erleichterung. Und wir werden so lange suchen, bis wir etwas finden, mit dem wir zufrieden sind. Manche Menschen entscheiden sich für den Buddhismus, für den Judaismus oder das Christentum, und wieder andere fühlen sich beim Hinduismus wohl. Für jeden gibt es das Passende. Es geht nur darum, dich bei dem, was du gefunden hast, wohl zu fühlen.

Ich habe mich der *Chanupa* verschrieben. Ich habe mich verpflichtet, solange ich lebe jedes Jahr am Sonnentanz teilzunehmen. Leider kann ich dem Sonnentanzen nicht das ganze Jahr folgen; das ist sehr schwierig wegen unserer Lebensweise.

Viele von uns neigen dazu, unsere Spiritualität so lange zu vergessen, bis wir dringend Hilfe brauchen, aber der Sonnentanz wird in meinem Haus nie vergessen. Zu jeder Mahlzeit sprechen wir Dankgebete. Manchmal halten wir uns an den Händen und bilden einen Gebetskreis. Aber nicht immer. Zu jeder Mahlzeit danke ich dem Schöpfer, daß er mir den Sonnentanz gegeben hat. Jedesmal, wenn ich aufwache, bedanke ich mich dafür, daß ich einen weiteren Tag für meine Kinder dasein darf. Ich weiß nie, was dieser Tag bringen wird, aber ich hoffe, daß er immer der Welt und meiner Familie Frieden bringt.

Ich bete ständig dafür, daß die Menschen innehalten und merken, was wir unserer Mutter Erde antun. Viele scheinen sich um nichts zu kümmern, außer um das, was für sie selbst wichtig ist. Wir sollten innehalten und uns darüber klarwerden, daß dies die einzige Welt ist, die wir haben. Dieser Planet, auf dem wir stehen, ist wie unser Herz. Dieser Planet, den wir täglich mißbrauchen, ist unser Herz. Ohne ihn haben wir kein Leben. Ohne ihn können wir nicht überleben. Ohne ihn gibt es uns nicht.

Ich möchte dir noch einmal und zum letzten Mal dieselbe Frage stellen, die ich bereits vorher gestellt habe. Warum hat Gott oder der Schöpfer beschlossen, uns Menschen zu erschaffen?

Hier ist meine Antwort auf diese Frage:

Ich glaube, daß Gott, der Schöpfer, uns braucht, um Ihn zu verehren. Ohne uns existiert Er nicht. Kein Gott ist ein Gott, wenn Er niemanden hat, der Ihn als solchen anerkennt. Ich glaube, da Er uns braucht, um Ihn als Gott zu erkennen, ist es Seine Verpflichtung, sich um uns zu kümmern. Auf diese Weise zahlt Er uns unsere Verehrung dadurch zurück, daß Er unsere Gebete erhört. Wir können Seine Hilfe einfordern, und Er hat eine Verpflichtung, uns diese zu geben. Unsere Verpflichtung ist, Ihn zu ehren und Ihm Achtung zu erweisen.

Ich frage mich manchmal, warum ich so lange gebraucht habe, um den Sonnentanz zu finden. Es scheint so viele Zeiten in meinem Leben gegeben zu haben, in denen ich ein besserer Mensch gewesen wäre, wenn ich schon am Sonnentanz teilgenommen hätte. Wie mir ein Sonnentanzhäuptling sagte, ist es sehr gut möglich, daß ich einfach noch nicht soweit war und die Geistwesen wollten, daß ich so lange wartete, bis ich dazu bereit war.

Nun, wo du mit dem Lesen fertig bist, hast du ein

Wissen, das dich auf eine höhere spirituelle Ebene hebt. Gelobe dir selbst, immer im Gleichgewicht zu gehen und nicht über andere zu urteilen. Sei dankbar für die Dinge, die du erhältst, und denk immer daran, dafür etwas zurückzugeben.

Diese Reise war lang und sehr hart für mich, aber auf gute Weise. Du hast meine Hoffnungen, meine Ängste, meine Sehnsüchte, meine Gefühle und die Entblößung meiner Seele miterlebt. All dies war notwendig, da es mich auf die Straße zum Sonnentanz geführt hat.

Nachwort

Meine erste Erfahrung mit dem Sonnentanz hatte ich vor vielen Jahren. Sie erweckte meine Spiritualität und zog viele Veränderungen in meinem Leben nach sich. Sie führte auch zu den Ereignissen, aus denen heraus ich mich verpflichtet fühlte, dieses Buch zu schreiben, um meine Botschaft weiterzugeben.

Ende März 1994 war ich mit Melody nach New Mexico auf eine Verkaufstour gefahren. Unser Weg führte uns in die Gegend von Albuquerque. Zwischen den Verkäufen besuchten wir ein paar gute Freunde, Arnie und Norma Jean Sidman, die eine nette kleine Druckerei am Lomas Boulevard haben. Arnie hat für mich und andere Indianer oft Sachen gedruckt und als unser Freund die Bezahlung immer zurückgewiesen.

Unsere Reise führte uns durch Santa Fe, dann hinauf nach Taos in New Mexico. Nachdem wir unsere guten Freunde Lyn und Michael in Taos getroffen hatten, fuhren wir nur ungern von den Bergen herab wieder nach Albuquerque zurück. Die Fahrt zurück verflog schnell, obwohl die Straße schlecht ist und viele Kurven hat. Melody schien geistesabwesend und schwieg den größten Teil der Fahrt. Ich dachte, die Reise sei vielleicht zu kurz gewesen, und fühlte mich unbehaglich, als ob etwas zurückgelassen worden oder ungesagt geblieben sei. Ich hatte diese Gefühle, weil etwas, das in Taos hätte geklärt werden müssen, nicht einmal angesprochen worden war. Komisch war vor allem daran, daß ich nicht einmal wußte, worauf ich Antworten brauchte. Ich wußte nur, daß ich eine Leere verspürte, die in mir all diese Gefühle hervorrief. Vielleicht bereiteten mich die Geistwesen für all die Dinge aus meiner Vergangenheit vor – denn bald würde ich meine Vergangenheit erneut durchleben, so schmerzhaft das auch sein würde. Ich weiß, daß ich in den vorausgehenden Tagen, als man mich in diese Richtung führte, meiner Frau und allen um mich das Leben wirklich schwer gemacht hatte.

Als wir nach Albuquerque hereinfuhren, wurden wir mit einem wunderschönen Bild beschenkt, das man nur im Westen erleben kann, einem unglaublich schönen Sonnenuntergang. Wir überlegten, ob wir nach Arizona weiterfahren sollten, aber entschieden uns dagegen, da wir beide müde waren. Wir fanden ein Motel, holten uns etwas zu essen und gingen früh zu Bett.

Am nächsten Morgen war ich früh auf. Melody hatte Probleme, sich von ihrer Bettdecke zu trennen. Nachdem ich mit dem Duschen fertig war und Melody damit angefangen hatte, legte ich mich aufs Bett und sah mir die Nachrichten an.

Als sie fertig war, setzte sie sich mir gegenüber aufs Bett. Plötzlich schnitt mir ein intensiver Schmerz durch den Kopf. »O mein Gott«, dachte ich, »ich bekomme einen Schlaganfall.«

Ich hatte noch nie etwas Ähnliches erlebt, und es jagte mir wirklich Todesangst ein. Melody sah, wie ich mir mit beiden Händen den Kopf hielt, und wußte sofort, daß ich Schmerzen hatte. Sie fragte, ob ich in Ordnung sei. Ich konnte nicht antworten. Ich hielt einfach weiter meinen Kopf fest und stöhnte vor Schmerz. Ich versuchte, die Laute zurückzuhalten, aber der Schmerz war einfach zu stark. Wieder drang ein Stöhnen über meine Lippen.

Inzwischen war Melody ernsthaft besorgt. Sie sagte: »Schatz, geht es dir gut?« Dann fragte sie mich noch mal dasselbe, diesmal aber mit kaum verhüllter Panik in der Stimme. Dann: »Soll ich einen Arzt rufen?«

Ich schüttelte meinen Kopf und hielt meine Hand hoch, damit sie innehielt. In meinem Kopf hörte ich Stimmen. Obwohl der Schmerz langsam nachließ, war er immer noch stark genug, um mich bei Bewußtsein zu halten. Dann hörte ich eine Stimme sagen: »Mach dir keine Sorgen, du bist nicht krank. Du hast keinen Schlaganfall, es geht dir gut.«

Stell dir das vor! Mein eigener Geist sagte mir, ich solle mich nicht beunruhigen und ich hätte keinen Schlaganfall. Ich hatte das Gefühl, als würde ich verrückt werden. Das Gespräch in meinem Kopf ging weiter: »Keine Sorge, dir geht es gut. Wir haben eine Botschaft für dich, und wir wollten, daß du uns deine Aufmerksamkeit schenkst.«

»Wer ist wir?« fragte ich verwundert.

Ich erhielt eine deutliche Antwort: »Wir sind die Geistwesen.«

Ich fragte: »Welche Geistwesen?«

»Hör einfach dem zu, was wir dir zu sagen haben. Du sollst über dein spirituelles Leben ein Buch schreiben. Du mußt deine Erfahrungen an andere weitergeben. Du mußt alles erzählen ab dem Tag, an dem wir dir die Adlerpfeifen brachten, diesem Morgen vor langer, langer Zeit.«

Während all dieses Austauschs von Gedanken in meinem Kopf war ich mir nur der Gegenwart meiner Frau bewußt und ihrer Sorge um mich. Ich hatte keine Ahnung, wo ich war oder was sonst los war. Es geschah so schnell, daß ich keine Zeit hatte, über andere Dinge nachzudenken.

»Und wie soll ich das machen?« fragte ich in meinen Gedanken.

»Du hast bereits in deinem Geist, was du durchlebt und durchlitten hast. Du wirst wissen, was du sagen sollst. Schreibe nur die Wahrheit. Aber wir werden dir helfen, wenn es nötig ist.«

Inzwischen war der Schmerz in meinem Kopf vergangen, aber ich fühlte mich noch erschöpft und benommen. Offensichtlich sah ich auch nicht besonders gut aus, denn meine Frau sah mich immer noch merkwürdig an und fragte mich erneut, ob mit mir alles in Ordnung sei. Ich sagte ihr, daß ich mich besser fühlte und daß die Geistwesen mich besucht hätten.

Ich saß wie angewurzelt und dachte darüber nach, was mir zugestoßen war, und schüttelte ungläubig den Kopf. Ich versuchte mir einzureden, daß all das nicht wirklich geschehen sei, daß nur meine Gedanken verrückt gespielt hätten. Aber was war mit dem Schmerz? Hatte ich vielleicht doch einen Schlaganfall gehabt? Ich war immer noch benommen und konnte nicht klar denken.

Schließlich konnte Melody mein Schweigen nicht länger ertragen. »Was um aller Welt ist mit dir geschehen, Schatz? Du hast furchtbar ausgesehen! Bitte erzähl mir, was dir die Geistwesen gesagt haben.«

»Sie sagten, sie hätten eine Botschaft für mich, und der Schmerz sollte nur meine Aufmerksamkeit wecken. Sie wiesen mich an, über mein spirituelles Leben ein Buch zu schreiben, und zwar seit dem Anfang, als sie mir den Klang der Adlerpfeife brachten. Ich nehme an, daß sie damit den Zeitpunkt meinen, als ich sie in Sacramento hörte.«

Und so kam es zu diesem Buch. Ein paar Wochen lang ignorierte ich diesen Ruf. Ich wollte dieses Buch nicht schreiben, und ich wußte nicht, warum man mir gesagt hatte, ich solle meine Erfahrungen weitergeben. So vieles von dem, was ich gesehen und getan habe, ist sehr persönlich. Ich wollte meine Visionen nicht mit jedermann teilen. Nur die Geistwesen und ich sollten davon wissen. Und doch war da diese Stimme in meinem Inneren, die mir befal, das weiterzugeben, was ich weiß und was ich gelernt habe. Ich hatte das Empfinden, als ob die Geistwesen sich in meine Gedankenmuster einmischten und sie veränderten, um das einzubringen, was ich nach ihrem Wunsch tun sollte.

Es war frustrierend. Es war, als tobte ein ständiger Kampf zwischen den Gedanken in meinem Kopf. Den einen Augenblick dachte ich über etwas nach, was ich in dem Buch beschreiben könnte, im nächsten wies ich es zurück aus diesem oder jenem Grund. Dann wieder hörte ich in meinem Geist Wörter, die ich niederschreiben sollte. Mein Geist war kurz davor, von dem Wechsel zwischen Ideen und ihrer Zurückweisung zu bersten.

Eines Tages konnte ich mich der Aufforderung plötzlich nicht mehr länger verweigern. Die Geistwesen ließen sich einfach nicht zurückweisen. Die Schlacht war vorbei. Über mich kam die unbestreitbare Entschlossenheit, mit dem Schreiben anzufangen.

Soviel ich gelernt habe, schließen die Geistwesen, die der Schöpfer dazu bestimmt hat, uns zu helfen, auch eine menschliche Art ein, dann die Tiergeister, aber auch die Schwarzen oder Bösen Geister. Ich will versuchen, kurz zu erklären, wie sie meiner Meinung nach vorgehen. (Ich will es hier nicht umfassend ausführen, denn das wäre ein eigenes Buch.)

Die Menschen-Geistwesen sind die Ahnen, die in der Vergangenheit gelebt haben. Obwohl sie aus diesem Leben gegangen sind, vereinigen sie sich weiterhin mit denen, die auf dieser Welt leben, um uns auf die verschiedenen Pfade dieses Lebens zu führen, aber auch nur, wenn wir bereit sind, diese Aufgaben zu übernehmen. Sie können uns nur führen, indem sie uns Gedanken, Ideen, Ermutigung und den Ehrgeiz bringen, das zu tun, was sie sagen. Manchmal lassen sie uns ihre Gegenwart wissen, meistens aber tun sie das nicht. Manchmal sagen sie, wer sie sind und wie sie heißen, in anderen Zeiten wiederum nicht. Sie kommen zu uns auf verschiedene Weise, aber es läuft immer äußerst dramatisch ab, so daß in deinem Geist kein Zweifel darüber bleibt, was vor sich geht.

Viele Leute verwechseln zufällige Gedanken mit Visionen. Wäre jeder Gedanke, der uns durch den Kopf geht, eine Vision, wären wir ständig verwirrt. Unser Geist würde dann ruhelos durch das ganze Universum wandern, und unser Pfad und unsere Entscheidungen würden sich entsprechend unseren Gedanken ständig verändern. Es gibt Möglichkeiten, die Unterschiede zu bestimmen.

Die Tiergeister sind hauptsächlich dafür da, uns bei physischen und materiellen Dingen zu helfen. Dann sind da noch die Schwarzen oder Bösen Geister. Es gibt Menschen, die sich wohler fühlen, wenn sie ihre Führung von Schwarzen oder Bösen Geistern erhalten. Aber die wichtigste Funktion der Schwarzen Geistwesen ist, jenes wichtige Element unserer Welt zu bilden, das Gleichgewicht genannt wird.

Als ich mich den Geistwesen geschlagen gab, übernahmen sie mein Leben und das meiner Familie. Ich schrieb und schrieb, alles mit der Hand. Die ganze Zeit, während ich dieses Buch schrieb und überarbeitete, hatte ich immer das Gefühl, als ob die Geistwesen nie von meiner Seite wichen. Jedesmal, wenn ich mich ablenken ließ oder ein wenig faul wurde, machten sie sich bemerkbar und flößten mir neuen Enthusiasmus ein, um weiterzumachen, weiterzuschreiben.

Eines Nachts, als ich das Buch beendet hatte, kamen sie in einem Traum wieder zu mir. Sie erzählten mir den Grund, warum ich ausgewählt worden war, dieses Buch zu schreiben: Weil ich meine Bereitschaft gezeigt hatte, für die Menschen zu leiden, für die ich betete. Auch hatten die Geistwesen mich gewählt, obwohl es andere gab, die noch mehr Wissen über den Sonnentanz hatten, weil sie wollten, daß *meine* Erfahrungen zu Papier gebracht würden.

Die Geistwesen sind sehr besorgt über das geringe Interesse, das die jüngeren Leute für alle Bereiche der Spiritualität zeigen. Sie befürchten, daß die seit langer Zeit bestehende indianische Überlieferung des Sonnentanzes in den jüngeren Generationen verlorengeht.

Keiner weiß wirklich, wie alt der Sonnentanz ist oder wie lange er bei uns schon praktiziert wird. Aber wir wissen, daß es für uns keinen anderen Weg gibt, Gott zu verehren und ihm zu danken.

Bei jeder Schwitzhütten-Zeremonie scheint es jemanden zu geben, der daran denkt, unseren Vorfahren zu danken: jenen, die den Mut hatten und deren Spiritualität so tief verwurzelt war, daß sie sich versteckten, als die Regierung gegen Ende des 19. Jahrhunderts versuchte, dem Volk den Sonnentanz zu nehmen. Ich vergleiche die Unterdrückung unserer Glaubensvorstellungen durch die Regierung und die etablierten Kirchen mit der Unterdrückung der Juden und ihres Glaubens durch die Nazis während des Zweiten Weltkrieges und der Unterdrückung der schwarzen Völker, die man als Sklaven nach Amerika brachte. Ich kann einfach nicht verstehen, warum man uns zwingen wollte, etwas anderes zu verehren, als wir wollten. Und all das, ohne überhaupt zu versuchen, uns und unseren Glauben zu verstehen.

330

Der Sonnentanz ist eine Zusammenkunft von Leuten, die sich treffen, nur um für andere zu beten, nur um ihre Liebe zu den anderen zu zeigen, und um die Welt zu lieben, zu ehren und ihr Achtung zu erweisen. Wie die Juden wurden wir deshalb verfolgt, weil wir nicht an Jesus Christus glaubten oder nichts über ihn wußten. Dabei hatten wir denselben Gott. Gott ist zu danken, daß der Sonnentanz überlebt hat. Vielleicht kann dieses Buch bewirken, was die Geistwesen von ihm erwarten – mehr Leute auf den Weg des Sonnentanzes zu bringen oder wenigstens ihre Neugier dafür zu wecken, damit sie mehr darüber erfahren möchten.

Auf diese Weise haben die Geistwesen mich dazu gebracht, einen Teil ihrer Arbeit zu übernehmen. Ihnen gilt mein tiefster Dank, auch dafür, daß sie mich für diese Aufgabe ausgewählt haben. Sie wissen auch, wenn ich erneut gerufen werde, um ihnen auf eine andere Weise zu dienen, dann werde ich auch das tun. Denn ich habe ihnen das bewiesen die vielen Male da drüben am Heiligen Baum, bei unserem heiligen Sonnentanz.

Danksagung

Als erstes möchte ich den Geistwesen der heiligen Richtungen meine Achtung erweisen und sie dadurch ehren und ihnen danken. Sie gaben mir alles, was ich brauchte, um meinen Weg zum Sonnentanz zu finden.

Ich möchte weiterhin allen Menschen danken, denen ich seit jener großen Wende in meinem Leben begegnet bin, und zwar jedem einzelnen. Jeder von euch weiß, daß er gemeint ist, und viele habe ich erwähnt. *»Wo-Pila«* – ich bin zutiefst dankbar.

Ein besonderer Dank gilt dir, Linda Goytia, dafür, daß du das Foto von mir gemacht hast, das sich auf dem Umschlag des Buches befindet – du hast versprochen, es mir zu schicken – und du hast Wort gehalten.

Ein großer Dank geht an meinen Agenten B. J. Robbins, dessen Glaube an dieses Buch es an Orte gebracht hat, von denen ich nur träumen konnte. Ebenso an unsere erste Lektorin bei Hyperion, Lauren Marino. Du hast die Bequemlichkeiten deines Heimes aufgegeben, um zum Sonnentanz zu kommen und dort zu campieren, weil du für die Bearbeitung des Buches alles aus nächster Nähe erleben wolltest – nun gehörst du zur Familie. Großer Dank geht auch an Laurie Abkemeier, meine zweite Lektorin bei Hyperion, für die gründliche und bemerkenswerte Redaktion meines Buches – sie hat phantastische Arbeit geleistet und dabei das Wesen meiner Worte bewahrt.

Ein ganz besonderes *Wo-Pila* geht an Jodi Olson aus Las Vegas. Viele Dinge in unserem Leben haben sich durch deine Hilfe verbessert. Deine Selbstlosigkeit wärmt mein Herz und wird von uns sehr geschätzt.

Ich möchte auch meiner ganzen Familie danken, besonders Rockie, Stormy, Mary, Becky, Dory und Oriona, die mir so viel Zuversicht und Unterstützung gegeben haben, während ich dieses Buch schrieb. Ein besonderes Dankeschön gilt meiner Schwiegermutter, Lynne Babuin, die mir so wertvolle Hilfe gegeben hat. Unsere liebe Freundin Sharon Passero, die immer zur Stelle war, wenn wir sie brauchten, und mich immer ermutigt hat, verdient auch meine tiefe Dankbarkeit.

Schließlich möchte ich meiner Frau Melody (früher Betty Hutton) meine Hochachtung aussprechen für ihr ausgezeichnetes Gedächtnis, für ihr Geschick beim Umgang mit dem Computer und dafür, daß sie zahllose Stunden mit dem Eingeben des Manuskripts verbracht hat; und für die Liebe, Hingabe und Geduld, die sie mir erwiesen hat.

Deutschsprachige Literatur
zur indianischen Spiritualität

Abelar, Taisha, *Die Zauberin,* Frankfurt a. M.: Fischer Taschenbuch, 1997.

Deloria, Vine jr., *Gott ist rot,* Göttingen: Lamuv, 1996.

Der Erde eine Stimme geben, hrsg. v. Claus Biegert, Reinbek: Rowohlt Taschenbuch, 1987.

Die indianischen Gesichter Gottes, hrsg. v. Thomas Schreijäck, Wyk: Verlag für Amerikanistik, 1993.

Joest, Leopold, *Indianische Weltsicht,* Wyk: Verlag für Amerikanistik, 1996.

Kaiser, Rudolf, *Indianischer Sonnengesang,* Freiburg: Herder, [3]1994.

Kreisender Adler – singender Stern, hrsg. v. Käthe Recheis und Georg Bydlinski, Freiburg: Kerle/Herder, 1996.

Lame Deer, John Fire, und Erdoes, Richard, *Tahca Ushte. Medizinmann der Sioux,* Frankfurt a. M.: Fischer Taschenbuch, 1981.

Loewenthal, John, *Die Religion der Ostalgonkin,* Idstein: Baum Publications, 1992.

Mails, Thomas, *Ich singe mein Lied für Donner, Wind und Wolken,* Frankfurt a. M.: Fischer Taschenbuch, 1996.

Müller, Werner, *Indianische Welterfahrung,* Stuttgart: Klett-Cotta, [5]1992.

Schwarzer Hirsch, *Die heilige Pfeife*, Göttingen: Lamuv, 1982.

Schwarzer Hirsch, *Ich rufe mein Volk*, hrsg. v. John G. Neihard, Göttingen: Lamuv, [10]1993.

Seathl – Seattle, *Die Reden des Seathl, Häuptling der Suquamish und Duwamish Indianer*, hrsg. v. Karl H. Deutrich, Freiburg: HochschulVerlag, 1991.

Über den Rand des tiefen Canyon, hrsg. v. Dennis & Barbara Tedlock, München: Diederichs, [8]1994.

Waters, Frank, *Das Buch der Hopi*, Düsseldorf/Köln: Diederichs, 1980.

Wildhage, Wilhelm, *Geistertanz-Lieder der Lakota*, Wyk: Verlag für Amerikanistik, 1991.